LAW & BUSINESS

法商圖書

民事强制执行实务十五讲

夏祖国 著

MINSHI

QIANGZHI ZHIXING SHIWU

SHIWUJIANG

法律出版社 LAW PRESS · CHINA

北京

图书在版编目（CIP）数据

民事强制执行实务十五讲 / 夏祖国著. -- 北京 : 法律出版社, 2023
ISBN 978 - 7 - 5197 - 7559 - 9

Ⅰ. ①民… Ⅱ. ①夏… Ⅲ. ①民事诉讼－强制执行－中国 Ⅳ. ①D925.118.31

中国国家版本馆 CIP 数据核字（2023）第 027753 号

民事强制执行实务十五讲
MINSHI QIANGZHI ZHIXING SHIWU SHIWU JIANG

夏祖国 著

责任编辑 薛 晗 王 斓
装帧设计 汪奇峰

出版发行 法律出版社
编辑统筹 法商出版分社
责任校对 张翼羽
责任印制 胡晓雅
经 销 新华书店

开本 710 毫米×1000 毫米 1/16
印张 14.75 字数 238 千
版本 2023 年 7 月第 1 版
印次 2023 年 7 月第 1 次印刷
印刷 固安华明印业有限公司

地址：北京市丰台区莲花池西里 7 号（100073）
网址：www.lawpress.com.cn
投稿邮箱：info@lawpress.com.cn
举报盗版邮箱：jbwq@lawpress.com.cn

销售电话：010 - 83938349
客服电话：010 - 83938350
咨询电话：010 - 63939796

书号：ISBN 978 - 7 - 5197 - 7559 - 9
定价：78.00 元

凡购买本社图书，如有印装错误，我社负责退换。电话：010 - 83938349

序

民事执行研究的当代使命在于推动构建一套现代化的债权实现法律制度，并经由成熟实践经验之累积，从而不断培育出市场交易主体权益保障之良性土壤。民事执行的特殊性集中体现为以执行权为中心展开的查封、扣押、冻结以及财产变现程序，会实质影响和处分民商事实体权利，从这个视角出发，即使在当下切实解决执行难的语境中，人们对民事执行的规律性和价值定位既缺乏正确的认知，更缺乏对执行实践所折射出的前沿问题进行系统性和有针对性的学术研究。因此，真正理性的研究者应在坦然接受和持续审视不完美现实的前提下，通过高水平的作品引导众人直面日新月异的实务规则演变与操作差异，启蒙和揭示执行制度应有之法理。

本书作者夏祖国扎根法院系统十余年，曾任安徽省宣城市中级人民法院执行庭副庭长，他不仅有深厚的理论功底和丰富的实践经验，而且具有浓厚的执行情结。在"基本解决执行难"的三年"战役"中，他结合自身经历创作了激情澎湃的正能量歌曲《执行使命》，"在我胸前闪耀的法徽，见证我忠于法律的信仰"，这首歌的歌词也唱出了他"挥执行之利剑破债权实现之艰难"的理想与心声。他在工作之余潜心执行实务研究，笔耕不辍，他的坚持终结硕果——使《民事强制执行实务十五讲》顺利出版。

本书以民事强制执行全流程为主线，基于法官视角论述了执行依据审查、执行通知、执行代理、执行调查、房产执行、到期债权执行、股权执行、案款发放、执行结案等内容，详述了房产调查、查封、处置、特殊房产的执行等实务中存在颇多争议的问题，逐一分析了抵押房产、唯一房产、无证房产、借名买房、夫妻共同房产的执行难题，同时对参与分配、执行和解、执行惩戒等制度作了详细阐释，对于执行程序参与人极具实践指导价值。

民事执行制度完善永远在路上，希望本书的出版能为正在立法机关审议的"民事强制执行法"早日出台有所助力，也期待更多像夏祖国一样优秀的法律人加入执行理论和实践研究的行列，产出更多学术佳作，为中国的法治进程作出应有的贡献。

是为序。

曹凤国*

2023年3月29日

---

* 上海大学强制执行法律研究中心主任，中国法学会银行法学研究会副秘书长，中国行为法学会执行行为专业委员会常务理事。

相关法律规范说明

本书涉及相关法律规范较多，为表述方便，有的进行了简称，除法律之外，其他均标注了文号和施行日期以及修改、修正情况。

一、法律

1.《刑法》：全称《中华人民共和国刑法》

2.《民诉法》：全称《中华人民共和国民事诉讼法》

3.《仲裁法》：全称《中华人民共和国仲裁法》

4.《人大代表法》：全称《中华人民共和国全国人民代表大会和地方各级人民代表大会代表法》

5.《政务处分法》：全称《中华人民共和国公职人员政务处分法》

6.《民法典》：全称《中华人民共和国民法典》

7.《道路交通安全法》：全称《中华人民共和国道路交通安全法》

8.《房地产管理法》：全称《中华人民共和国城市房地产管理法》

9.《税收征管法》：全称《中华人民共和国税收征收管理法》

10.《拍卖法》：全称《中华人民共和国拍卖法》

11.《公司法》：全称《中华人民共和国公司法》

12.《合伙企业法》：全称《中华人民共和国合伙企业法》

13.《民办教育促进法》：全称《中华人民共和国民办教育促进法》

14.《海商法》：全称《中华人民共和国海商法》

15.《民用航空法》：全称《中华人民共和国民用航空法》

16.《证券法》：全称《中华人民共和国证券法》

17.《破产法》：全称《中华人民共和国企业破产法》

二、行政法规

1.《住房公积金管理条例》(国务院令第262号,自1999年4月3日起施行),2019年经国务院令第710号修订,自2019年3月24日起施行

2.《城镇国有土地使用权出让转让暂行条例》:全称《中华人民共和国城镇国有土地使用权出让和转让暂行条例》(国务院令第55号,自1990年5月19日起施行),2020年经国务院令第732号修订,修订后自2020年11月29日起施行

3.《不动产登记暂行条例》(国务院令第656号,自2015年3月1日起施行),2019年经国务院令第710号修订,修订后自2019年3月24日起施行

三、部门规章

《商品房屋租赁管理办法》(住房和城乡建设部令第6号,自2011年2月1日起施行)

四、司法解释及规范性文件

1.《民诉法解释》:全称最高人民法院《关于适用〈中华人民共和国民事诉讼法〉的解释》(法释〔2015〕5号,自2015年2月4日起施行),2022年修正,自2022年4月10日起施行

2.《执行规定》:全称最高人民法院《关于人民法院执行工作若干问题的规定(试行)》(法释〔1998〕15号,自1998年7月8日起施行),2020年被最高人民法院《关于修改〈最高人民法院关于人民法院扣押铁路运输货物若干问题的规定〉等十八件执行类司法解释的决定》(法释〔2020〕21号,自2021年1月1日起施行)修正

3.《执行股权规定》:全称最高人民法院《关于人民法院强制执行股权若干问题的规定》(法释〔2021〕20号,自2022年1月1日起施行)

4.《民诉法执行程序解释》:全称最高人民法院《关于适用〈中华人民共和国民事诉讼法〉执行程序若干问题的解释》(法释〔2008〕13号,自2009年1月1日起施行),2020年被最高人民法院《关于修改〈最高人民法院关于人民法院扣押铁路运输货物若干问题的规定〉等十八件执行类司法解释的决定》(法释〔2020〕21号,自2021年1月1日起施行)修正

5.《仲裁执行规定》:全称最高人民法院《关于人民法院办理仲裁裁决执行案件若干问题的规定》(法释〔2018〕5号,自2018年3月1日起施行)

6.《失信规定》:全称最高人民法院《关于公布失信被执行人名单信息的若干规定》(法释〔2013〕17号,自2013年10月1日起施行),2017年通过(法释〔2017〕7号)决定修正,自2017年5月1日起施行

7.《限制消费规定》:全称最高人民法院《关于限制被执行人高消费及有关消费的若干规定》(修正前全名为最高人民法院《关于限制被执行人高消费的若干规定》,法释〔2010〕8号,自2010年10月1日起施行),2015年通过(法释〔2015〕17号)修正,自2015年7月22日起施行

8.《财产调查规定》:全称最高人民法院《关于民事执行中财产调查若干问题的规定》(法释〔2017〕8号,自2017年5月1日起施行),2020年被最高人民法院《关于修改〈最高人民法院关于人民法院扣押铁路运输货物若干问题的规定〉等十八件执行类司法解释的决定》(法释〔2020〕21号,自2021年1月1日起施行)修正

9.《执行和解规定》:全称最高人民法院《关于执行和解若干问题的规定》(法释〔2018〕3号,自2018年3月1日起施行),2020年被最高人民法院《关于修改〈最高人民法院关于人民法院扣押铁路运输货物若干问题的规定〉等十八件执行类司法解释的决定》(法释〔2020〕21号,自2021年1月1日起施行)修正

10.《网拍规定》:全称最高人民法院《关于人民法院网络司法拍卖若干问题的规定》(法释〔2016〕18号,自2017年1月1日起施行)

11.《查扣冻规定》:全称最高人民法院《关于人民法院民事执行中查封、扣押、冻结财产的规定》(法释〔2004〕15号,自2005年1月1日起施行),2020年被最高人民法院《关于修改〈最高人民法院关于人民法院扣押铁路运输货物若干问题的规定〉等十八件执行类司法解释的决定》(法释〔2020〕21号,自2021年1月1日起施行)修正

12.《冻结、拍卖上市公司股规定》:全称最高人民法院《关于冻结、拍卖上市公司国有股和社会法人股若干问题的规定》(法释〔2001〕28号,自2001年9月30日起施行)

13.《处置参考价规定》:全称最高人民法院《关于人民法院确定财产处置参考价若干问题的规定》(法释〔2018〕15号,自2018年9月1日起施行)

14.《异议复议规定》:全称最高人民法院《关于人民法院办理执行异议和复议案

件若干问题的规定》(法释〔2015〕10号,自2015年5月5日起施行),2020年被最高人民法院《关于修改〈最高人民法院关于人民法院扣押铁路运输货物若干问题的规定〉等十八件执行类司法解释的决定》(法释〔2020〕21号,自2021年1月1日起施行)修正

15.《财产保全规定》:全称最高人民法院《关于人民法院办理财产保全案件若干问题的规定》(法释〔2016〕22号,自2016年12月1日起施行),2020年被最高人民法院《关于修改〈最高人民法院关于人民法院扣押铁路运输货物若干问题的规定〉等十八件执行类司法解释的决定》(法释〔2020〕21号,自2021年1月1日起施行)修正

16.《拍卖变卖规定》:全称最高人民法院《关于人民法院民事执行中拍卖、变卖财产的规定》(法释〔2004〕16号,自2005年1月1日起施行),2020年被最高人民法院《关于修改〈最高人民法院关于人民法院扣押铁路运输货物若干问题的规定〉等十八件执行类司法解释的决定》(法释〔2020〕21号,自2021年1月1日起施行)修正

17.《民法典物权编解释(一)》:全称最高人民法院《关于适用〈中华人民共和国民法典〉物权编的解释(一)》(法释〔2020〕24号,自2021年1月1日起施行)

18.《房产竞买人资格规定》:全称最高人民法院《关于人民法院司法拍卖房产竞买人资格若干问题的规定》(法释〔2021〕18号,自2022年1月1日起施行)

19.《审理城镇房屋租赁合同纠纷案件的解释》:全称最高人民法院《关于审理城镇房屋租赁合同纠纷案件具体应用法律若干问题的解释》(法释〔2009〕11号,自2009年9月1日起施行),2020年被最高人民法院《关于修改〈最高人民法院关于在民事审判工作中适用《中华人民共和国工会法》若干问题的解释〉等二十七件民事类司法解释的决定》(法释〔2020〕17号,自2021年1月1日起施行)修正

20.《民法典担保制度解释》:全称最高人民法院《关于适用〈中华人民共和国民法典〉有关担保制度的解释》(法释〔2020〕28号,自2021年1月1日起施行)

21.《审理建设工程施工合同纠纷的解释(一)》:全称最高人民法院《关于审理建设工程施工合同纠纷案件适用法律问题的解释(一)》(法释〔2020〕25号,自2021年1月1日起施行)

22.《刑事涉财产执行规定》:全称最高人民法院《关于刑事裁判涉财产部分执行的若干规定》(法释〔2014〕13号,自2014年11月6日起施行)

23.最高人民法院《关于民事诉讼委托代理人在执行程序中的代理权限问题的

批复》(法复〔1997〕1号,自1997年1月23日起施行)

24.最高人民法院《关于首先查封法院与优先债权执行法院处分查封财产有关问题的批复》(法释〔2016〕6号,自2016年4月14日起施行)

25.最高人民法院《关于仲裁机构“先予仲裁”裁决或者调解书立案、执行等法律适用问题的批复》(法释〔2018〕10号,自2018年6月12日起施行)

26.《委托执行规定》:全称最高人民法院《关于委托执行若干问题的规定》(法释〔2011〕11号,自2011年5月16日起施行),2020年被最高人民法院《关于修改〈最高人民法院关于人民法院扣押铁路运输货物若干问题的规定〉等十八件执行类司法解释的决定》(法释〔2020〕21号,自2021年1月1日起施行)修正

27.《关于办理黑恶势力犯罪意见》:全称最高人民法院、最高人民检察院、公安部、司法部《关于办理黑恶势力犯罪案件若干问题的指导意见》(法发〔2018〕1号,自2018年1月16日起施行)

28.《关于进一步加强虚假诉讼犯罪惩治意见》:全称最高人民法院、最高人民检察院、公安部、司法部《关于进一步加强虚假诉讼犯罪惩治工作的意见》(法发〔2021〕10号,自2021年3月10日起施行)

29.《立审执意见》:全称最高人民法院《关于人民法院立案、审判与执行工作协调运行的意见》(法发〔2018〕9号,自2018年5月28日起施行)

30.《制裁规避执行意见》:全称最高人民法院《关于依法制裁规避执行行为的若干意见》(法〔2011〕195号,自2011年5月27日起施行)

31.《善意文明执行意见》:全称最高人民法院《关于在执行工作中进一步强化善意文明执行理念的意见》(法发〔2019〕35号,自2019年12月16日起施行)

32.《涉新冠执行意见》:全称最高人民法院《关于依法妥善办理涉新冠肺炎疫情执行案件若干问题的指导意见》(法发〔2020〕16号,自2020年5月13日起施行)

33.《执行期限规定》:全称最高人民法院《关于人民法院办理执行案件若干期限的规定》(法发〔2006〕35号,自2007年1月1日起施行)

34.《进一步完善执行权意见》:全称最高人民法院《关于进一步完善执行权制约机制 加强执行监督的意见》(法〔2021〕322号,自2021年12月6日起施行)

35.《终本规定》:全称最高人民法院《关于严格规范终结本次执行程序的规定(试行)》(法〔2016〕373号,自2016年12月1日起施行)

36.《进一步加强民事送达意见》:全称最高人民法院《关于进一步加强民事送达工作的若干意见》(法发〔2017〕19号,自2017年7月19日起施行)

37.《进一步推进繁简分流意见》:全称最高人民法院《关于进一步推进案件繁简分流优化司法资源配置的若干意见》(法发〔2016〕21号,自2016年9月12日起施行)

38.《政协委员强制措施通知》:全称中共中央政法委员会《关于对政协委员采取刑事拘留、逮捕强制措施应向所在政协党组通报情况的通知》(政法〔1996〕18号,自1996年7月18日起施行)

39.《贯彻民诉法及解释的通知》:全称最高人民法院《关于认真贯彻实施民事诉讼法及相关司法解释有关规定的通知》(法〔2017〕369号,自2017年12月29日起施行)

40.《关于信息合作通知》:全称最高人民法院、国家工商总局《关于加强信息合作规范执行与协助执行的通知》(法〔2014〕251号,自2014年10月10日起施行)

41.《关于规范国土房管协助执行的通知》:全称最高人民法院、国土资源部、建设部《关于依法规范人民法院执行和国土资源房地产管理部门协助执行若干问题的通知》(法发〔2004〕5号,自2004年3月1日起施行)

42.《九民纪要》:全称《全国法院民商事审判工作会议纪要》(法〔2019〕254号,自2019年11月8日起施行)

43.《正确处理轮候查封效力的通知》:全称最高人民法院《关于正确处理轮候查封效力相关问题的通知》(法〔2022〕107号,自2022年4月14日起施行)

44.《统一管理执行工作规定》:全称最高人民法院《关于高级人民法院统一管理执行工作若干问题的规定》(法发〔2000〕3号,自2000年1月14日起施行)

45.《指定执行立结统考工作通知》:全称最高人民法院《关于进一步规范指定执行等执行案件立案、结案、统计和考核工作的通知》(法明传〔2018〕335号,自2018年6月1日起施行)

46.《贯彻网拍规定的通知》:全称最高人民法院《关于认真学习贯彻适用〈最高人民法院关于人民法院网络司法拍卖若干问题的规定〉的通知》(法〔2016〕431号,自2016年12月12日起施行)

47.《改革完善审委会的意见》:全称最高人民法院《关于改革和完善人民法院审

判委员会制度的实施意见》(法发〔2010〕3号,自2010年1月11日起施行)

48.《进一步规范网拍工作通知》:全称最高人民法院《关于进一步规范人民法院网络司法拍卖工作的通知》(法明传〔2017〕253号,自2017年4月19日起施行)

49.《做好网络拍卖变卖衔接的通知》:全称最高人民法院《关于认真做好网络司法拍卖与网络司法变卖衔接工作的通知》(法明传〔2017〕455号,自2017年7月18日起施行)

50.《助力小微企业发展指导意见》:全称最高人民法院《关于充分发挥司法职能作用　助力中小微企业发展的指导意见》(法发〔2022〕2号,自2022年1月13日起施行)

51.《无证房产协助执行有关问题的通知》:全称最高人民法院《关于转发住房和城乡建设部〈关于无证房产依据协助执行文书办理产权登记有关问题的函〉的通知》(法〔2012〕151号,自2012年6月15日起施行)

52.《审理夫妻债务案件的通知》:全称最高人民法院《关于依法妥善审理涉及夫妻债务案件有关问题的通知》(法〔2017〕48号,自2017年2月28日起施行)

53.最高人民法院《关于如何确定生效法律文书确定的抵押权优先受偿范围的请示答复》(〔2013〕执他字第26号,自2013年11月27日起施行)

54.《款物管理规定》:全称最高人民法院《关于执行款物管理工作的规定》(法发〔2017〕6号,自2017年5月1日起施行)

55.《执行办案十个必须》:全称最高人民法院办公厅《人民法院办理执行案件"十个必须"》(法办发〔2021〕7号,自2021年11月11日起施行)

56.《贯彻税收征管法及细则的通知》:全称国家税务总局《关于贯彻〈中华人民共和国税收征收管理法〉及其实施细则若干具体问题的通知》(国税发〔2003〕47号,自2003年4月23日起施行),根据2018年6月15日国家税务总局《关于公布全文失效废止和部分条款失效废止的税收规范性文件目录的公告》,该文件第1条失效,其余条款均继续有效

57.《执转破审查意见》:全称最高人民法院《关于执行案件移送破产审查若干问题的指导意见》(法发〔2017〕2号,自2017年1月20日起施行)

58.《落实司法人员履职规定的实施办法》:全称《人民法院落实〈保护司法人员依法履行法定职责规定〉的实施办法》(法发〔2017〕4号,自2017年2月7日起

施行）

59.《进一步规范近期执行工作通知》：全称最高人民法院《关于进一步规范近期执行工作相关问题的通知》（法〔2018〕141 号，自 2018 年 5 月 28 日起施行）

60.《执行立案结案意见》：全称最高人民法院《关于执行案件立案、结案若干问题的意见》（法发〔2014〕26 号，自 2015 年 1 月 1 日起施行）

61. 最高人民法院执行工作办公室《关于以判决主文或判决理由作为执行依据请示的复函》（〔2004〕执他字第 19 号，自 2004 年 1 月 18 日起施行）

62. 最高人民法院政治部《关于〈关于解决聘用制书记员执行公务证相关问题的请示〉研究意见的复函》（法政〔2018〕335 号，自 2018 年 10 月 20 日起施行）

63. 最高人民法院研究室《关于执行程序中能否扣划离退休人员离休金退休金清偿其债务问题的答复》（法研〔2002〕13 号，自 2002 年 1 月 30 日起施行）

64. 最高人民法院《关于强制执行住房公积金问题的答复》（〔2013〕执他字第 14 号函，自 2013 年 7 月 31 日起施行）

65. 最高人民法院执行局《关于被执行人擅自出租已查封的财产执行程序中人民法院排除执行妨害能否认定该合同无效或解除租赁合同的答复》（〔2009〕执他字第 7 号，自 2009 年 12 月 22 日起施行）

66. 最高人民法院执行工作办公室《关于执行回转案件的申请执行人在被执行人破产案件中能否得到优先受偿保护的请示的答复》（〔2005〕执他字第 27 号函，自 2006 年 12 月 14 日起施行）

67. 最高人民法院《关于查封法院全部处分标的物后轮候查封的效力问题的批复》（法函〔2007〕100 号，自 2007 年 9 月 11 日起施行）

68. 最高人民法院、司法部《〈中华人民共和国人民陪审员法〉实施中若干问题的答复》（法发〔2020〕29 号，自 2020 年 8 月 11 日起施行）

69. 最高人民法院《关于司法拍卖程序中竞买人资格审查问题的答复》（〔2014〕执他字第 4 号，自 2014 年 4 月 9 日起施行）

70. 国家税务总局《关于人民法院强制执行被执行人财产有关税收问题的复函》（国税函〔2005〕869 号，自 2005 年 9 月 12 日起施行）

71. 最高人民法院《关于法院执行程序中能否对案外人财产进行处理的请示的答复》（〔2010〕执他字第 1 号，自 2010 年 3 月 8 日起施行）

72. 最高人民法院执行局《关于对〈最高人民法院关于人民法院办理财产保全案件若干问题的规定〉建议的回复》(自2020年1月10日起施行)

73. 最高人民法院执行工作办公室《关于到期债权执行中第三人超过法定期限提出异议等问题如何处理的请示的答复》(〔2005〕执他字第19号,自2006年3月13日起施行)

目 录

CONTENTS

第一讲

执行依据审查

◆ 实务指引

执行立案受理首先应当对执行依据进行审查，以确定执行程序是否应当启动。执行立案审查从理论上说属于执行命令权，[①]应该是非常重要的一项权力，但是现实中，立案机构一般不对执行程序是否应当启动作过多的审查，这就把责任后移给执行机构。因此执行人员在接到案件后切不可掉以轻心，需要对执行依据进行一次慎重的审查，重点需要对是否存在明显重大问题、生效法律文书是否具有可执行性等内容进行审查。这是整个执行程序中的第一步。实务操作中，主要需要注意以下三个内容：

一、审查执行依据本身是否存在明显重大问题

（一）审查执行依据是否涉及违法犯罪

《刑法》第 307 条之一规定了虚假诉讼罪。近些年，虚假诉讼呈易发、多发态势，扰乱了正常司法秩序，浪费了有限的

---

① 三权说将执行分为执行裁判权、执行实施权和执行命令权。

司法资源,对司法权威造成严重损害。执行中,对被执行人认为申请执行人属于诈骗、虚假诉讼等情况且反映较为强烈的案件应当予以重视。《关于办理黑恶势力犯罪意见》第 20 条及《关于进一步加强虚假诉讼犯罪惩治意见》第 4 条均规定了一些情形,涉及审判、执行等各个环节中可能出现的犯罪情况。执行人员应予以高度重视。如执行人员在执行中,发现申请执行人与被执行人之间可能存在违背常理情况时,就应当引起注意,需要结合执行依据对相关情况作进一步的了解。如河南省高级人民法院在 2021 年发布的 5 起惩治虚假诉讼典型案例中张某旺等人虚假诉讼案,[①]张某旺与贾某强、王某恶意串通,通过诉讼方式致使沁阳市人民法院作出张某旺偿还王某、贾某强本金及利息的裁定,并对张某旺所有的房产拍卖款进行分配。沁阳市人民法院经审理,认定被告人张某旺犯虚假诉讼罪。过去执行人员的传统观念一贯认为,只要执行依据未被撤销,就具有绝对的法律效力,对被执行人提出的一些合理怀疑置之不理,或者对多种途径发现可能存在的犯罪行为不闻不问,这种做法在今后的执行工作中应予以纠正,这不仅是对办案人员自身负责,也是对人民群众负责。

(二)审查执行依据是否存在严重错误

《民诉法》第 205 条第 1 款规定:“各级人民法院院长对本院已经发生法律效力的判决、裁定、调解书,发现确有错误,认为需要再审的,应当提交审判委员会讨论决定。”执行法官在执行中,发现执行依据可能存在错误,应当引起重视。执行人员在日常工作中,要重视当事人反映强烈或信访反映强烈的案件,结合接待询问情况,综合各方面信息予以审查判断。

二、审查执行依据中的判项是否具有可执行性

审查执行依据中的给付内容是否明确。执行依据所载的执行内容必须是具体确定的,或者是通过执行解释能够具体确定的。《民诉法解释》第 461 条和《执行规定》第 16 条均规定了执行受理条件之一就是申请执行的法律文书有给付内容。就法院裁判而言,具有给付内容的执行依据系通过给付之诉而得,即执行依据应为给付型生效法律文书,而不能是确认型和形成型生效法律文书,如按照《执行股权规定》第 17 条第 2 款的规定,确认股权属于当事人所有的判决就不具有可执行性,当

---

① 载澎湃网,https://m.thepaper.cn/baijiahao_13787656,2022 年 7 月 19 日访问。

事人可以持该判决书自行向股权所在公司、公司登记机关申请办理股权变更手续，向人民法院申请强制执行的，不予受理。

司法实践中，常常有一些执行依据中的给付内容不明确，即判项不明，给执行实践带来一定的困扰。《立审执意见》第11条和第15条对此提出了解决方法。另外，还要注意审查给付的内容不得违背公序良俗及法律强制性或禁止性规定。

关于判项不明的情况，在司法实践中，近些年有一类案件，如在执行建设施工合同案件中，可能会遇到这样的判项："一、被告乙在本判决生效之日起十日内支付原告甲工程款800万元；二、被告丙就上述第一项判决内容在欠付工程款范围内向原告甲承担清偿责任。"对于判项二该如何执行？

观点一认为，根据《民诉法解释》第461条和《执行规定》第16条的规定，执行中给付义务应当明确，而判项二属于给付义务不明确，不符合受理条件，应当裁定不予受理或驳回执行申请。观点二认为，应当执行，判项二已经确定了丙的给付义务，至于欠付范围只是数额多少的问题，如果丙认为不欠付乙工程款，由丙负责举证。现实中，有些法院采取观点二的做法，有些法院采取既不驳回执行申请也不对丙执行的消极做法，但无论采取哪一种做法，都可能会导致申请执行人抑或被执行人信访，笔者倾向于观点一的做法。

"本院认为"部分能否作为执行依据？关于此，最高人民法院执行工作办公室《关于以判决主文或判决理由作为执行依据请示的复函》有两方面意思表达：首先，"本院认为"部分是人民法院就认定的案件事实和判决理由所作的叙述，其本身不构成判项的内容，因而不能作为执行依据；其次，有一个"但书"，在具体案件处理上，可根据案件的实际情况，依法保护各方当事人的合法权益。笔者认为，"本院认为"不能作为执行依据，但当执行依据有非根本性瑕疵时，可以依据"本院认为"部分进行执行解释，以弥补主文瑕疵，保护各方当事人合法权益。

三、审查执行依据中被执行人的义务范围

执行依据中会明确被执行人的义务范围，事实上，这也属于关于给付内容的审查。之所以将这一部分单独列出，是因为在司法现实中，这一部分内容的审查容易被忽视。当下，大量的工作在执行事务团队办理，固然可以提高执行工作效率，但是这种情况可能会导致有些执行裁定的作出不够严谨，如错误的将仅承担物的担保责任的被执行人裁定为承担连带责任。此类情况应引起执行人员的重视。

实践中，还有一种情况需要注意，对承担补充责任的被执行人的执行问题。如

果执行依据判项已经明确其中一个被执行人承担补充责任,则应当先行执行承担主债务的被执行人的财产,不足部分或者承担主债务的被执行人无可供执行的财产时再执行承担补充责任的被执行人的财产。当然,为防止承担补充责任的被执行人转移财产,笔者认为,申请执行人的代理律师可以考虑引导申请执行人先行申请对上述财产采取保全措施。

◆ 参考案例

安徽省宣城市中级人民法院(2020)皖18执复35号

[**裁判要旨**]申请执行人申请人民法院执行的生效法律文书应具有明确给付内容,人民法院作出判决确定被执行人负有履行义务的,应当明确履行的内容、标准等。

◆ 参考规定

《刑法》

第三百零七条之一　以捏造的事实提起民事诉讼,妨害司法秩序或者严重侵害他人合法权益的,处三年以下有期徒刑、拘役或者管制,并处或者单处罚金;情节严重的,处三年以上七年以下有期徒刑,并处罚金。

单位犯前款罪的,对单位判处罚金,并对其直接负责的主管人员和其他直接责任人员,依照前款的规定处罚。

有第一款行为,非法占有他人财产或者逃避合法债务,又构成其他犯罪的,依照处罚较重的规定定罪从重处罚。

司法工作人员利用职权,与他人共同实施前三款行为的,从重处罚;同时构成其他犯罪的,依照处罚较重的规定定罪从重处罚。

《民诉法》

第二百零五条　各级人民法院院长对本院已经发生法律效力的判决、裁定、调解书,发现确有错误,认为需要再审的,应当提交审判委员会讨论决定。

最高人民法院对地方各级人民法院已经发生法律效力的判决、裁定、调解书,上级人民法院对下级人民法院已经发生法律效力的判决、裁定、调解书,发现确有错误的,有权提审或者指令下级人民法院再审。

《执行规定》

16. 人民法院受理执行案件应当符合下列条件:

(1)申请或移送执行的法律文书已经生效；

(2)申请执行人是生效法律文书确定的权利人或其继承人、权利承受人；

(3)申请执行的法律文书有给付内容，且执行标的和被执行人明确；

(4)义务人在生效法律文书确定的期限内未履行义务；

(5)属于受申请执行的人民法院管辖。

人民法院对符合上述条件的申请，应当在七日内予以立案；不符合上述条件之一的，应当在七日内裁定不予受理。

《民诉法解释》

第四百六十一条　当事人申请人民法院执行的生效法律文书应当具备下列条件：

(一)权利义务主体明确；

(二)给付内容明确。

法律文书确定继续履行合同的，应当明确继续履行的具体内容。

《执行股权规定》

第十七条　在审理股东资格确认纠纷案件中，当事人提出要求公司签发出资证明书、记载于股东名册并办理公司登记机关登记的诉讼请求且其主张成立的，人民法院应当予以支持；当事人未提出前述诉讼请求的，可以根据案件具体情况向其释明。

生效法律文书仅确认股权属于当事人所有，当事人可以持该生效法律文书自行向股权所在公司、公司登记机关申请办理股权变更手续；向人民法院申请强制执行的，不予受理。

《关于办理黑恶势力犯罪意见》

20. 对于以非法占有为目的，假借民间借贷之名，通过“虚增债务”“签订虚假借款协议”“制造资金走账流水”“肆意认定违约”“转单平账”“虚假诉讼”等手段非法占有他人财产，或者使用暴力、威胁手段强立债权、强行索债的，应当根据案件具体事实，以诈骗、强迫交易、敲诈勒索、抢劫、虚假诉讼等罪名侦查、起诉、审判。对于非法占有的被害人实际所得借款以外的虚高“债务”和以“保证金”“中介费”“服务费”等各种名目扣除或收取的额外费用，均应计入违法所得。对于名义上为被害人所得、但在案证据能够证明实际上却为犯罪嫌疑人、被告人实施后续犯罪所使用的“借款”，应予以没收。

《关于进一步加强虚假诉讼犯罪惩治意见》

第四条　实施《最高人民法院、最高人民检察院关于办理虚假诉讼刑事案件适用法律若干问题的解释》第一条第一款、第二款规定的捏造事实行为，并有下列情形之一的，应当认定为刑法第三百零七条之一第一款规定的“以捏造的事实提起民事诉讼”：

（一）提出民事起诉的；

（二）向人民法院申请宣告失踪、宣告死亡，申请认定公民无民事行为能力、限制民事行为能力，申请认定财产无主，申请确认调解协议，申请实现担保物权，申请支付令，申请公示催告的；

（三）在民事诉讼过程中增加独立的诉讼请求、提出反诉，有独立请求权的第三人提出与本案有关的诉讼请求的；

（四）在破产案件审理过程中申报债权的；

（五）案外人申请民事再审的；

（六）向人民法院申请执行仲裁裁决、公证债权文书的；

（七）案外人在民事执行过程中对执行标的提出异议，债权人在民事执行过程中申请参与执行财产分配的；

（八）以其他手段捏造民事案件基本事实，虚构民事纠纷，提起民事诉讼的。

第五条　对于下列虚假诉讼犯罪易发的民事案件类型，人民法院、人民检察院在履行职责过程中应当予以重点关注：

（一）民间借贷纠纷案件；

（二）涉及房屋限购、机动车配置指标调控的以物抵债案件；

（三）以离婚诉讼一方当事人为被告的财产纠纷案件；

（四）以已经资不抵债或者已经被作为被执行人的自然人、法人和非法人组织为被告的财产纠纷案件；

（五）以拆迁区划范围内的自然人为当事人的离婚、分家析产、继承、房屋买卖合同纠纷案件；

（六）公司分立、合并和企业破产纠纷案件；

（七）劳动争议案件；

（八）涉及驰名商标认定的案件；

（九）其他需要重点关注的民事案件。

第六条　民事诉讼当事人有下列情形之一的，人民法院、人民检察院在履行职责过程中应当依法严格审查，及时甄别和发现虚假诉讼犯罪：

（一）原告起诉依据的事实、理由不符合常理，存在伪造证据、虚假陈述可能的；

（二）原告诉请司法保护的诉讼标的额与其自身经济状况严重不符的；

（三）在可能影响案外人利益的案件中，当事人之间存在近亲属关系或者关联企业等共同利益关系的；

（四）当事人之间不存在实质性民事权益争议和实质性诉辩对抗的；

（五）一方当事人对于另一方当事人提出的对其不利的事实明确表示承认，且不符合常理的；

（六）认定案件事实的证据不足，但双方当事人主动迅速达成调解协议，请求人民法院制作调解书的；

（七）当事人自愿以价格明显不对等的财产抵付债务的；

（八）民事诉讼过程中存在其他异常情况的。

《立审执意见》

11. 法律文书主文应当明确具体：

(1) 给付金钱的，应当明确数额。需要计算利息、违约金数额的，应当有明确的计算基数、标准、起止时间等；

(2) 交付特定标的物的，应当明确特定物的名称、数量、具体特征等特定信息，以及交付时间、方式等；

(3) 确定继承的，应当明确遗产的名称、数量、数额等；

(4) 离婚案件分割财产的，应当明确财产名称、数量、数额等；

(5) 继续履行合同的，应当明确当事人继续履行合同的内容、方式等；

(6) 排除妨碍、恢复原状的，应当明确排除妨碍、恢复原状的标准、时间等；

(7) 停止侵害的，应当明确停止侵害行为的具体方式，以及被侵害权利的具体内容或者范围等；

(8) 确定子女探视权的，应当明确探视的方式、具体时间和地点，以及交接办法等；

(9) 当事人之间互负给付义务的，应当明确履行顺序。

对前款规定中财产数量较多的，可以在法律文书后另附清单。

15. 执行机构发现本院作出的生效法律文书执行内容不明确的，应书面征询审判部门的意见。审判部门应在15日内作出书面答复或者裁定予以补正。审判部门未及时答复或者不予答复的，执行机构可层报院长督促审判部门答复。

执行内容不明确的生效法律文书是上级法院作出的，执行法院的执行机构应当层报上级法院执行机构，由上级法院执行机构向审判部门征询意见。审判部门应在

15日内作出书面答复或者裁定予以补正。上级法院的审判部门未及时答复或者不予答复的,上级法院执行机构层报院长督促审判部门答复。

执行内容不明确的生效法律文书是其他法院作出的,执行法院的执行机构可以向作出生效法律文书的法院执行机构发函,由该法院执行机构向审判部门征询意见。审判部门应在15日内作出书面答复或者裁定予以补正。审判部门未及时答复或者不予答复的,作出生效法律文书的法院执行机构层报院长督促审判部门答复。

最高人民法院执行工作办公室《关于以判决主文或判决理由作为执行依据请示的复函》

辽宁省高级人民法院:

你院〔2003〕辽执监字第157号《关于营口市鲅鱼圈区海星建筑工程公司与营口东方外国语专修学校建筑工程欠款纠纷执行一案的疑请报告》收悉,经研究,答复如下:

同意你院审判委员会少数人意见。判决主文是人民法院就当事人的诉讼请求作出的结论,而判决书中的"本院认为"部分,是人民法院就认定的案件事实和判决理由所作的叙述,其本身并不构成判项的内容。人民法院强制执行只能依据生效判决的主文,而"本院认为"部分不能作为执行依据。但在具体处理上,你院可根据本案的实际情况,依法保护各方当事人的合法权益。

第二讲

执行通知

◆ 实务指引

“执行通知，是指人民法院在采取执行措施之前，应当通知被执行人，使其知悉执行的具体内容以及拒绝履行的法律后果，尽可能促使其自动履行义务。”[①]根据《执行规定》第22条的规定，人民法院应当在收到申请执行书或者移交执行书后10日内发出执行通知。执行通知书是执行通知的纸质载体，在执行实务工作中，有的执行人员不太关注执行通知，这和执行通知制度在当下实际运行的现状有一定的关系，其中有一个重要的原因是送达难；但我们并不能因此而否认执行通知制度的积极法律价值，把握好执行通知与立即执行的关系，有利于保障执行程序的正当性、连续性。

一、执行通知书在执行中的积极价值

笔者对执行通知制度持建设性的态度，执行通知具有一

① 江必新主编：《强制执行法理论与实务》，中国法制出版社2014年版，第259～260页。

定的积极价值,从其效力看,至少表现在以下几个方面:

1. 发出执行通知书对被执行人行使权利的影响。

(1)债务异议权。逻辑上,被执行人只有在收到执行通知书后才有可能知道自己被人民法院启动了强制执行程序,此时被执行人才能对该强制执行程序提出异议。被执行人对申请执行人的债务异议分为债务否认(全部履行否认、部分履行否认)、债务履行抗辩(债务履行条件未成就)等,但被执行人对债务履行有异议的,在收到执行通知书之日起多长时间向人民法院提出,法律、司法解释并没有规定。笔者认为,从法律秩序价值上考虑,至迟不能在人民法院对被执行人的财产采取处分性措施后再提出,毕竟此时有可能涉及对善意第三人权利的保护。

(2)管辖权抗辩权(《民诉法执行程序解释》第 3 条)。人民法院受理执行申请后,当事人对管辖权有异议的,应当自收到执行通知书之日起 10 日内提出。被执行人何以知晓人民法院已经受理申请执行人的执行申请,仍须以人民法院发出执行通知书为要件。

(3)仲裁裁决执行中的权利(《仲裁执行规定》第 8 条)。被执行人向人民法院申请不予执行仲裁裁决的,应当在执行通知书送达之日起 15 日内提出书面申请。

(4)时效抗辩权(《民诉法解释》第 481 条)。申请执行人超过申请执行时效期间向人民法院申请强制执行的,人民法院应予受理。被执行人对申请执行时效期间提出异议,人民法院经审查异议成立的,裁定不予执行。人民法院对执行时效审查的态度是被动的,“法律不保护权利沉睡者”,但法律要及时保障公民的抗辩权利。被执行人收到执行通知书,在知悉自己被执行后,才有可能向人民法院提出时效抗辩权。值得关注的是,《民诉法》第 246 条规定执行时效为 2 年。

2. 发出执行通知书对被执行人履行义务的影响(《民诉法》第 248 条)。被执行人未按执行通知履行法律文书确定的义务,应当向人民法院报告当前以及收到执行通知之日前一年的财产情况。

3. 发出执行通知书对人民法院实施执行行为的影响。

(1)执行调查(《民诉法》第 249 条、《财产调查规定》第 12 条)。被执行人未按执行通知履行法律文书确定的义务,人民法院有权通过网络执行查控系统、现场调查等方式向被执行人、有关单位或个人调查被执行人的身份信息和存款、债券、股票、基金份额等财产信息。

(2)执行被执行人的财产(《民诉法》第 250、251 条)。被执行人未按执行通知履行法律文书确定的义务,人民法院有权扣留、提取被执行人应当履行义务部分的收入,查封、扣押、冻结、拍卖、变卖被执行人应当履行义务部分的财产。

(3)行为执行中的强制执行措施(《民诉法》第 259 条、《执行规定》第 24 条)。被执行人未按执行通知履行的,人民法院应当及时采取执行措施,可以强制执行或者委托有关单位或者其他人完成。

可见,执行通知书在执行程序中发挥着非常重要的作用。现实中,一些执行人员未能重视执行通知书的发出程序,可能就会导致被执行人的权利受损,也可能引起执行回转、执行信访或国家赔偿等风险。

二、执行通知与立即执行

《民诉法》第 247 条规定:"执行员接到申请执行书或者移交执行书,应当向被执行人发出执行通知,并可以立即采取强制执行措施。"《执行规定》第 24 条第 1 款亦规定:"被执行人未按执行通知书履行生效法律文书确定的义务的,应当及时采取执行措施。"但是从时间逻辑上,立即采取强制执行措施是发生于执行通知之后。有观点认为,可以在发送执行通知书的同时采取强制执行措施,[①]但不能在采取强制执行措施后补送执行通知书。笔者认为,这种理解只是将发生于现实生活中的两个司法行为的时间无限缩短。这种认识有助于我们在司法实务中处理执行通知与立即执行的关系。

(一)金钱债权执行案件中的把握

近年来,人民法院运用执行信息化手段解决了大量案件。最高人民法院执行网络查控系统上线以后,人民法院在执行案件办理中首先会在执行立案后 5 日内对被执行人的财产集约发起网络查询。网络查询系统给人民法院的执行工作带来了很大的便利,许多案件在执行立案后,通过执行网络查控系统发现被执行人的存款,有效快速执结了一批案件。但在司法实践中,往往也由于忽视执行通知制度的落实,导致被执行人的债务异议权、抗辩权等不能及时行使,造成执行回转等情况的发生。如上所述,被执行人的管辖权异议权、时效抗辩权等须在收到执行通知书后的法定期限内行使,因此,人民法院在执行立案 5 日内发现被执行人有银行存款的,也暂时不宜采取划拨措施,至少不应立即在划拨后进行案款发放,以保障被执行人的合法权利。

---

① 笔者将该执行措施理解为处分性执行措施。

然而,这也会产生另一个问题,即可能会发生被执行人在知悉自己被启动执行程序后转移财产的风险。为此,笔者认为,在执行案件中,对被执行人可以按照以下顺序采取执行措施:控制性措施(查封、扣押、冻结等)—执行通知—处分性措施(划拨、拍卖等)。[①] 这种做法在司法解释上也能找到依据,《民诉法执行程序解释》第22条规定:“执行员依照民事诉讼法第二百四十条[②]规定立即采取强制执行措施的,可以同时或者自采取强制执行措施之日起三日内发送执行通知书。”我们可以将该条中的“立即采取强制执行措施”理解为控制性措施。

关于立即执行,在仲裁裁决执行中也有要注意的地方。被执行人不服仲裁裁决,有不同的救济选择,可以向执行法院申请不予执行仲裁裁决,也可以向仲裁裁决所在地的中级人民法院申请撤销仲裁裁决,二者的受理法院和提出的时间[③]均有不同,如果被执行人选择了后者,执行人员在未向被执行人发出执行通知书的情况下就直接对被执行人的银行存款予以划拨发放,那么该执行行为就成了违法执行行为。[④]

(二)行为执行案件中的把握

“所谓完成行为执行,是指执行机构依执行的名义,强制实现债权人要求债务人为一定行为或者不为一定行为的请求权的程序。”[⑤]在行为执行案件中,尤其是不可替代行为的执行,[⑥]须由被执行人本人履行方可达到申请执行人债权获得清偿的效果,因此,未经对被执行人发出执行通知程序,便采取代履行或司法处罚等措施,有违法律规定。当然,对于被执行人可以当场履行的行为义务,经人民法院通知,被执行人拒不履行的,则可以立即采取强制执行措施,也即能反映《民诉法》第247条所规定的精神内涵,此时虽然时间逻辑上,执行通知在先,强制执行在后,但在实际中,

---

① 《人民法院第三个五年改革纲要(2009-2013)》提出:规范诉讼中财产控制措施工作分工,完善评估、拍卖、变卖程序,健全执行程序中的财产调查、控制、处分和分配制度,制裁规避执行行为。

② 该条现已修改为第247条。

③ 根据《仲裁法》第58条和第59条的规定,当事人申请撤销裁决的,应当自收到裁决书之日起6个月内向仲裁委员会所在地的中级人民法院提出,与申请不予执行仲裁裁决的受理法院和提出期限均不同。

④ 所谓违法执行行为,是指外观上属于执行机关所为执行行为,但客观上违背强制执行法规的执行行为,即违背法律规定的要件、程序或方法的执行行为。参见江必新主编:《强制执行法理论与实务》,中国法制出版社2014年版,第30页。

⑤ 江必新主编:《强制执行法理论与实务》,中国法制出版社2014年版,第757页。

⑥ 按照是否可以由第三人替代实施,可以将行为分为可替代行为和不可替代行为。参见江必新主编:《强制执行法理论与实务》,中国法制出版社2014年版,第757页。

两个时间点极其接近。

实务技巧上，执行人员可以采取两步，首先告知被执行人来意，出示执行通知书，其次在采集被执行人拒不履行的表示信息后，立即采取执行措施，在执行笔录中也应按此先后顺序予以记录。在有些情况下，可以参照上述金钱债权执行案件中的操作，为防止被执行人逃避执行，对其采取一定的控制性措施，迫使被执行人履行行为义务。

（三）对制裁措施和限制消费措施的把握

被执行人出现妨碍执行行为时，人民法院可以依法对其进行制裁，该制裁包括“司法上的制裁（强制措施）、刑事制裁（刑罚）和民事上的制裁（责令承担迟延履行利息或迟延履行金、责令赔偿损失）”。① 这里的制裁措施是指《民诉法》第 262 条规定的措施，司法解释进一步规定了具体情形，根据《失信规定》第 1 条的规定，有履行能力而拒不履行生效法律文书确定义务或存在一定的妨碍执行行为的，人民法院应当将其纳入失信被执行人名单，依法对其进行信用惩戒。《限制消费规定》第 1 条规定，纳入失信被执行人名单的被执行人，人民法院应当对其采取限制消费措施。可见限制消费措施与纳入失信被执行人名单制度有一定的关联。但笔者认为，对被执行人采取限制消费措施并非制裁措施，而是敦促与监督被执行人履行义务的一种方式，这里只是一并阐述它与执行通知制度在司法实务中的操作。

近年来，疫情导致一些企业经营出现困难，尤其是一些民营企业，自身生存都成了问题，对外偿债更是缺乏能力。民营经济是推动我国经济发展的重要力量。民营企业在吸纳就业、创造税收、促进经济发展等方面发挥了重要作用。在这种特殊的历史时期，党中央、国务院从经济社会发展大局出发提出“六稳、六保”政策。在司法执行方面，《限制消费规定》第 2 条恰好与此政策精神契合，该条规定，人民法院决定采取限制消费措施时，应当考虑被执行人是否有消极履行、规避执行或者抗拒执行的行为以及被执行人的履行能力等因素。《善意文明执行意见》第 15 条、《涉新冠执行意见》第 7 条进一步作了具体规定。给予相关企业一定的宽限期，能够体现“六稳、六保”政策的要求，同时也符合法理与现实需要。在司法实践中，一些执行人员习惯于“一刀切”，不考虑综合情况，在执行立案之后，立即采取限制消费措施，有违司法政策导向，也不符合善意文明执行理念。

---

① 江必新主编：《强制执行法理论与实务》，中国法制出版社 2014 年版，第 514 页。

在执行实务中,执行人员要遵守执行规范化要求,先行发出执行通知书,综合考虑被执行人具体情况,结合司法政策,作出是否采取司法制裁的决定。

有的法院对执行通知制度就非常重视,如安徽省高级人民法院《关于开展“江淮风暴”执行长效机制建设提升年活动的意见》(皖高法〔2021〕26 号)在关于进一步强化执行措施有关通知的部分就要求执行机构收到执行案件后,应当立即启动执行程序,并在 10 日内发出执行通知书、报告财产令,在执行通知书、报告财产令发出 1 个月后,被执行人拒不报告财产又不履行的,执行法院可以根据情节轻重采取限制消费、曝光不履行生效法律文书行为、限制出境、罚款、拘留措施。该要求对执行人员在司法实务中把握执行通知与立即执行之间的关系具有一定的借鉴作用。

执行通知制度在首执案件与执恢案件中的把握也有一定的不同。例如在首执案件中,执行依据是否存在争议(如执行依据确定的义务内容是否存在歧义;再如仲裁裁决执行中,被执行人是否申请不予执行仲裁裁决等)、管辖权是否存在争议、被执行人是否提出债务异议等都不确定,因此要更加注意执行规范化,严格按照规定发出执行通知书,以保障执行程序的正当性和连续性。在执恢案件中,确定了被执行人尚未履行完毕,所以人民法院对其直接采取相关措施的风险相对较小。如果被执行人没有通过人民法院而自行向申请执行人履行,也应及时向人民法院报告;否则,人民法院因不知情对其采取执行措施的后果可归咎于被执行人自身。

三、执行通知与财产申报

《民诉法》第 248 条规定,被执行人未按执行通知履行法律文书确定的义务,应当报告当前以及收到执行通知之日前一年的财产情况,即被执行人在收到执行通知书后仍未履行法律文书确定的义务,负有向人民法院申报财产的义务。申报财产属于执行调查的内容。虽然人民法院建立了执行网络查控系统,大数据时代对于执行调查越来越便利,但被执行人规避执行的方法也在不断变化,“没有人比债务人更清楚其自身的财务状况”,[①]虽然现实中,被执行人财产申报率并不高,但财产申报制度从法律规则设计上是对人民法院执行调查的有效补充。法律、司法解释等[②]规定了被执行人违反财产申报制度的诸多法律后果,在执行实务中,执行人员可以有效运

① 齐树洁、陈莹:《英国强制执行制度改革评述》,载最高人民法院执行工作办公室编:《强制执行指导与参考》总第 13 集,法律出版社 2005 年版,第 189 页。

② 《民诉法》第 248 条、《财产调查规定》第 9 条和第 10 条等均有对被执行人违反财产申报制度的司法制裁规定。

用,以推动执行进展。

根据《民诉法解释》第480条和《财产调查规定》第3条的规定,人民法院应当在收到申请执行书或者移交执行书后10日内发出执行通知书和报告财产令。在执行实务操作中,执行人员可以将报告财产令、传票等随执行通知书一并发出。另外,根据《失信规定》第5条第1款规定,执行通知书中还应记载有关纳入失信被执行人名单的风险提示等内容。

◆ 参考案例

广东省高级人民法院(2019)粤执复111号

[**裁判要旨**]主债务人与承担连带保证责任的担保人负有对债权人的执行义务,债权人超过执行时效申请强制执行的,人民法院应当立案执行,仅有担保人提出时效抗辩权,人民法院应裁定对该担保人不予执行,对未提出时效抗辩权的主债务人继续执行。

广东省高级人民法院(2019)粤执复309号

[**裁判要旨**]执行立案后,人民法院应按规定向被执行人发出执行通知书,为防止被执行人转移财产,可以先行对被执行人的财产采取控制性措施。

◆ 参考规定

《民诉法》

第二百四十六条 申请执行的期间为二年。申请执行时效的中止、中断,适用法律有关诉讼时效中止、中断的规定。

前款规定的期间,从法律文书规定履行期间的最后一日起计算;法律文书规定分期履行的,从最后一期履行期限届满之日起计算;法律文书未规定履行期间的,从法律文书生效之日起计算。

第二百四十七条 执行员接到申请执行书或者移交执行书,应当向被执行人发出执行通知,并可以立即采取强制执行措施。

第二百四十八条 被执行人未按执行通知履行法律文书确定的义务,应当报告当前以及收到执行通知之日前一年的财产情况。被执行人拒绝报告或者虚假报告的,人民法院可以根据情节轻重对被执行人或者其法定代理人、有关单位的主要负责人或者直接责任人员予以罚款、拘留。

第二百四十九条　被执行人未按执行通知履行法律文书确定的义务，人民法院有权向有关单位查询被执行人的存款、债券、股票、基金份额等财产情况。人民法院有权根据不同情形扣押、冻结、划拨、变价被执行人的财产。人民法院查询、扣押、冻结、划拨、变价的财产不得超出被执行人应当履行义务的范围。

人民法院决定扣押、冻结、划拨、变价财产，应当作出裁定，并发出协助执行通知书，有关单位必须办理。

第二百五十条　被执行人未按执行通知履行法律文书确定的义务，人民法院有权扣留、提取被执行人应当履行义务部分的收入。但应当保留被执行人及其所扶养家属的生活必需费用。

人民法院扣留、提取收入时，应当作出裁定，并发出协助执行通知书，被执行人所在单位、银行、信用合作社和其他有储蓄业务的单位必须办理。

第二百五十一条　被执行人未按执行通知履行法律文书确定的义务，人民法院有权查封、扣押、冻结、拍卖、变卖被执行人应当履行义务部分的财产。但应当保留被执行人及其所扶养家属的生活必需品。

采取前款措施，人民法院应当作出裁定。

第二百五十九条　对判决、裁定和其他法律文书指定的行为，被执行人未按执行通知履行的，人民法院可以强制执行或者委托有关单位或者其他人完成，费用由被执行人承担。

第二百六十二条　被执行人不履行法律文书确定的义务的，人民法院可以对其采取或者通知有关单位协助采取限制出境，在征信系统记录、通过媒体公布不履行义务信息以及法律规定的其他措施。

《仲裁法》

第五十八条　当事人提出证据证明裁决有下列情形之一的，可以向仲裁委员会所在地的中级人民法院申请撤销裁决：

（一）没有仲裁协议的；

（二）裁决的事项不属于仲裁协议的范围或者仲裁委员会无权仲裁的；

（三）仲裁庭的组成或者仲裁的程序违反法定程序的；

（四）裁决所根据的证据是伪造的；

（五）对方当事人隐瞒了足以影响公正裁决的证据的；

（六）仲裁员在仲裁该案时有索贿受贿，徇私舞弊，枉法裁决行为的。

人民法院经组成合议庭审查核实裁决有前款规定情形之一的，应当裁定撤销。

人民法院认定该裁决违背社会公共利益的，应当裁定撤销。

第五十九条　当事人申请撤销裁决的，应当自收到裁决书之日起六个月内提出。

《执行规定》

22. 人民法院应当在收到申请执行书或者移交执行书后十日内发出执行通知。

执行通知中除应责令被执行人履行法律文书确定的义务外，还应通知其承担民事诉讼法第二百五十三条①规定的迟延履行利息或者迟延履行金。

23. 执行通知书的送达，适用民事诉讼法关于送达的规定。

24. 被执行人未按执行通知书履行生效法律文书确定的义务的，应当及时采取执行措施。

人民法院采取执行措施，应当制作相应法律文书，送达被执行人。

《财产调查规定》

第三条　人民法院依申请执行人的申请或依职权责令被执行人报告财产情况的，应当向其发出报告财产令。金钱债权执行中，报告财产令应当与执行通知同时发出。

人民法院根据案件需要再次责令被执行人报告财产情况的，应当重新向其发出报告财产令。

第九条　被执行人拒绝报告、虚假报告或者无正当理由逾期报告财产情况的，人民法院可以根据情节轻重对被执行人或者其法定代理人予以罚款、拘留；构成犯罪的，依法追究刑事责任。

人民法院对有前款规定行为之一的单位，可以对其主要负责人或者直接责任人员予以罚款、拘留；构成犯罪的，依法追究刑事责任。

第十条　被执行人拒绝报告、虚假报告或者无正当理由逾期报告财产情况的，人民法院应当依照相关规定将其纳入失信被执行人名单。

第十二条　被执行人未按执行通知履行生效法律文书确定的义务，人民法院有权通过网络执行查控系统、现场调查等方式向被执行人、有关单位或个人调查被执行人的身份信息和财产信息，有关单位和个人应当依法协助办理。

人民法院对调查所需资料可以复制、打印、抄录、拍照或以其他方式进行提取、留存。

---

① 该条现已修改为第260条。

申请执行人申请查询人民法院调查的财产信息的，人民法院可以根据案件需要决定是否准许。申请执行人及其代理人对查询过程中知悉的信息应当保密。

《民诉法解释》

第四百八十条　人民法院应当在收到申请执行书或者移交执行书后十日内发出执行通知。

执行通知中除应责令被执行人履行法律文书确定的义务外，还应通知其承担民事诉讼法第二百六十条规定的迟延履行利息或者迟延履行金。

第四百八十一条　申请执行人超过申请执行时效期间向人民法院申请强制执行的，人民法院应予受理。被执行人对申请执行时效期间提出异议，人民法院经审查异议成立的，裁定不予执行。

被执行人履行全部或者部分义务后，又以不知道申请执行时效期间届满为由请求执行回转的，人民法院不予支持。

《民诉法执行程序解释》

第三条　人民法院受理执行申请后，当事人对管辖权有异议的，应当自收到执行通知书之日起十日内提出。

人民法院对当事人提出的异议，应当审查。异议成立的，应当撤销执行案件，并告知当事人向有管辖权的人民法院申请执行；异议不成立的，裁定驳回。当事人对裁定不服的，可以向上一级人民法院申请复议。

管辖权异议审查和复议期间，不停止执行。

第二十二条　执行员依照民事诉讼法第二百四十条①规定立即采取强制执行措施的，可以同时或者自采取强制执行措施之日起三日内发送执行通知书。

第二十六条　依照民事诉讼法第二百五十五条②的规定，执行法院可以依职权或者依申请执行人的申请，将被执行人不履行法律文书确定义务的信息，通过报纸、广播、电视、互联网等媒体公布。

媒体公布的有关费用，由被执行人负担；申请执行人申请在媒体公布的，应当垫付有关费用。

《仲裁执行规定》

第八条　被执行人向人民法院申请不予执行仲裁裁决的，应当在执行通知书送

---

① 该条现已修改为第247条。

② 该条现已修改为第262条。

达之日起十五日内提出书面申请；有民事诉讼法第二百三十七条[①]第二款第四、六项规定情形且执行程序尚未终结的，应当自知道或者应当知道有关事实或案件之日起十五日内提出书面申请。

本条前款规定期限届满前，被执行人已向有管辖权的人民法院申请撤销仲裁裁决且已被受理的，自人民法院驳回撤销仲裁裁决申请的裁判文书生效之日起重新计算期限。

《失信规定》

第一条　被执行人未履行生效法律文书确定的义务，并具有下列情形之一的，人民法院应当将其纳入失信被执行人名单，依法对其进行信用惩戒：

（一）有履行能力而拒不履行生效法律文书确定义务的；

（二）以伪造证据、暴力、威胁等方法妨碍、抗拒执行的；

（三）以虚假诉讼、虚假仲裁或者以隐匿、转移财产等方法规避执行的；

（四）违反财产报告制度的；

（五）违反限制消费令的；

（六）无正当理由拒不履行执行和解协议的。

第五条　人民法院向被执行人发出的执行通知中，应当载明有关纳入失信被执行人名单的风险提示等内容。

申请执行人认为被执行人具有本规定第一条规定情形之一的，可以向人民法院申请将其纳入失信被执行人名单。人民法院应当自收到申请之日起十五日内审查并作出决定。人民法院认为被执行人具有本规定第一条规定情形之一的，也可以依职权决定将其纳入失信被执行人名单。

人民法院决定将被执行人纳入失信被执行人名单的，应当制作决定书，决定书应当写明纳入失信被执行人名单的理由，有纳入期限的，应当写明纳入期限。决定书由院长签发，自作出之日起生效。决定书应当按照民事诉讼法规定的法律文书送达方式送达当事人。

《限制消费规定》

第一条　被执行人未按执行通知书指定的期间履行生效法律文书确定的给付义务的，人民法院可以采取限制消费措施，限制其高消费及非生活或者经营必需的有关消费。

---

① 该条现已修改为第244条。

纳入失信被执行人名单的被执行人,人民法院应当对其采取限制消费措施。

第二条　人民法院决定采取限制消费措施时,应当考虑被执行人是否有消极履行、规避执行或者抗拒执行的行为以及被执行人的履行能力等因素。

《制裁规避执行意见》

1. 严格落实财产报告制度。对于被执行人未按执行通知履行法律文书确定义务的,执行法院应当要求被执行人限期如实报告财产,并告知拒绝报告或者虚假报告的法律后果。对于被执行人暂时无财产可供执行的,可以要求被执行人定期报告。

《善意文明执行意见》

15. 适当设置一定的宽限期。各地法院可以根据案件具体情况,对于决定纳入失信名单或者采取限制消费措施的被执行人,可以给予其一至三个月的宽限期。在宽限期内,暂不发布其失信或者限制消费信息;期限届满,被执行人仍未履行生效法律文书确定义务的,再发布其信息并采取相应惩戒措施。

《涉新冠执行意见》

七、精准适用失信惩戒和限制消费措施。有效发挥失信惩戒和限制消费措施的惩戒作用,重点打击规避执行、抗拒执行等违法失信行为,进一步推动国家信用体系建设和营商环境改善。建立健全惩戒分级分类机制,准确把握失信惩戒和限制消费措施的适用条件,持续推动惩戒措施向精细化、精准化方向转变。疫情期间,对已纳入发展改革、工业和信息化部门确定的全国性或地方性疫情防控重点保障企业名单的企业,原则上不得采取失信惩戒和限制消费措施;已经采取并妨碍疫情防控工作的,要及时解除并向申请执行人说明有关情况。对未纳入重点保障企业名单的疫情防控企业采取失信惩戒和限制消费措施的,可以根据具体情况参照前述规定办理。对受疫情影响较大、暂时经营困难的企业尤其是中小微企业,人民法院在依法采取失信惩戒或者限制消费措施前,原则上要给予三个月的宽限期。

第三讲

执行代理

◆ 实务指引

“执行代理人，是指在执行程序中，根据法律规定和执行当事人的委托，代表执行当事人参与执行活动的人，包括法定执行代理人和委托执行代理人。”①法定执行代理人系在执行活动中依照法律规定代理无诉讼行为能力的执行当事人行使代理权的主体。其依据主要是诉讼法的规定。②“委托执行代理人是指根据执行当事人、法定执行代理人的委托，代为进行执行活动的人。”③委托执行代理人也是诉讼代理人的一种，在司法实践中，更常见的是委托执行代理人，法定执行代

① 曲巍、陈虎军编著：《执行实施操作指引》，人民法院出版社 2018 年版，第 46 页。

② 最高人民法院民法典贯彻实施工作领导小组主编的《中华人民共和国民法典总则编理解与适用》（下）在对《民法典》第 163 条的释义中论述：“从《民法典》总则编关于代理规定的体系顺序以及代理范围的规定上看，民法上的法定代理应该限于狭义范畴，即为弥补有关民事主体人行为能力的不足，以便其实施民事法律行为。程序法上的法定代理则是为弥补当事人诉讼行为能力的不足，在法律适用上直接适用相关诉讼法律规定及司法解释即可。”

③ 曲巍、陈虎军编著：《执行实施操作指引》，人民法院出版社 2018 年版，第 47 页。

理人亦可以另行委托诉讼代理人(委托执行代理人)。

在民事诉讼中,代理人常常在审判环节参与诉讼活动,在执行程序中参与较少。事实上,执行工作也属于诉讼中的一个环节,但传统观念认为执行工作的技术含量远远低于审判工作,律师参与执行的积极性并不高。近些年越来越多的人改变了这一看法,尤其是"基本解决执行难"阶段以来,最高人民法院出台了许多规范性文件进一步规范执行工作,执行业务的复杂性、专业性日益显现。在司法实践中,有的执行代理人介入执行程序的随意性较大,常有中途介入和后续变更的情况出现。执行代理权限的表述也常表现出随意性,如"代理执行一切事务"等。对执行代理的审查,又是执行人员常常容易忽略的地方,本讲则重点阐述对执行代理审查的注意事项。

一、执行代理的审查

(一)法定执行代理人

法定执行代理人一般适用于精神病人、未成年人和其他无诉讼行为能力的执行当事人,其与执行当事人之间往往具有特殊的身份关系。在执行实务中,要注重审查二者的身份关系。具体操作上,审查执行当事人有无诉讼行为能力(是否为精神病人或未成年人等)、法定执行代理人与执行当事人的关系(夫妻关系、父母子女关系等)。

(二)委托执行代理人

委托执行代理人是执行中常见的代理情形,主要从以下几个方面予以审查:

1. 委托执行代理人的数量

《民诉法》第61条第1款规定:"当事人、法定代理人可以委托一至二人作为诉讼代理人。"同一执行当事人委托的诉讼代理人最多不能超过两人。

执行人员要注意,在执行程序中,代理人超额的情况。以笔者曾经办理的案件为例,某银行作为申请执行人,申请强制执行时,委托了两名执行代理人(该行不良资产催收的工作人员),后期因为人员工作变动,该二人调动到其他部门,银行在未撤销原代理手续的情况下另行提交了两份委托执行代理手续(代理人为两名新的工作人员),笔者对此要求银行进行明示。如果对代理人数额不作审查,超额代理人的代理权限的合法性就会存疑,尤其是特别授权代理人,其表态是否具备真实的代理权限,可能会存在矛盾隐患。

2. 委托执行代理人的资格

《民诉法》第 61 条第 2 款规定了三类人员可以担任委托执行代理人：(1) 律师、基层法律服务工作者；(2) 当事人的近亲属或者工作人员；(3) 当事人所在社区、单位以及有关社会团体推荐的公民。

在实务操作中，律师、基层法律服务工作者担任委托执行代理人的，执行人员要审查其委托书、公函、律师证或法律工作证件。执行当事人委托其近亲属的，执行人员要依据《民诉法解释》第 85 条的规定审查近亲属关系证明，执行当事人委托其工作人员的，要依据《民诉法解释》第 86 条审查能够证明有合法劳动人事关系的职工证明。《民诉法》第 62 条第 3 款还规定了对侨居在国外的中华人民共和国公民从国外寄交或者托交的授权委托书要审查的内容。

民事诉讼中的近亲属的范围相对宽泛，根据《民诉法解释》第 85 条的规定，包括夫妻、直系血亲、三代以内旁系血亲、近姻亲关系以及其他有抚养、赡养关系的亲属。

在司法实践中，有的当事人委托朋友作为执行代理人，严格来说，不符合执行代理的主体资格，执行人员对此应予以注意。另外，有的企业法定代表人自己涉案执行时，也委托该企业的法务人员作为其委托执行代理人，这是不符合民事诉讼法律规定的。这些都是需要执行人员注意的情况。

有的法院对员工代理的审查较为粗放，如一些当事人的员工提交的代理手续为盖有单位公章的员工证明，与《民诉法解释》第 86 条规定的精神是否相符，值得商榷。在执行实务中，执行人员应要求拟作为代理人的员工提供劳动合同等足以证明合法劳动人事关系的材料为宜。

3. 委托执行代理人的权限

《民诉法》第 62 条和《执行规定》第 20 条均规定，委托代理的，需要在授权委托书上写明代理事项和权限。代理权限分为一般授权和特别授权，一般授权的委托代理人仅可以为被代理人代理一般诉讼行为，不能够处分实体权利。按照《执行和解规定》第 4 条和最高人民法院《关于民事诉讼委托代理人在执行程序中的代理权限问题的批复》的规定，代理人参与执行和解，必须是特别授权，并且特别授权应当明确授权具体内容。特别授权的代理人不仅可以为被代理人代理一般诉讼行为，而且还能根据特别授权范围处分被代理人实体权利。

在司法实践中，常见授权委托书中载明的代理事项和权限为“代理一切执行事项”“全权代理执行事务”等，根据《民诉法解释》第 89 条的规定，此类表述均不能作为特别授权的代理。

执行代理的特别授权委托书中常有“代收执行款物”这一表述，引申一个问题，代收行为的法律后果应当由谁承受？笔者认为，一般应由被代理人承受，当然，如果代理人代收款项后，一直存放在代理人账户中，且从未动过这笔款项，此时，账户与金额特定，在发生执行回转时，可以将其视为原申请执行人的款项予以执行。再引申一个问题，能否直接在执行款中扣除代理人的代理费？笔者认为不宜直接扣除，因为执行款是需要向申请执行人发放的款项，本质上属于申请执行人的财产，有观点认为，在申请执行人与代理人均认可的情况下可以代为支付，但在这种情况下，一旦发生执行回转，可能会引发代为支付的代理费是向代理人追回还是向原申请执行人追回的问题。

4. 委托执行代理人的代理期限

一般而言，审判与执行系两个诉讼程序，审判中的诉讼代理的期限一般不及于执行。[①] 过去很长一段时间，执行中委托代理的期限一直不太明确，授权委托书中的写法也不尽相同，有的甚至没有载明委托期限。在 2020 年以后，《执行规定》第 20 条明确规定，委托代理应当写明期限。许多执行不能的案件需要以终结本次执行程序的方式结案，如果委托代理没有载明代理期限或者表述不够明确，就容易造成不同的理解，如代理期限表述为“自委托之日起至执行终结之日止”，该如何理解“执行终结”？期限的终点是强制执行完毕之日，还是终结本次执行程序之日，抑或其他执行结案之日？这个问题牵扯到后续执行当事人的权利告知是否可以继续通过代理人传达，可能会影响执行当事人的权利行使，执行人员应当予以注意。

在执行实务中，建议执行人员要求代理手续中明确具体的代理期限，对“执行终结”加以明确，或者在恢复执行中，要求重新提交代理手续或重申代理期限。

关于委托执行代理，还要注意代理变动，即后续可能会发生代理人更换或者权限更改等，在实务操作中，执行人员需要注意后续增补代理人不能超过法定人数限额，由特别授权更改为一般授权后，代理人不能在执行和解中处分执行当事人的权利等。这些事项看似简单，但由于执行程序战线较长，执行承办人员频繁发生变动，就容易忽略这些细节。在执行代理发生变动后，人民法院要及时通知其他执行当事人。

---

① 根据《司法解释理解与适用全集》（执行卷）（人民法院出版社编）对最高人民法院《关于民事诉讼委托代理人在执行程序中的代理权限问题的批复》的释义，如果委托人未在授权委托书中明确，那么委托诉讼代理人的代理权限不能及于执行程序。

二、充分发挥律师价值

在执行程序中，有专业的代理人参与，对于人民法院的执行工作是有益无害的。近些年，执行案件逐年增加，大量执行案件在基层法院办理，一线办案力量不足，许多案件迫于实际情况确实无法做到及时进行财产调查，执行人员如果能充分发挥代理律师的作用，可以在某种程度上缓解这一矛盾。

（一）律师在财产调查中的价值

《制裁规避执行意见》第2条明确了强化申请执行人提供财产线索的责任。调查令便规定在其中。该意见在执行领域中明确了各地法院可根据本地的实际情况，探索尝试以调查令、委托调查函等方式赋予代理律师法律规定范围内的财产调查权。北京市、上海市、河南省、安徽省等地方法院也均发布了有关调查令的规定，虽然规定内容不尽相同，但均通过调查令的方式赋予了律师在财产调查中的价值。

申请执行人的债权系其在经济社会活动的商业收益，故其对被执行人的责任财产负有一定的证明义务。《制裁规避执行意见》亦是将调查令规定在申请执行人责任的条款中。可见，执行代理律师有代为调查被执行人财产的职责，这不是人民法院另行给律师增加的负担。基于有偿服务，代理律师本应主动发挥在财产调查中的作用。在司法实践中，也确实有一些律师在财产调查中发挥了积极性的作用。以笔者曾经办理的一起涉矿山企业执行案件，该企业向人民法院报告没有财产收入，该案申请执行人的代理律师主动向自然资源规划部门调取该企业的矿山开采量记录以证明该企业存在财产申报不实，有效推动了执行进展。然而许多律师未能积极发挥调查作用。在实务操作中，执行人员可以根据案件繁简缓急程度，结合个案具体情况引导申请执行人采取调查令的方式及时查明被执行人的责任财产，高效推动执行工作。

（二）律师在执行和解中的价值

中国传统文化中的“以和为贵”思想影响了国人“做人留一线日后好相见”的心理。虽然执行中没有调解制度，但是在现实生活中，和解仍然在执行程序中达到较好的化解矛盾的效果。有的执行案件，双方当事人矛盾比较尖锐，当事人往往受“面子文化”影响，非要跟对方较量个“你死我活”，但实际上，从理性的角度而言，常常最后是“两败俱伤”，执行人员在中间试图化解双方积怨，但囿于中立性，其对当事人讲话的心理接受度往往低于当事人的代理律师。执行人员可以引导律师在和解意向、和解谈判、和解协议拟定及协议风险排查等方面发挥积极作用。

虽然执行和解是双方当事人之间的事情，但是执行法院仍然有一定的审查职责，如和解协议不能违背法律规定等。执行和解是解决执行纠纷矛盾的一种方式，执行人员也要进行必要审查，而这些审查亦可以充分发挥代理律师的作用。在现实中，许多执行和解协议内容表述混乱，进而导致法律关系混乱，难以在后续环节认定和解协议是否已经适当履行、履行了多少等。一份内容明确、表述精准的和解协议的起草，律师的价值不言而喻。

（三）律师在释法析理中的价值

虽然司法具有中立性，但由于执行程序的义务方为被执行人，为此，在心理上，执行人员往往具有一定的导向性。出于对司法权力的惧怕和不安，被执行人的态度往往是逃避和对抗，如果有为其合法利益争取的代言人（代理律师）在执行程序中协助执行人员释法析理，对执行有一定的好处。

代理律师在执行程序中，可以充当当事人的情绪化解者、信息沟通者、风险评估者、利益协调者和方案提供者。通过释法析理，代理律师为当事人谋利，为政法机关建言，为信访部门减压，不仅维护当事人的合法权益，也有助于维护法律权威、降低社会治理成本。

◆ 参考案例

安徽省太和县人民法院（2018）皖1222执异42号

［**裁判要旨**］具有代领执行款权限的申请执行人的委托执行代理人代领执行款的法律后果应由被代理人（申请执行人）承受，在执行回转后，人民法院在代领款额度范围内冻结原申请执行人委托执行代理人的银行存款没有事实与法律依据，该委托执行代理人申请执行异议请求解除存款冻结的，人民法院应当支持。

◆ 参考规定

《民诉法》

第六十条　无诉讼行为能力人由他的监护人作为法定代理人代为诉讼。法定代理人之间互相推诿代理责任的，由人民法院指定其中一人代为诉讼。

第六十一条 当事人、法定代理人可以委托一至二人作为诉讼代理人。

下列人员可以被委托为诉讼代理人：

（一）律师、基层法律服务工作者；

（二）当事人的近亲属或者工作人员；

（三）当事人所在社区、单位以及有关社会团体推荐的公民。

第六十二条 委托他人代为诉讼，必须向人民法院提交由委托人签名或者盖章的授权委托书。

授权委托书必须记明委托事项和权限。诉讼代理人代为承认、放弃、变更诉讼请求，进行和解，提起反诉或者上诉，必须有委托人的特别授权。

侨居在国外的中华人民共和国公民从国外寄交或者托交的授权委托书，必须经中华人民共和国驻该国的使领馆证明；没有使领馆的，由与中华人民共和国有外交关系的第三国驻该国的使领馆证明，再转由中华人民共和国驻该第三国使领馆证明，或者由当地的爱国华侨团体证明。

《民诉法解释》

第八十五条 根据民事诉讼法第六十一条第二款第二项规定，与当事人有夫妻、直系血亲、三代以内旁系血亲、近姻亲关系以及其他有抚养、赡养关系的亲属，可以当事人近亲属的名义作为诉讼代理人。

第八十六条 根据民事诉讼法第六十一条第二款第二项规定，与当事人有合法劳动人事关系的职工，可以当事人工作人员的名义作为诉讼代理人。

第八十九条 当事人向人民法院提交的授权委托书，应当在开庭审理前送交人民法院。授权委托书仅写“全权代理”而无具体授权的，诉讼代理人无权代为承认、放弃、变更诉讼请求，进行和解，提出反诉或者提起上诉。

适用简易程序审理的案件，双方当事人同时到庭并径行开庭审理的，可以当场口头委托诉讼代理人，由人民法院记入笔录。

《执行规定》

20. 申请执行人可以委托代理人代为申请执行。委托代理的，应当向人民法院提交经委托人签字或盖章的授权委托书，写明代理人的姓名或者名称、代理事项、权限和期限。

委托代理人代为放弃、变更民事权利，或代为进行执行和解，或代为收取执行款项的，应当有委托人的特别授权。

《执行和解规定》

第四条　委托代理人代为执行和解,应当有委托人的特别授权。

最高人民法院《关于民事诉讼委托代理人在执行程序中的代理权限问题的批复》

陕西省高级人民法院:

你院陕高法〔1996〕78号《关于诉讼委托代理人的代理权限是否包括执行程序的请示》收悉。经研究,答复如下:

根据民事诉讼法的规定,当事人在民事诉讼中有权委托代理人。当事人委托代理人时,应当依法向人民法院提交记明委托事项和代理人具体代理权限的授权委托书。如果当事人在授权委托书中没有写明代理人在执行程序中有代理权及具体的代理事项,代理人在执行程序中没有代理权,不能代理当事人直接领取或者处分标的物。

此复。

《制裁规避执行意见》

2. 强化申请执行人提供财产线索的责任。各地法院可以根据案件的实际情况,要求申请执行人提供被执行人的财产状况或者财产线索,并告知不能提供的风险。各地法院也可根据本地的实际情况,探索尝试以调查令、委托调查函等方式赋予代理律师法律规定范围内的财产调查权。

第四讲 执行调查

◆ 实务指引

执行调查属于执行实施权的范畴，是人民法院为实现执行目的开展的公权力活动，主要是围绕被执行人的履行能力开展的调查。在金钱给付类案件中，主要调查被执行人的财产情况，在行为给付类案件中，主要调查被执行人行为给付能力。

一、执行调查人员

人民法院是执行调查的主体。尽管一直有一些声音呼吁执行工作应当从人民法院分离出去，有观点认为执行权不是司法权，应当与审判工作进行分离。但是主流观点还是认为："强制执行权的司法权本质必须得到明确地肯定，审执分离并不否定强制执行与审判的同质性。"[①]基于司法权的基因，执行工作当然属于人民法院的工作。

---

① 江必新主编：《强制执行法理论与实务》，中国法制出版社 2014 年版，第 46 页。

在人民法院内部,一般负责执行工作的机构是执行局(庭),[1]根据《民诉法》第235条的规定,执行工作由执行员进行。但是,在现实中,并不像审判员有专门的《法官法》规定一样,执行员的身份性质、任免程序等问题一直没有在法律上予以明确。"这样就造成了执行机构组成人员的地位不明确、各地法院的做法各不相同的局面,有些法院甚至采取了将不能胜任审判工作的人员安排到了执行机构工作的错误做法,严重影响了执行人员队伍建设。"[2]当前,我国执行工作队伍中既有法官,又有执行员、司法警察、法官助理、书记员及其他工作人员。从法理及比较法上看,执行工作一般应当由执行法官与执行官共同进行,执行法官行使执行命令权、执行裁决权,执行官行使执行实施权。由于我国执行人员身份较多,笔者将执行机构组成人员统一表述为执行人员(当然,从执行人员属于政法队伍的一员的角度,还可以称为执行干警)。

当前执行制度正面临新的改革,但尚未有成熟的模型,在司法实践中,所有执行人员均能参与执行调查,这具有一定的合理性。未来,在执行专业化的道路上,应逐步划分执行人员的职责,执行法官主要行使执行裁决权和执行命令权,而执行实施权应由专门的实施人员办理。

二、调查实施

(一)调查启动

根据《民诉法》第247、249条和《财产调查规定》第12条规定的精神,在执行程序启动后,人民法院可以立即采取强制执行措施,开展调查工作,通过网络执行查控系统、现场调查等方式向被执行人、有关单位或个人调查被执行人的身份信息和存款、债券、股票、基金份额等财产信息,必要时可以对被执行人采取控制性措施。

(二)调查内容

《民诉法解释》第483条和《财产调查规定》第12条明确了执行调查的内容,即被执行人的身份信息和财产信息。毋庸置疑,执行是一项开放性的司法工作,现实生活远比想象复杂得多,为查明躲避执行的被执行人是否具有履行能力,往往需要

---

① 并非所有执行案件绝对都由执行局(庭)执行,如《执行规定》第4条规定了人民法庭审结的案件,由人民法庭负责执行。

② 江必新主编:《强制执行法理论与实务》,中国法制出版社2014年版,第97页。

细致深入的调查工作，比如调取下落不明的被执行人的手机号码，通过网购平台查询其购物收货地址等。因此，笔者认为，为调查被执行人的身份信息或财产信息，人民法院可以进行必要的其他调查。这个"必要"性如何把握？《财产调查规定》第25条这样规定，执行人员不得调查与执行案件无关的信息。与案件的关联性是把握标准，在实务操作中，执行人员可以根据具体个案进行把握。笔者建议，对于较为复杂的执行调查，执行人员可以在执行日志中记录调查过程，由共同调查的人员同时署名签字，以便能够说明调查的合法性和必要性，减少办案风险。

对财产信息的调查，不仅包括对有与无的调查，还要就财产的法律现状和物理现状进行调查。调查的内容如何反映？《财产调查规定》第12条第2款规定，人民法院对调查所需资料可以复制、打印、抄录、拍照或以其他方式进行提取、留存。在实务操作中，对于复制、打印等调取的信息，能够加盖协助调查机关的公章是最好不过的，公章可以是单位公章，也可以是业务章，如果无法加盖公章或者协助调查机关拒绝加盖公章，笔者建议，可以由两名执行人员在调查材料中予以说明，并共同署名签字，同时用执法记录仪予以记录。

（三）调查方式

《民诉法》第249条和《财产调查规定》第1条明确了财产调查的几种调查方式，申请执行人调查，被执行人财产申报，人民法院向有关单位调查、网络查询、其他方式调查，笔者将其归纳为以下三种：

1. 申请执行人提供财产线索

《财产调查规定》第1条规定，执行过程中，申请执行人应当提供被执行人的财产线索。关于提供被执行人的财产线索是申请执行人在执行程序中的一项权利还是义务，有不同认识。有观点认为是申请执行人的权利，①但是从最高人民法院的规范性文件上还可以看到另一种倾向性态度。《制裁规避执行意见》第2条规定，要强化申请执行人提供财产线索的责任，各地法院可以根据案件的实际情况，要求申请执行人提供被执行人的财产状况或者财产线索，并告知不能提供的风险。

在实务操作中，笔者建议，执行人员可以在初次约谈申请执行人时就告知申请执行人要主动申报被执行人的财产线索，根据对申请执行人情况的综合判断，将对

---

① 在现行执行体制下，指明被执行人的财产或者提供财产线索被视为申请执行人的权利而不是义务。该观点参见人民法院出版社编：《最高人民法院司法观点集成》（执行卷），人民法院出版社2017年版，第276页。

有关财产信息的了解交由申请执行人来完成,例如,建设工程施工合同纠纷案件,作为承包方的申请执行人掌握有关建设规划、工程现状等信息,为接下来财产的处置准备,相关材料可以要求申请执行人提供,又如,委托了律师作为执行代理人的,可以鼓励律师采取调查令的方式主动进行调查。在实际效果上,如果申请执行人能够积极主动参与执行调查,也能提高执行效率,保障的也是申请执行人自己的胜诉债权。执行人员需要在与申请执行人的沟通中,向其充分告知这一点,积极做好引导工作。必要时,也可以引导申请执行人申请悬赏执行。

《执行期限规定》第 6 条第 1 款规定:"申请执行人提供了明确、具体的财产状况或财产线索的,承办人应当在申请执行人提供财产状况或财产线索后 5 日内进行查证、核实。情况紧急的,应当立即予以核查。"该规定中的"立即"如何理解? 按照《进一步完善执行权意见》第 13 条的规定,应当理解为在 24 小时内启动调查核实。由于财产线索信息是动态的,对拟终结本次执行程序的案件,在终本前,也要再次询问申请执行人是否能提供被执行人的财产线索,如果有新的财产线索,同样仍要进行调查核实。

2. 被执行人财产申报

不少国家规定了被执行人的财产申报义务,如德国的代宣誓保证制度,韩国的债务人照会制度,美国、瑞士和日本的财产开示制度等。2007 年,我国民事诉讼法确立了财产申报制度,虽然现实中被执行人财产申报率并不高,但这不妨碍财产申报制度在司法实务中的价值。首先,"没有人比债务人更清楚其自身的财务状况",[①]人民法院穷尽手段也可能无法完全掌握被执行人的全部财产信息,只有将其财产公开义务设定在被执行人身上,才能充分挖掘被执行人的责任财产;其次,财产申报制度在司法实践中就像一把执行"利剑",一些法院以违反财产申报制度为由对被执行人采取拘留措施,解决了许多小额执行案件,起到了较好的社会效果。

(1)财产申报的启动与终结。笔者在执行通知一讲中已经阐述了执行通知与财产申报的关系,按照《民诉法》第 248 条、《制裁规避执行意见》第 1 条的规定,被执行人未按执行通知履行法律文书确定的义务,应当报告当前以及收到执行通知之日前一年的财产情况。《财产调查规定》第 1 条规定,执行过程中,被执行人应当如实报告财产。从以上条文来看,被执行人的首次财产申报义务至早应当在知道自己被启

---

① 齐树洁、陈莹:《英国强制执行制度改革评述》,载最高人民法院执行工作办公室编:《强制执行指导与参考》总第 13 集,法律出版社 2005 年版,第 189 页。

动执行程序之日，逻辑上，应当在接到执行通知时。至于接到执行通知之后，多长时间内向人民法院报告财产，法律没有规定，人民法院可以根据案件情况确定并告知被执行人。参照《财产调查规定》第 5 条第 3 款的规定，该期限通常在报告财产令中予以载明。在司法实践中，也有在首次传唤被执行人时于询问笔录中予以告知，笔者认为这种方式可行。

被执行人首次财产申报后，如果后期财产发生变动，影响申请执行人债权实现的，按照《财产调查规定》第 7 条、第 11 条第 2 款的规定，应当自财产变动之日起 10 日内再次向人民法院补充报告，案件终本后，被执行人仍需要履行该补充报告义务。

财产申报何时可以终结？《财产调查规定》第 11 条第 1 款规定，有下列情形之一的，财产报告程序终结：①被执行人履行完毕生效法律文书确定义务的；②人民法院裁定终结执行的；③人民法院裁定不予执行的；④人民法院认为财产报告程序应当终结的其他情形。

（2）财产申报的内容。《财产调查规定》第 5 条第 1、2 款规定：“被执行人应当在报告财产令载明的期限内向人民法院书面报告下列财产情况：（一）收入、银行存款、现金、理财产品、有价证券；（二）土地使用权、房屋等不动产；（三）交通运输工具、机器设备、产品、原材料等动产；（四）债权、股权、投资权益、基金份额、信托受益权、知识产权等财产性权利；（五）其他应当报告的财产。被执行人的财产已出租、已设立担保物权等权利负担，或者存在共有、权属争议等情形的，应当一并报告；被执行人的动产由第三人占有，被执行人的不动产、特定动产、其他财产权等登记在第三人名下的，也应当一并报告。”该规定列举了许多财产。关于财产，学说上的认识并不一致，“依通说，所谓财产，是指具有经济价值，依一定之目的而结合之权利义务之总体”。[①] 按此理解，上述规定列举的财产可以归纳为：物权、债权、知识产权等财产性权利及该权利上的法律、物理现状。

在司法实践中，常见的财产为银行存款、房产、土地使用权、车辆、债权、股权等，还有一些特殊财产表现形式，如采矿权、林权等，近些年又有一些新的财产表现形式，如收益性保险等，虽然现实中财产的表现形式各有不同，但只要具有可处分性、可估价性、可流转性、非豁免性，都可以进行执行。通过对被执行人财产的“四性”分析，判断该财产能否进行执行，笔者称为“四性”分析法。被执行人在承担义务范围内对其所有的财产要“应报尽报”，由人民法院根据“四性”来判断是否可以执行。

---

① 梁慧星：《民法总论》，法律出版社 2017 年版，第 161 页。

我们“不仅要关注财产申报的广度，还要关注财产申报的深度”，[①]关于财产申报的内容，笔者建议，执行法院还应责令被执行人报告是否属于人大代表、政协委员及职业信息、家庭成员财产信息等，拓展调查的深度。

财产申报作为执行调查的一种方式，与申请执行人提供财产线索一样，执行法院依然也要进行闭环式处理。执行法院应当根据《财产调查规定》第 8 条对被执行人申报的财产进行调查核实，必要时可以组织当事人进行听证。

(3)违反财产申报制度的法律后果。违反财产申报制度的法律后果，主要规定在《民诉法》第 248 条、《财产调查规定》第 9 条和第 10 条、《失信规定》第 1 条。被执行人拒绝报告或者虚假报告的，人民法院可以根据情节轻重对被执行人或者其法定代理人、有关单位的主要负责人或者直接责任人员予以罚款、拘留，并将被执行人纳入失信被执行人名单，构成犯罪的，依法追究刑事责任。

3. 人民法院依职权调查

《进一步完善执行权意见》第 13 条和《执行期限规定》第 6 条第 2、3 款规定，执行部门在收到立案部门移送的案件材料后，必须在 5 个工作日内通过“总对总”“点对点”网络查控系统对被执行人财产发起查询。申请执行人无法提供被执行人财产状况或财产线索，或者提供财产状况或财产线索确有困难，需人民法院进行调查的，承办人应当在申请执行人提出调查申请后 10 日内启动调查程序。根据案件具体情况，承办人一般应当在 1 个月内完成对被执行人收入、银行存款、有价证券、不动产、车辆、机器设备、知识产权、对外投资权益及收益、到期债权等资产状况的调查。《终本规定》第 1 条将“已穷尽财产调查措施，未发现被执行人有可供执行的财产或者发现的财产不能处置”作为终结本次执行程序的一个必要条件。可见执行调查是人民法院的执行工作职责，执行调查主要靠人民法院主动调查这种方式。

(1)对当事人的信息采集

按照《民诉法解释》第 483 条和《财产调查规定》第 12 条明确了调查的内容，被执行人的身份信息是可以进行调查的。执行人员应当注意在执行过程中，尤其是初次约谈当事人时，做好必要的信息采集工作。笔者认为，至少应当采集以下信息。

①采集送达地址和有效联系方式

在执行实践中，有相当多的被执行人为了逃避执行，跟法院“玩失踪”，打电话不接、住址又没人，造成法院许多法律文书无法送达，只能进行公告，严重影响执行效

① 夏祖国：《执行使命》，四川民族出版社 2020 年版，第 130 页。

率。为此,人民法院内部需要建立立案、审判、执行的联动,尽量把当事人的送达地址确认工作做在前面。《进一步加强民事送达意见》第 6 条规定:“当事人在送达地址确认书中确认的送达地址,适用于第一审程序、第二审程序和执行程序。当事人变更送达地址,应当以书面方式告知人民法院。当事人未书面变更的,以其确认的地址为送达地址。”因此,在立案阶段如果能将当事人的送达地址固定,即使被执行人在执行阶段躲避执行,也不妨碍执行法院进行具有法律效力的送达。但在现实中,一些法院内部立案、审判、执行机制并未有效衔接,导致执行工作被动,这就需要执行人员在执行程序中进行信息采集。由于执行时间较长,一些被执行人又不容易被找到,实践中,有的执行人员在找到被执行人后立即在笔录中让其确认送达地址和有效联系方式,有些案件卷宗中存在同一个当事人不同时间、不同送达地址确认的多份信息,由于执行尚未结案,卷宗材料未能梳理齐全,执行承办人变动后,最新承办人容易错把旧的送达地址确认信息当成有效信息来判断,造成程序瑕疵。因此,在执行实务中,执行工作的规范管理十分必要。

作为律师、法律工作者或者公司法务人员,在民商事活动中,如果能提前预测将来可能产生的诉讼、执行风险,为了将来缩减时间成本,也可以为当事人在签订合同时约定送达地址。按照《进一步推进繁简分流意见》第 3 条的规定,约定送达地址是受到人民法院支持的。

②采集特殊身份信息

在强制执行中,可能会采取一些强制措施,如对当事人进行拘留。但是按照《人大代表法》第 32 条的规定,对县级以上的各级人民代表大会代表,需要依法采取拘留措施的,应当先行报经该级人民代表大会主席团或者人民代表大会常务委员会许可,乡、民族乡、镇的人民代表大会代表被采取拘留措施的,应当立即报告乡、民族乡、镇的人民代表大会。为此,为防止在不知情的情况下拘留了人大代表,执行人员最好在初次约谈当事人时就与送达地址等信息一并采集身份信息。笔者在办案实务中曾创新设计了初次约谈信息采集表,在工作中就非常实用。还应当注意到,参照《政协委员强制措施通知》的规定,对政协委员确需依法采取司法拘留措施的,应向该级中国人民政治协商会议委员会通报。《政务处分法》第 41 条规定:“公职人员有其他违法行为,影响公职人员形象,损害国家和人民利益的,可以根据情节轻重给予相应政务处分。”当事人的特殊身份,导致其受到司法处罚时还要承受其他的法律后果,因此,特殊身份信息的采集工作就显得很有必要,也很有价值。

③有关程序性事项的权利表达

执行程序的流程环节众多,时间跨度长,有许多需要当事人进行权利表达的事项,如《网拍规定》第 5 条规定的网络司法拍卖平台的选择权,《终本规定》第 5 条规定的对终本的发表意见权等,这些权利表达虽然可以在相应执行环节再采集,但也完全可以在初次约谈时先行让当事人表态,后期如有意见更新,可以让当事人另行向人民法院报告,以提高后期执行效率。

④信息变动承诺

由于当事人的信息处于随时可能的变化中,为此,执行人员在进行信息采集时,应当要求当事人向人民法院及时报告变动信息,即被执行人在出现此前报告信息有变动的情况下应当在指定期间内向人民法院进行报告,否则自行承担不利法律风险。

(2)常见调查手段的实务操作建议

人民法院依职权调查的手段主要有网络查询、向有关部门调查、对被执行人询问(传唤、拘传)、搜查等。

①网络查询

关于网络查询,需要关注被执行人的给付义务内容。由于司法实践中许多网络查询的发起是集约办理,执行操作人员与具体案件承办人未必是同一个人,在有多个被执行人且其中部分被执行人仅承担物的担保责任的案件中,就不能对仅承担担保责任的被执行人的银行存款进行冻结,否则就会造成执行错误。

②向有关部门调查

关于向有关部门调查,涉及与各协助义务人之间的互动。“基本解决执行难”以后,全社会配合法院执行的氛围明显好转,但也不排除仍有一些单位或个人法治意识淡薄,不尊重司法权。一般地,向有关部门调查需要两名执行人员,规范着装,持有并向有关部门出示工作证件(《民诉法》第 235 条第 2 款、《执行规定》第 7 条)。至于是否必须“双人双证”,上述规定及最高人民法院政治部《关于〈关于解决聘用制书记员执行公务证相关问题的请示〉研究意见的复函》也已经很明确了,[①]但在现实中,协助义务人对人民法院“双人双证”要求的问题仍未能得到真正解决。笔者认为,在

---

① 最高人民法院、中国人民银行《关于依法规范人民法院执行和金融机构协助执行的通知》(法发〔2000〕21 号)规定:“人民法院查询被执行人在金融机构的存款时,执行人员应当出示本人工作证和执行公务证,并出具法院协助查询存款通知书。”但该规定仅仅是规范性文件,《民诉法》第 235 条第 2 款、《执行规定》第 7 条作为司法解释已修改了“双人双证”的规定。

实务操作中,出于对现实考虑,执行人员不必在此处太过较真,现场尽量采取沟通方式,而后可以通过司法建议书或者执行联动机制的方式予以纠正,但在紧急情况下协助义务人拒不配合或沟通失效时,也可以先行固定证据,然后视情形按照《民诉法》第 117 条采取司法处罚。如果协助义务人以单位内部规定为由对抗执行调查,可以处罚该单位,如果属于工作人员自身原因对抗执行调查,可以处罚该工作人员(直接责任人)。

人民法院向有关单位执行调查时不需要排队取号,即人民法院在执行调查中享有“司法优先权”。国家为保障司法机关有效行使司法权而赋予司法机关职务上的优先条件,当司法机关与其他社会组织及公民个人的权利在同一领域或同一范围内相遇时,司法权具有优先行使和实现的效力。司法机关在从事紧急公务时,有关组织或个人有协助执行或提供方便的强制性义务,违反者将承担法律责任。

③对被执行人询问(传唤、拘传)

对被执行人进行询问,可以通过传唤询问,符合条件的,可以拘传。关于拘传,《贯彻民诉法及解释的通知》对拘传采取了慎重的态度,即在执行程序中适用《民诉法解释》第 482 条采取拘传措施的,应当严格遵守法定的条件与程序。拘传措施对于查明被执行财产、调查案件事实具有重要意义,同时也会严重影响被拘传人的人身自由。因此,该规定为执行拘传设置了一定的前置条件。

通过梳理,可以总结出执行拘传的相关规定。拘传对象:经依法传唤无正当理由拒不到场的必须接受调查询问的被执行人、被执行人的法定代表人、负责人或者实际控制人。拘传时间:调查询问的时间不得超过 8 小时;情况复杂,依法可能采取拘留措施的,调查询问的时间不得超过 24 小时。不能以连续拘传的形式变相羁押被拘传人。拘传条件:执行法院在采取拘传措施前必须经过依法传唤,依法传唤后仍拒不到场的,应进行说服教育,经说服教育后仍拒不到场的,才能采取拘传措施。不宜采取拘传措施的情形:对于已经控制被执行人的财产且财产权属清晰、没有必要调查询问的被执行人、被执行人的法定代表人、负责人或者实际控制人,不宜采取拘传措施。异地协助:在本辖区以外采取拘传措施时,可以将被拘传人拘传到当地人民法院,当地人民法院应予协助。

在司法实践中,对于一些小额执行案件,人民法院在立案后,通过开展集中性的执行行动,立即找到被执行人家中进行询问,有的甚至在夜间突袭,基于人们对“老赖”的痛恨情绪以及当前历史阶段的执行效果,这种做法往往受到人民群众的点赞好评,但随着我国诚信体系建设的不断完善,这种以追求效率而牺牲程序的做法并不符合法治精神。笔者认为,执行程序应当具有正当性,被执行人在收到执行通知书后享有债务的异议权等权利,即使在当前历史阶段,执行人员在执行现场,也需要将一整套程序进行完,告知被执行人其已被启动执行程序,送达执行通知书、报告财产令等,询问债务履行情况,告知相关异议救济权,再根据情节酌定是否采取拘传或拘留措施。

如上所述,传唤是拘传的前置条件,笔者建议,执行人员可以在发出执行通知书、报告财产令时,一并发出传票对被执行人进行传唤,为后续执行措施做好准备。

④搜查

搜查规定在《民诉法》第 255 条、《民诉法解释》第 494 ~498 条、《财产调查规定》第 14 条,根据这些规定,我们梳理可得:搜查的对象是被执行人隐匿的财产和会计账簿等资料;搜查的范围是被执行人人身,被执行人住所,财产隐匿地或资料处所、箱柜等。执行人员在执行搜查时按规定着装,搜查需要出示搜查令和工作证件。

(3)对几类常见财产的调查技巧

①关于银行存款的调查

执行网络查控系统可以发起对被执行人银行存款的查询,但是大多执行人员仅限于对银行存款发起查询,有时为了查明被执行人是否存在逃避执行的情形,可以发起明细查询,通过资金流向判断被执行人是否具有履行能力。

在信息发达的今天,被执行人银行存款余额发生变动,往往会有手机短信提示或者微信提示等,但实际上,银行存款被冻结,并没有信息提示,在实务操作中,往往可以采取一种“守株待兔”式的执行,先将银行账户冻结起来,不进行划拨,“让子弹飞一会”。笔者曾在办案中采取过此种方式,在冻结被执行人银行存款时,账户里仅有少量资金,征得申请执行人同意后,并未进行划拨,一个月后,再进行查询时,发现账户已进了大额资金,由于账户在冻结状态,资金只进不出,实现了执行目的。当然,这种做法暂时牺牲了被执行人的知情权,但笔者认为这种执行瑕疵是执行程序中可以容忍的,执行需要考虑价值取舍。

调查被执行人的账户,发现账户有存款,并对其进行冻结后,案外人以其系该账户的借用人和该账户中的资金实际权利人为由,请求排除强制执行的,人民法院能否支持其诉讼请求？最高人民法院民一庭认为不应支持。[1]

②不动产的调查

不动产，是指“依自然性质或者法律规定不可移动的物，包括土地及其定着物”。[2] 现实中主要是对房产的调查。关于不动产的调查，笔者将以房产为例，在本书第五讲中详细阐述。

③车辆的调查

车辆包括各种汽车、摩托车、农用运输车、电车、电瓶车、轮式专用机械车、轮式拖拉机车组、手扶拖拉机车组、手扶拖拉机变形运输机以及被牵引的半挂车和全挂车等。随着社会经济的发展，越来越多的人拥有私人汽车，车辆已然成为执行的常见财产。执行网络查控系统中已经可以查询被执行人的车辆拥有情况，有的法院还建立了“点对点”的车辆查封系统。

由于车辆属于动产，没有实际扣押，仅仅是查封，仍不具有处置条件，因此在被执行人其他可供执行的财产不足额时，还需要对该车辆采取扣押措施。在实务操作中，可以通知被执行人主动将车开至人民法院，如果被执行人拒不履行，则可以对其采取处罚，如果属于价值很高的豪车，与其要承担的债务相当，或者车辆的价值超过了其应承担的债务，则其拒不履行的行为还有可能涉嫌拒不执行判决、裁定罪，可以移交公安机关处理。如果被执行人经人民法院传唤自驾开车到法院接受询问，还可以根据情况对该车辆采取扣押措施，虽然该车辆不一定登记在被执行人名下，但是仍可以占有的表现形式判定被执行人为车辆所有权人。[3] 此后，若有案外人以车主名义提出执行异议，执行法院再根据情况审查判断被执行人是否与案外人有恶意串通规避执行的情况。

关于对车辆的执行，虽采取查封措施，但无法查找下落的，可以依法要求公安机

① 最高人民法院民一庭于 2022 年 2 月 8 日在名为“最高法院民一庭”的微信公众号内发布一篇原创文章《最高法院民一庭：账户借用人不能排除强制执行》中，阐述不应支持的理由如下：“一、《民法典》第二百二十四条规定‘动产物权的设立和转让，自交付时发生效力，但是法律另有规定的除外’。《人民币银行结算账户管理办法》（中国人民银行令〔2003〕第 5 号）第四十五条第二款规定，存款人不得出租、出借银行结算账户；第六十五条第一款第四项亦规定，存款人使用银行结算账户，不得有出租、出借银行结算账户的行为。二、货币作为一种特殊动产，同时作为不特定物，流通性系其基本属性，货币占有即所有，账户借用人违规借用银行账户，由此带来的风险应自行承担。三、‘法律、行政法规另有规定’，主要是指，法律或行政法规等明确特殊账户有专款专用的安排，实质上不属于开户人所有，经法定程序可以解除冻结相应款项。如以相关基金会、政府监管账户名义开立的生态损害修复赔偿金账户等。”

② 梁慧星：《民法总论》，法律出版社 2017 年版，第 156 页。

③ 根据《道路交通安全法》第 8 条的规定，我国机动车实行登记制度。但是尽管实行登记制度，车辆仍属于动产，根据物权法定原则，占有为其所有权的表现形式。

关协助查找。车辆扣押后，需要对车辆的型号、购买时间、抵押情况、车上违法情况、查封情况、年检情况等信息进行查询，还要了解该车的行驶公里数等现状，以便为将来处置做好准备。

④机器设备的调查

机器设备是企业财产中的重要财产，通常价值较大，也是司法实践中常见的可供执行的财产之一。机器设备属于普通的动产，一般只要在被执行人的厂房内，即可以推定该机器设备属于被执行人所有。为防止被执行人转移部分机器设备，执行法院可以通过查阅企业的专门账册来核实详细情况，"对于账目里有而搜查未发现的机器设备，应责令被执行人解释原因，是否出租或出借给他人使用"。[①] 如被执行人无法解释清楚，则可能存在逃避执行的嫌疑。执行人员亦可以通过向中国人民银行征信中心查询[②]动产抵押登记情况来倒查被执行人所有的机器设备。

⑤收入的调查

收入，是指将得到但尚未得到的现金报酬，包括劳动收入和其他收入。劳动收入包括工资、薪金、稿酬等劳务报酬。其他收入包括继承或受赠的财产、银行存款或房屋租金等孳息。

按照最高人民法院的观点，[③]被执行人的收入一般指作为自然人的被执行人的收入，这里的被执行人不包括法人和非法人组织。山东省高级人民法院办公室《关于印发规范查封扣押冻结财产工作指引的通知》（鲁高法办〔2021〕18号）第30条也作了这样的规定，扣留、提取收入的执行方式仅适用于被执行人为自然人的情形，被执行人为法人、非法人组织的，不适用扣留、提取收入的规定。

关于对被执行人的固定收入的执行，人民法院可以向储存该收入的单位进行调查，决定采取执行措施的，可以依据《民诉法》第250条裁定提取，并向该储存单位发出协助执行通知书进行提取。被执行人的住房公积金作为其收入的一种，按照《住房公积金管理条例》第24条和最高人民法院《关于强制执行住房公积金问题的答复》的规定，在符合一定条件下，可以执行。人民法院可以到被执行人所在地的住房公积金管理部门进行调查，亦可以到被执行人常住地住房公积金管理部门及其工作

---

① 金平强主编：《执行工作实务技能》，人民法院出版社2013年版，第19页。

② 国务院《关于实施动产和权利担保统一登记的决定》（国发〔2020〕18号）规定，自2021年1月1日起，在全国范围内实施动产和权利担保统一登记。纳入统一登记范围的动产和权利担保，由当事人通过中国人民银行征信中心动产融资统一登记公示系统自主办理登记，并对登记内容的真实性、完整性和合法性负责。

③ 最高人民法院执行局编：《人民法院办理执行案件规范》，人民法院出版社2017年版，第257页。

单位进行调查。在司法实践中，一些法院仅向被执行人户籍所在地的住房公积金管理部门进行调查，并将此作为被执行人住房公积金的唯一调查方式，对于一些常年不在户籍地生活的被执行人来说，是不妥当的。笔者认为，这是未穷尽调查措施的表现。

离休金或退休金作为收入之一，按照最高人民法院研究室《关于执行程序中能否扣划离退休人员离休金退休金清偿其债务问题的答复》的规定，在离退休人员的其他可供执行的财产或者收入不足偿还其债务的情况下，人民法院可以要求其离退休金发放单位或者社会保障机构协助扣划其离休金或退休金，用以偿还该离退休人员的债务。

工资、住房公积金或分期支付的房屋租金等收入往往具有分期性、连续性的特点。有观点认为，①人民法院在执行这种收入时，不必每次都作出提取的裁定和每次都办理提取手续，可以以裁定协助义务人在被执行人应当履行的数额范围内按期汇入人民法院指定账户。

房屋租金作为被执行人的收入之一，在司法实践中，不像工资、住房公积金容易查明，被执行人容易在房屋租金方面与第三人恶意串通规避执行，如恶意造假租赁合同，有的签订 20 年租期，且在合同中约定一次性已支付租金等情况。在实务操作中，可以采取以下处理方式：首次传唤询问被执行人时，如被执行人自称其有一套房屋出租他人，执行人员要第一时间用笔录固定是否签订租赁合同、租赁期限、租金及支付方式、承租人联系方式等信息，然后继续询问其他情况，同时防止被执行人现场与外界电话联系，并安排另一组执行人员立即联系被执行人所称的承租人或到房屋现场进行核实情况。这里就体现出执行的紧迫性，有效避免了被执行人在接受询问后，回去作出规避执行行为。

关于房屋租金，在执行实务中，还应注意，该收入属于法定孳息。广东省高级人民法院（2019）粤执复 96 号裁判要旨②认为："房产的租金收益不属于《查扣冻规定》第 22 条③规定的查封房产的效力所及范围。若首封法院在查封房产时未对租金进行冻结，则其他执行法院可将涉案房产的应收租金作为执行标的物予以执行。"在实务操作中，如在被执行人房产价值不足以偿还生效法律文书确定的债务时，可以同时冻结或提取该房屋租金。

---

① 参见江必新主编：《强制执行法理论与实务》，中国法制出版社 2014 年版，第 653 页。

② 参见《广东省高级人民法院执行局执行裁决要点摘编》（2019 年第 5 期）。

③ 该条现已被修改为第 20 条。

查封的效力是否一定不及于法定孳息？这里有两个例外：一是对抵押财产的查封一般及于法定孳息。《民法典》第412条第1款规定："债务人不履行到期债务或者发生当事人约定的实现抵押权的情形，致使抵押财产被人民法院依法扣押的，自扣押之日起，抵押权人有权收取该抵押财产的天然孳息或者法定孳息，但是抵押权人未通知应当清偿法定孳息义务人的除外。"二是冻结上市公司股权效力一般也及于股权产生的股息以及红利、红股等孳息。《冻结、拍卖上市公司股规定》第7条第2款规定："股权冻结的效力及于股权产生的股息以及红利、红股等孳息，但股权持有人或者所有权人仍可享有因上市公司增发、配售新股而产生的权利。"

（四）执行保障

执行调查可以贯穿于整个执行程序中，执行程序启动后，人民法院要立即开展执行调查，从启动执行时的调查，到处置中的调查，再到终结本次执行程序之前的最后调查，终结本次程序之后的跟进调查，直到整个执行案件实际结束（强制执行完毕、实际履行完毕、执行和解等），它无处不在，是执行程序中非常重要的一项工作内容，这项工作是开放性的，与社会互动较为广泛，具有一定的风险性和危险性，因此执行保障必须到位。但在现实中，许多法院的执行保障装备并不到位。《执行规定》第6条和第7条规定了执行人员应有的保障。人民法院应当为执行局（庭）配备司法警察力量，配备必要的交通工具、通信设备、音像设备和警械用具等。笔者曾在北京市参加最高人民法院执行工作培训时，有幸听到北京市大兴区人民法院赵鑫法官的授课，他在授课时播放了几段视频，即现场执法拍摄视频，声音、画面等内容非常清晰，可以做到接听当事人电话时通过一键录音功能将通话内容内录至拍摄设备。笔者认为，这种装备配备就非常到位。由于法院的制服只有两种，一种是司法警察制服，另一种是法官及其他非司法警察人员制服。这种制服二分法理念在执行人员身上显得不太匹配，在我国现行执行体制下，执行制服应当兼具文武性，这样在执行人员外出执行，尤其处理执行对抗时才能更有安全性和威慑力。笔者认为，应当为执行人员配备匹配的执行制服和执法记录仪装备，在日常财产线索举报和悬赏执行公告中公布的线索举报电话也应当是录音电话。

三、履行能力分析

执行调查最终是为了对被执行人是否具有履行能力作出判断，在金钱给付类案件中，对调查出被执行人的财产及时进行控制、处置，实现生效法律文书中确定的债权。《民诉法》第249条规定，“人民法院有权根据不同情形扣押、冻结、划拨、变价被执行人的财产”。

在行为给付类案件中，一般推定被执行人具有履行能力，被执行人对不具有履行能力承担举证责任。

在金钱给付类案件执行中，通过执行调查，发现被执行人名下有财产，应当采取查封、冻结、扣押等控制性措施，并通过对该财产的“四性”分析，判断是否具备处置条件。在执行实务操作中，执行人员主要围绕“四性”中的前三性——可处分性、可估价性、可流转性来判断财产能否进行执行，“四性”中尤其容易被忽略的是非豁免性。在民事强制执行中，判断被执行人的财产是否具备处置条件，豁免性具有执行“一票否决”的意义，《民诉法》第250条和第251条均规定了在执行中应当保留被执行人及其所扶养家属的生活必需品。各国均有执行豁免的规定，“执行豁免的规定是验证一个国家法治水平和文明程度的标尺”。[①] 理论上，被执行人可以豁免的执行财产分为法定豁免执行的财产和依财产性质豁免执行的财产两类，前者主要基于被执行人的人格与生存利益考虑，后者主要由于财产本身的特性如禁止流通物等。

在执行实务中，执行人员容易忽略对财产豁免性的考虑，深化对财产豁免性的认识，就很容易理解相关法律、司法解释对被执行人唯一住房处置的相关规定。如抵押权人作为申请执行人时对抵押人唯一住房申请强制执行，是否应为其保留5～8年的房租？这就涉及对财产豁免性的理解，对此，笔者在本书第八讲中进行阐述。

◆ 参考案例

广东省高级人民法院(2019)粤执复96号

［**裁判要旨**］房产的租金收益不属于《查扣冻规定》第22条[②]规定的查封房产的效力所及范围。若首封法院在查封房产时未对租金进行冻结，则其他执行法院可将涉案房产的应收租金作为执行标的物予以执行。

甘肃省高级人民法院(2021)甘执异34号

［**裁判要旨**］诉讼保全是为了保障当事人债权顺利实现对被保全人的财产进行查封、冻结等执行行为。概括性保全裁定并未指向查封被保全人某项具体的财产，执行法院对保全裁定确定的等值财产进行查封并不违反法律规定。在诉讼保全执

① 江必新主编：《强制执行法理论与实务》，中国法制出版社2014年版，第179页。

② 该条现已被修改为第20条。

行中判断保全标的物价值时，可以参照相应的市场价格、评估情况，并需结合标的物的具体情况，对标的物价值进行客观、合理地估定。

◆ 参考规定

《人大代表法》

第三十二条　县级以上的各级人民代表大会代表，非经本级人民代表大会主席团许可，在本级人民代表大会闭会期间，非经本级人民代表大会常务委员会许可，不受逮捕或者刑事审判。如果因为是现行犯被拘留，执行拘留的机关应当立即向该级人民代表大会主席团或者人民代表大会常务委员会报告。

对县级以上的各级人民代表大会代表，如果采取法律规定的其他限制人身自由的措施，应当经该级人民代表大会主席团或者人民代表大会常务委员会许可。

人民代表大会主席团或者常务委员会受理有关机关依照本条规定提请许可的申请，应当审查是否存在对代表在人民代表大会各种会议上的发言和表决进行法律追究，或者对代表提出建议、批评和意见等其他执行职务行为打击报复的情形，并据此作出决定。

乡、民族乡、镇的人民代表大会代表，如果被逮捕、受刑事审判、或者被采取法律规定的其他限制人身自由的措施，执行机关应当立即报告乡、民族乡、镇的人民代表大会。

《民法典》

第四百一十二条　债务人不履行到期债务或者发生当事人约定的实现抵押权的情形，致使抵押财产被人民法院依法扣押的，自扣押之日起，抵押权人有权收取该抵押财产的天然孳息或者法定孳息，但是抵押权人未通知应当清偿法定孳息义务人的除外。

前款规定的孳息应当先充抵收取孳息的费用。

《民诉法》

第一百一十七条　有义务协助调查、执行的单位有下列行为之一的，人民法院除责令其履行协助义务外，并可以予以罚款：

（一）有关单位拒绝或者妨碍人民法院调查取证的；

（二）有关单位接到人民法院协助执行通知书后，拒不协助查询、扣押、冻结、划拨、变价财产的；

（三）有关单位接到人民法院协助执行通知书后，拒不协助扣留被执行人的收入、办理有关财产权证照转移手续、转交有关票证、证照或者其他财产的；

（四）其他拒绝协助执行的。

人民法院对有前款规定的行为之一的单位，可以对其主要负责人或者直接责任人员予以罚款；对仍不履行协助义务的，可以予以拘留；并可以向监察机关或者有关机关提出予以纪律处分的司法建议。

第二百三十五条　执行工作由执行员进行。

采取强制执行措施时，执行员应当出示证件。执行完毕后，应当将执行情况制作笔录，由在场的有关人员签名或者盖章。

人民法院根据需要可以设立执行机构。

第二百四十七条　执行员接到申请执行书或者移交执行书，应当向被执行人发出执行通知，并可以立即采取强制执行措施。

第二百四十八条　被执行人未按执行通知履行法律文书确定的义务，应当报告当前以及收到执行通知之日前一年的财产情况。被执行人拒绝报告或者虚假报告的，人民法院可以根据情节轻重对被执行人或者其法定代理人、有关单位的主要负责人或者直接责任人员予以罚款、拘留。

第二百四十九条　被执行人未按执行通知履行法律文书确定的义务，人民法院有权向有关单位查询被执行人的存款、债券、股票、基金份额等财产情况。人民法院有权根据不同情形扣押、冻结、划拨、变价被执行人的财产。人民法院查询、扣押、冻结、划拨、变价的财产不得超出被执行人应当履行义务的范围。

人民法院决定扣押、冻结、划拨、变价财产，应当作出裁定，并发出协助执行通知书，有关单位必须办理。

第二百五十条　被执行人未按执行通知履行法律文书确定的义务，人民法院有权扣留、提取被执行人应当履行义务部分的收入。但应当保留被执行人及其所扶养家属的生活必需费用。

人民法院扣留、提取收入时，应当作出裁定，并发出协助执行通知书，被执行人所在单位、银行、信用合作社和其他有储蓄业务的单位必须办理。

第二百五十一条　被执行人未按执行通知履行法律文书确定的义务，人民法院有权查封、扣押、冻结、拍卖、变卖被执行人应当履行义务部分的财产。但应当保留被执行人及其所扶养家属的生活必需品。

采取前款措施，人民法院应当作出裁定。

第二百五十五条　被执行人不履行法律文书确定的义务，并隐匿财产的，人民法院有权发出搜查令,对被执行人及其住所或者财产隐匿地进行搜查。

采取前款措施,由院长签发搜查令。

《政务处分法》

第四十一条　公职人员有其他违法行为,影响公职人员形象,损害国家和人民利益的,可以根据情节轻重给予相应政务处分。

《住房公积金管理条例》

第二十四条　职工有下列情形之一的,可以提取职工住房公积金账户内的存储余额:

(一)购买、建造、翻建、大修自住住房的;

(二)离休、退休的;

(三)完全丧失劳动能力,并与单位终止劳动关系的;

(四)出境定居的;

(五)偿还购房贷款本息的;

(六)房租超出家庭工资收入的规定比例的。

依照前款第(二)、(三)、(四)项规定,提取职工住房公积金的,应当同时注销职工住房公积金账户。

职工死亡或者被宣告死亡的,职工的继承人、受遗赠人可以提取职工住房公积金账户内的存储余额;无继承人也无受遗赠人的,职工住房公积金账户内的存储余额纳入住房公积金的增值收益。

《民诉法解释》

第四百八十二条　对必须接受调查询问的被执行人、被执行人的法定代表人、负责人或者实际控制人,经依法传唤无正当理由拒不到场的,人民法院可以拘传其到场。

人民法院应当及时对被拘传人进行调查询问,调查询问的时间不得超过八小时;情况复杂,依法可能采取拘留措施的,调查询问的时间不得超过二十四小时。

人民法院在本辖区以外采取拘传措施时,可以将被拘传人拘传到当地人民法院,当地人民法院应予协助。

第四百八十三条　人民法院有权查询被执行人的身份信息与财产信息,掌握相关信息的单位和个人必须按照协助执行通知书办理。

第四百九十四条　在执行中,被执行人隐匿财产、会计账簿等资料的,人民法院除可依照民事诉讼法第一百一十四条第一款第六项规定对其处理外,还应责令被执行人交出隐匿的财产、会计账簿等资料。被执行人拒不交出的,人民法院可以采取搜查措施。

第四百九十五条 搜查人员应当按规定着装并出示搜查令和工作证件。

第四百九十六条 人民法院搜查时禁止无关人员进入搜查现场;搜查对象是公民的,应当通知被执行人或者他的成年家属以及基层组织派员到场;搜查对象是法人或者其他组织的,应当通知法定代表人或者主要负责人到场。拒不到场的,不影响搜查。

搜查妇女身体,应当由女执行人员进行。

第四百九十七条 搜查中发现应当依法采取查封、扣押措施的财产,依照民事诉讼法第二百五十二条第二款和第二百五十四条规定办理。

第四百九十八条 搜查应当制作搜查笔录,由搜查人员、被搜查人及其他在场人签名、捺印或者盖章。拒绝签名、捺印或者盖章的,应当记入搜查笔录。

《执行规定》

1. 人民法院根据需要,依据有关法律的规定,设立执行机构,专门负责执行工作。

4. 人民法庭审结的案件,由人民法庭负责执行。其中复杂、疑难或被执行人不在本法院辖区的案件,由执行机构负责执行。

5. 执行程序中重大事项的办理,应由三名以上执行员讨论,并报经院长批准。

6. 执行机构应配备必要的交通工具、通讯设备、音像设备和警械用具等,以保障及时有效地履行职责。

7. 执行人员执行公务时,应向有关人员出示工作证件,并按规定着装。必要时应由司法警察参加。

29. 被执行人在有关单位的收入尚未支取的,人民法院应当作出裁定,向该单位发出协助执行通知书,由其协助扣留或提取。

30. 有关单位收到人民法院协助执行被执行人收入的通知后,擅自向被执行人或其他人支付的,人民法院有权责令其限期追回;逾期未追回的,应当裁定其在支付的数额内向申请执行人承担责任。

《财产调查规定》

第一条 执行过程中,申请执行人应当提供被执行人的财产线索;被执行人应当如实报告财产;人民法院应当通过网络执行查控系统进行调查,根据案件需要应当通过其他方式进行调查的,同时采取其他调查方式。

第五条　被执行人应当在报告财产令载明的期限内向人民法院书面报告下列财产情况：

（一）收入、银行存款、现金、理财产品、有价证券；

（二）土地使用权、房屋等不动产；

（三）交通运输工具、机器设备、产品、原材料等动产；

（四）债权、股权、投资权益、基金份额、信托受益权、知识产权等财产性权利；

（五）其他应当报告的财产。

被执行人的财产已出租、已设立担保物权等权利负担，或者存在共有、权属争议等情形的，应当一并报告；被执行人的动产由第三人占有，被执行人的不动产、特定动产、其他财产权等登记在第三人名下的，也应当一并报告。

被执行人在报告财产令载明的期限内提交书面报告确有困难的，可以向人民法院书面申请延长期限；申请有正当理由的，人民法院可以适当延长。

第七条　被执行人报告财产后，其财产情况发生变动，影响申请执行人债权实现的，应当自财产变动之日起十日内向人民法院补充报告。

第八条　对被执行人报告的财产情况，人民法院应当及时调查核实，必要时可以组织当事人进行听证。

申请执行人申请查询被执行人报告的财产情况的，人民法院应当准许。申请执行人及其代理人对查询过程中知悉的信息应当保密。

第九条　被执行人拒绝报告、虚假报告或者无正当理由逾期报告财产情况的，人民法院可以根据情节轻重对被执行人或者其法定代理人予以罚款、拘留；构成犯罪的，依法追究刑事责任。

人民法院对有前款规定行为之一的单位，可以对其主要负责人或者直接责任人员予以罚款、拘留；构成犯罪的，依法追究刑事责任。

第十条　被执行人拒绝报告、虚假报告或者无正当理由逾期报告财产情况的，人民法院应当依照相关规定将其纳入失信被执行人名单。

第十一条　有下列情形之一的，财产报告程序终结：

（一）被执行人履行完毕生效法律文书确定义务的；

（二）人民法院裁定终结执行的；

（三）人民法院裁定不予执行的；

（四）人民法院认为财产报告程序应当终结的其他情形。

发出报告财产令后，人民法院裁定终结本次执行程序的，被执行人仍应依照本规定第七条的规定履行补充报告义务。

第十二条　被执行人未按执行通知履行生效法律文书确定的义务，人民法院有权通过网络执行查控系统、现场调查等方式向被执行人、有关单位或个人调查被执行人的身份信息和财产信息，有关单位和个人应当依法协助办理。

人民法院对调查所需资料可以复制、打印、抄录、拍照或以其他方式进行提取、留存。

申请执行人申请查询人民法院调查的财产信息的，人民法院可以根据案件需要决定是否准许。申请执行人及其代理人对查询过程中知悉的信息应当保密。

第十四条　被执行人隐匿财产、会计账簿等资料拒不交出的，人民法院可以依法采取搜查措施。

人民法院依法搜查时，对被执行人可能隐匿财产或者资料的处所、箱柜等，经责令被执行人开启而拒不配合的，可以强制开启。

第十五条　为查明被执行人的财产情况和履行义务的能力，可以传唤被执行人或被执行人的法定代表人、负责人、实际控制人、直接责任人员到人民法院接受调查询问。

对必须接受调查询问的被执行人、被执行人的法定代表人、负责人或者实际控制人，经依法传唤无正当理由拒不到场的，人民法院可以拘传其到场；上述人员下落不明的，人民法院可以依照相关规定通知有关单位协助查找。

第二十五条　执行人员不得调查与执行案件无关的信息，对调查过程中知悉的国家秘密、商业秘密和个人隐私应当保密。

《网拍规定》

第五条　网络服务提供者由申请执行人从名单库中选择；未选择或者多个申请执行人的选择不一致的，由人民法院指定。

《查扣冻规定》

第二十条　查封、扣押的效力及于查封、扣押物的从物和天然孳息。

《失信规定》

第一条　被执行人未履行生效法律文书确定的义务，并具有下列情形之一的，人民法院应当将其纳入失信被执行人名单，依法对其进行信用惩戒：

（一）有履行能力而拒不履行生效法律文书确定义务的；

（二）以伪造证据、暴力、威胁等方法妨碍、抗拒执行的；

（三）以虚假诉讼、虚假仲裁或者以隐匿、转移财产等方法规避执行的；

（四）违反财产报告制度的；

（五）违反限制消费令的；

（六）无正当理由拒不履行执行和解协议的。

《进一步加强民事送达意见》

六、当事人在送达地址确认书中确认的送达地址，适用于第一审程序、第二审程序和执行程序。当事人变更送达地址，应当以书面方式告知人民法院。当事人未书面变更的，以其确认的地址为送达地址。

《进一步推进繁简分流意见》

3. 完善送达程序与送达方式。当事人在纠纷发生之前约定送达地址的，人民法院可以将该地址作为送达诉讼文书的确认地址。当事人起诉或者答辩时应当依照规定填写送达地址确认书。积极运用电子方式送达；当事人同意电子送达的，应当提供并确认传真号、电子信箱、微信号等电子送达地址。充分利用中国审判流程信息公开网，建立全国法院统一的电子送达平台。完善国家邮政机构以法院专递方式进行送达。

《冻结、拍卖上市公司股规定》

第七条　人民法院采取保全措施，所冻结的股权价值不得超过股权持有人或者所有权人的债务总额。股权价值应当按照上市公司最近期报表每股资产净值计算。

股权冻结的效力及于股权产生的股息以及红利、红股等孳息，但股权持有人或者所有权人仍可享有因上市公司增发、配售新股而产生的权利。

《制裁规避执行意见》

1. 严格落实财产报告制度。对于被执行人未按执行通知履行法律文书确定义务的，执行法院应当要求被执行人限期如实报告财产，并告知拒绝报告或者虚假报告的法律后果。对于被执行人暂时无财产可供执行的，可以要求被执行人定期报告。

2. 强化申请执行人提供财产线索的责任。各地法院可以根据案件的实际情况，要求申请执行人提供被执行人的财产状况或者财产线索，并告知不能提供的风险。各地法院也可根据本地的实际情况，探索尝试以调查令、委托调查函等方式赋予代理律师法律规定范围内的财产调查权。

《政协委员强制措施通知》

政协是中国共产党领导下的多党合作和政治协商的重要机构，是爱国统一战线组织。各级政协委员在政协全国委员会和各级地方委员会的领导下，行使政治协商民主监督、参政议政职能。为了保障政协组织充分发挥职能作用，维护各级政协委员的合法权益，调动他们参政议政的积极性，进一步做好统战工作，今后各级公安机关、国家安全机关、人民检察院、人民法院依法对有犯罪嫌疑的政协委员采取刑事拘留、逮捕强制措施前，应向该委员所在的政协党组通报情况；情况紧急的，可同时或事后及时通报，以利于政协党组及时掌握情况，采取相应的配合措施，保证案件的顺利查处。

《执行期限规定》

第六条　申请执行人提供了明确、具体的财产状况或财产线索的，承办人应当在申请执行人提供财产状况或财产线索后5日内进行查证、核实。情况紧急的，应当立即予以核查。

申请执行人无法提供被执行人财产状况或财产线索，或者提供财产状况或财产线索确有困难，需人民法院进行调查的，承办人应当在申请执行人提出调查申请后10日内启动调查程序。

根据案件具体情况，承办人一般应当在1个月内完成对被执行人收入、银行存款、有价证券、不动产、车辆、机器设备、知识产权、对外投资权益及收益、到期债权等资产状况的调查。

《进一步完善执行权意见》

7. 健全事务集约、繁简分流的执行权运行机制。首次执行案件应在立案后或者完成集中查控后，根据查控结果，以有无足额财产可供执行、有无财产需要处置、能否一次性有效执行等为标准，实施繁简分流，实现简案快执、难案攻坚。简易执行案件由快执团队办理，普通案件由以法官为主导的团队办理。做好简易执行案件与普通案件的衔接，简易执行案件无法在既定期限内执结的，应转为普通案件办理。通过对繁简案件分类考核、精准管理，有效避免繁简案件混杂引发的选择性执行问题。

13. 依法及时查封财产。执行部门收到立案部门移送的案件材料后，必须在5个工作日内通过“总对总”“点对点”网络查控系统对被执行人财产发起查询，查询范围应覆盖系统已开通查询功能的全部财产类型。经线上查询反馈被执行人名下有财产可供执行的，应当立即采取控制措施，无法线上采取控制措施的，应当在收到反馈结果后3个工作日内采取控制措施。申请执行人或者案外人提供财产线索明确、具体，情况紧急的，应在24小时内启动调查核实，经查属实的，应当立即采取控制措施。有效解决消极、拖延执行、选择性执行顽疾。

24. 严格把握规范终结本次执行程序的程序标准和实质标准。严禁对有财产可供执行的案件以终结本次执行方式结案，严禁因追求结案率而弄虚作假、虚假终本，损害申请执行人的合法权益。

依法穷尽必要的合理的财产调查措施。必须使用“总对总”“点对点”网络查控系统全面核查财产情况；当事人提供财产线索的，应当及时核查，有财产的立即采取控制措施；有初步线索和证据证明被执行人存在规避执行、逃避执行嫌疑的，人民法院应当根据申请执行人申请采取委托专项审计、搜查等措施，符合条件的，应当采取罚款、司法拘留或者追究拒执罪等措施。

执行中已查控到财产的，人民法院应当依法及时推进变价处置程序，不得滥用《最高人民法院关于严格规范终结本次执行程序的规定（试行）》第四条关于“发现的财产不能处置”的规定，不得以申请执行人未申请拍卖为由不进行处置而终结本次执行程序；不得对轮候查封但享有优先权的财产未经法定程序商请首封法院移送处置权而终结本次执行程序。

人民法院终结本次执行程序应当制作执行裁定书并送达当事人。申请执行人对终结本次执行程序有异议的，人民法院应及时受理。严禁诱导胁迫申请执行人同意终结本次执行程序或者撤回执行申请。

《终本规定》

第一条　人民法院终结本次执行程序，应当同时符合下列条件：

（一）已向被执行人发出执行通知、责令被执行人报告财产；

（二）已向被执行人发出限制消费令，并将符合条件的被执行人纳入失信被执行人名单；

（三）已穷尽财产调查措施，未发现被执行人有可供执行的财产或者发现的财产不能处置；

（四）自执行案件立案之日起已超过三个月；

（五）被执行人下落不明的，已依法予以查找；被执行人或者其他人妨害执行的，已依法采取罚款、拘留等强制措施，构成犯罪的，已依法启动刑事责任追究程序。

第五条　终结本次执行程序前，人民法院应当将案件执行情况、采取的财产调查措施、被执行人的财产情况、终结本次执行程序的依据及法律后果等信息告知申请执行人，并听取其对终结本次执行程序的意见。

人民法院应当将申请执行人的意见记录入卷。

《贯彻民诉法及解释的通知》

二、在执行程序中适用《民诉法解释》第四百八十四条[①]采取拘传措施的，应当严格遵守法定的条件与程序。拘传措施对于查明被执行财产、调查案件事实具有重要意义，同时也会严重影响被拘传人的人身自由。执行法院在采取拘传措施前必须经过依法传唤，对于无正当理由拒不到场的被执行人、被执行人的法定代表人、负责人或者实际控制人，应进行说服教育，经说服教育后仍拒不到场的，才能采取拘传措施。

对于已经控制被执行人的财产且财产权属清晰、没有必要调查询问的被执行人、被执行人的法定代表人、负责人或者实际控制人，不宜采取拘传措施。采取拘传措施必须严格遵守法定的时间期限，不能以连续拘传的形式变相羁押被拘传人。

最高人民法院政治部《关于〈关于解决聘用制书记员执行公务证相关问题的请示〉研究意见的复函》

江苏省高级人民法院政治部：

你部《关于解决聘用制书记员执行公务证相关问题的请示》（苏高法政〔2018〕42号）收悉。经研究，现答复如下：

一、关于为聘用制书记员发放人民法院执行公务证的问题。根据最高人民法院《关于加强执行公务证管理使用相关问题的通知》（法〔2009〕4号），执行公务证发放人员范围是人民法院正式在编且具有公务员身份的人员。目前，为聘用制书记员办理执行公务证缺乏政策依据，也不利于执行工作的规范管理。

二、关于执行过程中的“双人双证”问题。最高人民法院《关于人民法院执行工作若干问题的规定（试行）》《关于依法规范人民法院执行和金融机构协助执行的通知》《关于依法规范人民法院执行和国土资源房地产管理部门协助执行若干问题的通知》，均只规定人民法院执行人员执行公务时应出示本人工作证和执行公务证，对执行人员数量没有明确要求。鉴于当前执行工作需要，原则同意你部关于“外出执行时，只要一名执行人员具有工作证和执行公务证，另一名执行人员有工作证即可”的意见，具体操作问题，请你院与当地房地产管理部门、金融机构协调解决。

最高人民法院研究室《关于执行程序中能否扣划离退休人员离休金退休金清偿其债务问题的答复》

天津市高级人民法院：

你院津高法〔2001〕28号《关于劳动保障部门应依法协助人民法院扣划被执行

---

① 该条现已修改为第482条。

人工资收入的请示》收悉。经研究,答复如下:

为公平保护债权人和离退休债务人的合法权益,根据《民法通则》[①]和《民事诉讼法》的有关规定,在离退休人员的其他可供执行的财产或者收入不足偿还其债务的情况下,人民法院可以要求其离退休金发放单位或者社会保障机构协助扣划其离休金或退休金,用以偿还该离退休人员的债务。上述单位或者机构应当予以协助。

人民法院在执行时应当为离退休人员留出必要的生活费用。生活费用标准可参照当地的有关标准确定。

最高人民法院《关于强制执行住房公积金问题的答复》

安徽省高级人民法院:

你院〔2012〕皖执他字第00050号《关于强制划拨被执行人住房公积金问题的请示报告》收悉。经研究,答复如下:

根据你院报告中所述事实情况,被执行人吴某某已经符合国务院《住房公积金管理条例》第二十四条规定的提取职工住房公积金账户内的存储余额的条件,在保障被执行人依法享有的基本生活及居住条件的情况下,执行法院可以对被执行人住房公积金账户内的存储余额强制执行。

---

① 该法已废止。

第五讲

房产执行之房产调查

◆ 实务指引

在金钱给付类案件执行中,发现被执行人有可供执行的财产的,应当及时进行执行。《财产调查规定》第5条第1款将被执行人应当向人民法院书面报告的财产类别列举了如下几种:"(一)收入、银行存款、现金、理财产品、有价证券;(二)土地使用权、房屋等不动产;(三)交通运输工具、机器设备、产品、原材料等动产;(四)债权、股权、投资权益、基金份额、信托受益权、知识产权等财产性权利;(五)其他应当报告的财产。"在司法实践中,最为典型的财产之一就是房产。本书通过四讲内容,以房产执行为例,对房产执行的全过程进行介绍,阐述财产执行的一般规律,其他财产的执行可以参照理解。本讲为房产调查。

一、关于房产有无的调查

本书第四讲执行调查中已经阐述,执行调查有三种方式,即申请执行人提供财产线索、被执行人财产申报和人民法院依职权调查。对被执行人房产的调查,亦是如此。我国的不动产登记信息尚未实现全国共享,被执行人隐匿房产拒不申报存在现实可能。因此,需要充分运用多种手段去了解被执行人房产信息,执行人员需要多方了解被执行人的活动轨迹,对其户籍、工作等地进行全面调查。

按照《民法典》第 209 条的规定,不动产权属一般根据登记部门的登记信息来判断,但也不能完全依赖于不动产登记信息,还要注意到该条第 1 款中的但书。实务操作中要注意被执行人可能因为《民法典》第 229 ~ 231 条的情形取得房产。另外,根据《民法典》第 1062 条的规定,虽然登记在被执行人配偶一方名下,但在夫妻关系存续期间取得的房产,也属于与被执行人共同共有的财产。

二、关于房产现状的调查

《处置参考价规定》第 3 条第 1 款和《网拍规定》第 6 条第 2 项、第 13 条规定了人民法院在处置房产时,需要在确定参考价前,查明财产的权属、权利负担、占有使用、欠缴税费、质量瑕疵等事项,采取网络司法拍卖的,需将前述查明情况在拍卖公告中予以披露说明。因此,执行法院就需要在房产调查时为将来处置不动产做好准备,以充分进行深入调查。

(一)权利负担调查

房产属于比较典型的财产,基于其属性,容易集各类权益于一体,如抵押权、租赁权、地役权等均有可能附着于其上。“调查清楚这些权利负担并厘清这些权利之间的冲突,方能既满足申请执行人的债权受偿的要求,又妥善保护案外人的权利。”①

1. 关于抵押情况的调查处理

《执行规定》第 31 条规定,人民法院对被执行人所有的其他人享有抵押权的房产可以采取查封措施,但该房产拍卖、变卖后所得价款应当在抵押权人优先受偿后,其余额部分用于清偿申请执行人的债权。因此,在对设定抵押权的房产进行调查时,需要查明抵押权相关信息,并主动联系抵押权人,通知抵押权人房产查封情况,并调查核实抵押债权相关情况。人民法院对房产抵押权人的通知属于执行告知,对其抵押债权情况调查核实时,该抵押权人的地位属于协助义务人,应当积极配合人民法院报告有关情况。笔者曾在处理一起执行案件时,对被执行人名下房产的抵押情况进行调查,由于登记抵押权人的债权已经转让给他人,只是没有及时办理抵押

① 金平强主编:《执行工作实务技能》,人民法院出版社 2013 年版,第 10 页。

变更登记,因此该登记抵押权人认为执行案件已经与其没有关系,未能在法院指定期间按照要求书面报告相关情况,影响了执行进展,经合议庭决议,院长批准,对该协助义务人处以了20万元的罚款,让该义务人感受到了法律的“牙齿”,该登记抵押权人随后向法院书面报告了相关情况。

在实务操作中,可以向登记抵押权人发出协助查询通知书,核实该抵押债权是否属实、被执行人所担保之债的履行情况、抵押债权的剩余债权等信息。同时告知如要主张相关权利,需于指定期间向人民法院提交书面申请并附相关证明材料。

2. 租赁关系的调查处理

在房产执行中,常常会遇到房屋有他人占有的情况,占有人往往以承租该房屋为由请求法院排除执行。这就涉及对占有的调查,判断是否可以“带租”处置。

《民法典》第725条规定了“买卖不破租赁”的法律规则,《查扣冻规定》第24条第1、2款规定:“被执行人就已经查封、扣押、冻结的财产所作的移转、设定权利负担或者其他有碍执行的行为,不得对抗申请执行人。第三人未经人民法院准许占有查封、扣押、冻结的财产或者实施其他有碍执行的行为的,人民法院可以依据申请执行人的申请或者依职权解除其占有或者排除其妨害。”《异议复议规定》第31条第1款规定:“承租人请求在租赁期内阻止向受让人移交占有被执行的不动产,在人民法院查封之前已签订合法有效的书面租赁合同并占有使用该不动产的,人民法院应予支持。”

如何进行判断?笔者认为,重点需要把握两个核心内容,即“先于查封的租赁合同+占有”。进一步阐释,一是第三人在人民法院查封日期之前已与被执行人签订了书面租赁合同;二是第三人对案涉房产处于占有使用状态。基于此,我们需要分配好举证责任,第三人与被执行人对排除执行负有举证责任,承担上述两个核心内容的证明义务。申请执行人认为被执行人与第三人恶意串通,符合《异议复议规定》第31条第2款情形时,才承担举证责任。

怎样判断第三人在人民法院查封日期之前已与被执行人签订了书面租赁合同?可以从以下方式判断:①查封前,租赁合同的当事人已经根据《房地产管理法》第54条,《商品房屋租赁管理办法》第14、19条的规定办理了租赁登记备案手续的。②租赁合同的当事人在查封前已就相应租赁关系提起诉讼或仲裁的。③租赁合同的当事人在查封前已办理租赁合同公证的。④租赁合同的当事人已在查封前缴纳相应租金税、在案涉房屋所在物业公司办理租赁登记的。

如果第三人与被执行人向人民法院提供的是签订在查封日期之前的租赁合同,

但申请执行人不予认可，申请执行人可以对租赁合同签字的形成时间申请鉴定。另外，在实践中，执行人员还要格外注意租期为20年或30年的房产租赁情况，因为这极有可能是被执行人与他人的恶意串通，对发现规避执行的被执行人、妨碍执行的第三人，应当依法严厉打击。《民法典》第705条规定："租赁期限不得超过二十年。超过二十年的，超过部分无效。租赁期限届满，当事人可以续订租赁合同；但是，约定的租赁期限自续订之日起不得超过二十年。"租赁合同最长只能签订20年，超过部分无效。按照最高人民法院的观点：[①]当事人不能在已经签订了租期为20年的合同期内，另行预先签订20年后继续租赁的合同；20年租赁期限的合同期满后，如果当事人继续保持租赁关系的，可以继续续租，此时为不定期租赁，而不是定期租赁。执行实务中，遇到这种情况，应当予以注意。

怎样判断第三人对租赁房屋处于占有状态？"所谓占有，系指占有人对于物有事实上的管领力的状态。"[②]可以从以下方式判断：①案外人在查封前已经在且至今仍在案涉房屋内生产经营的。②案外人在查封前已经领取以案涉房屋作为住所地的营业执照且至今未变更住所地的。③案外人在查封前由其且至今仍由其支付案涉房屋水电、物业管理等费用的。④案外人在查封前已经对案涉房屋根据租赁用途进行装修的。⑤案外人提供其他确切证据证明其已在抵押、查封前直接占有案涉房屋的。

在司法实践中，对于经过审查发现租赁发生在查封之后的，一些法院一般会采取认定租赁合同无效、解除租赁合同等处理方式，但实际上这种处理方式是不妥当的。根据合同的相对性，第三人即使在人民法院查封被执行人房屋之后与被执行人签订租赁合同，也可能是不知情的，此时并不当然构成合同的无效或当然被解除的情形。我们也可以从最高人民法院执行局《关于被执行人擅自出租已查封的财产执行程序中人民法院排除执行妨害能否认定该合同无效或解除租赁合同的答复》中进一步理解。根据该答复，在此种情况下，只能认为这种租赁关系不得对抗申请执行人，人民法院可以解除其占有，但不应当在裁定中直接宣布该租赁合同无效或解除该租赁合同。

第三人以享有租赁权为由请求排除执行，如果租赁关系是事实，能够排除的也只是对占有的交付，而不能排除对房产的拍卖。按照《民诉法执行程序解释》第14

① 参见最高人民法院民法典贯彻实施工作领导小组主编：《中华人民共和国民法典合同编理解与适用》，人民法院出版社2020年版，第1425页。

② 梁慧星、陈华彬：《物权法》（第7版），法律出版社2020年版，第377页。

条的规定,人民法院应按照《民诉法》第 234 条进行审查。但在司法实践中,一些当事人出于对法律的曲解或者偏执,会以享有租赁权为由提出排除拍卖,经过执行法院释明之后,仍坚持自己的主张,那么此时,应当按照《民诉法》第 232 条审查的是拍卖行为本身是否合法。

(二)物理现状及欠缴税费调查处理

物理现状的调查,主要围绕房产的用途、面积等情况,还要调查房产的物理瑕疵,如质量问题等,有的住宅房可能因为年代久远存在渗水等情况。欠缴税费情况也是要调查的内容之一,如欠缴的物业费、水电费等,尤其是涉税调查,在厂房处理中尤为重要,这就要求执行人员做好尽职调查。关于如何进行现状调查,实践中认识不一。“这是由人民法院来完成,还是由人民法院委托相关人员或者机构来完成,有待司法实践进一步探索。”[①]笔者认为,在当前基层人民法院案多人少的情况下,可以探索建立由司法拍卖辅助机构进行调查的机制。

三、关于房产执行中所有权争议的调查处理

在房产执行中,经常遇到案外人主张所有权的情况,此时就要引导案外人通过执行异议途径解决。

(一)案外人将房产出售给被执行人,尚未办理过户登记手续,以所有权为由提出排除执行异议能否成立?

按照《查扣冻规定》第 17 条和《关于规范国土房管协助执行的通知》第 15 条第 2、3 项的规定,人民法院可以对被执行人购买的尚未办理产权过户的房产进行查封(预查封),但此时需要保护案外人(房产出卖方)的合法权益,如果被执行人尚未支付完毕购房款,在处置该房产时,需向房产出卖方优先支付剩余购房价款,在此种情况下,案外人要求人民法院不得执行该房产,一般不能得到支持。

(二)案外人已购买了被执行人的房屋,但尚未办理产权过户,提出排除执行异议能否成立?

在金钱债权执行中,按照《异议复议规定》第 28、29 条的规定,分两种情况。

---

① 江必新、刘贵祥主编:《最高人民法院关于人民法院网络司法拍卖若干问题的规定理解与适用》,中国法制出版社 2017 年版,第 91 页。

一种是买受人对登记在被执行人名下的不动产提出异议，在符合下列情形且其权利能够排除执行的，人民法院应予支持：在人民法院查封之前已签订合法有效的书面买卖合同；在人民法院查封之前已合法占有该不动产；已支付全部价款，或者已按照合同约定支付部分价款且将剩余价款按照人民法院的要求交付执行；非因买受人自身原因未办理过户登记。

另一种是买受人对登记在被执行的房地产开发企业名下的商品房提出异议，符合下列情形且其权利能够排除执行的，人民法院应予支持：在人民法院查封之前已签订合法有效的书面买卖合同；所购商品房系用于居住且买受人名下无其他用于居住的房屋；已支付的价款超过合同约定总价款的50%。

在救济途径上，有的案外人也会选择错误。如没有选择执行异议而是选择另案起诉，请求审判法院判决被执行人向案外人交付房产，如果案外人取得了另案的给付判决（判决被执行人向案外人交付房产），并持该判决请求执行法院排除执行，执行法院不予支持。因为执行法院具有专属管辖权，案外人请求排除执行的唯一途径就是向执行法院提起执行异议。

实践中还有一些其他情况，例如，有的案外人执行异议的理由不是买卖，而是以物抵债，即被执行人与案外人签订了抵债协议，将房产抵付给案外人，请求排除执行。有观点认为，此时案外人的期待物权不能对抗执行。① 再如，有的案外人以被执行人系“借名买房”为由提出自己是房产真正的主人，请求排除执行，由于在执行程序中，判断权属采取的是权利外观主义，亦不能排除执行。但案外人可以在收到驳回异议请求的执行裁定后提起案外人异议之诉，通过诉讼另行主张实体权利。

（三）案外人以另案作出的生效法律文书为由，提出排除执行异议能否成立？

按照《异议复议规定》第26条的规定，分两种情形。

一种是在金钱债权执行中，案外人依据房产被查封之前作出的另案生效法律文书提出异议的，若该法律文书系就案外人与被执行人之间的权属纠纷以及租赁、借用、保管等不以转移财产权属为目的的合同纠纷，判决、裁决执行标的归属于案外人或者向其返还执行标的且其权利能够排除执行的，应予支持；若该法律文书系就案

① 参见江必新、刘贵祥主编：《最高人民法院关于人民法院办理执行异议和复议案件若干问题规定理解与适用》，人民法院出版社2015年版，第428～429页。

外人与被执行人之间除前项所列合同之外的债权纠纷，判决、裁决执行标的归属于案外人或者向其交付、返还执行标的的，不予支持；若该法律文书系案外人受让执行标的的拍卖、变卖成交裁定或者以物抵债裁定且其权利能够排除执行的，应予支持。案外人依据该房产被查封后作出的另案生效法律文书提出排除执行异议的，人民法院不予支持。

在执行实务中，还应注意一种情况，如案外人将房产出售给被执行人，又以买卖合同不成立、无效、被撤销为由，要求返还房屋，请求执行法院不得执行该房产，怎么处理？《民法典》第 157 条规定了民事法律行为无效、被撤销或确定不发生效力的法律后果，可按此规定处理。《九民纪要》第 33 条规定，双务合同不成立、无效或者被撤销后，双方因该合同取得财产的，应当相互返还。即被执行人返还所购房产，案外人（出卖方）返还购房款。那么按此精神，笔者认为，如果买卖合同不成立、无效或者被撤销的裁决发生在房产查封之前，此种情况，由于被执行人与案外人具有相互返还财产的义务，基于物权返还请求权优于债权请求权，可作如下处理：在案外人将购房款汇入执行法院，或者执行法院在依据《民诉法解释》第 499 条规定冻结了被执行人在案外人处的购房款后，解除对房产的查封。如果买卖合同不成立、无效或者被撤销的裁决发生在房产查封之后，按照《异议复议规定》第 26 条第 2 款的规定，则不能排除执行。

在司法实践中，还有案外人认为房产属于自己所有，面对法院查封该房产的情况，并没有选择通过执行异议途径主张权利，而是通过确认之诉取得确权判决，进而持确权判决请求排除执行，这种情况也不能排除执行。

另一种是在非金钱债权执行中，案外人依据另案生效法律文书提出排除执行异议，该法律文书对执行标的权属作出不同认定的，人民法院应当告知案外人依法申请再审或者通过其他程序解决。

四、实务操作技巧

协助查询通知书中要明确查询内容，如“查询张三名下不动产产权登记、他项权登记、查封登记等信息”，查询和查封通知书和回执上均要载明时间，如协助查询通知书上载明时间为“2022 年 3 月 7 日 9:07”，回执时间为“2022 年 3 月 7 日9:15”，协助查封时间为“2022 年 3 月 7 日 9:20”。在当前房产为主要执行财产的情况下，同一天进行房产查询查封的业务非常多，明确具体时间可以确保无争议。

如果经过查询发现该房产上有查封信息，要求协助义务机关需反馈“首封机关、首封时间及期限”。同时要尽可能全面查询共有人、他项权人等信息，比如住宅还是商铺、面积多少，厂房的土地面积多少，是出让还是划拨等信息。由于一些历史问题，有的房产与坐下土地的产权人并不一致，这些都要细心查明，为将来处置做好充分准备工作。另外，协助查询通知书的存根要与发出的协助查询通知书内容保持一致，便于查阅相关卷宗信息，对案件作精准判断。

◆ 参考案例

最高人民法院(2016)最高法执监397号

[**裁判要旨**]承租人以其在人民法院查封之前已签订合法有效的租赁合同并已实际占有使用租赁物为由，请求在租赁期内阻止向受让人移交占有被执行的不动产，人民法院应予支持。但若查封措施不会产生移交租赁物的现实风险，无论是否有在先的租赁权，承租人均不能阻止人民法院的查封。

◆ 参考规定

《民法典》

第一百五十七条　民事法律行为无效、被撤销或者确定不发生效力后，行为人因该行为取得的财产，应当予以返还；不能返还或者没有必要返还的，应当折价补偿。有过错的一方应当赔偿对方由此所受到的损失；各方都有过错的，应当各自承担相应的责任。法律另有规定的，依照其规定。

第二百零九条　不动产物权的设立、变更、转让和消灭，经依法登记，发生效力；未经登记，不发生效力，但是法律另有规定的除外。

依法属于国家所有的自然资源，所有权可以不登记。

第二百二十九条　因人民法院、仲裁机构的法律文书或者人民政府的征收决定等，导致物权设立、变更、转让或者消灭的，自法律文书或者征收决定等生效时发生效力。

第二百三十条　因继承取得物权的，自继承开始时发生效力。

第二百三十一条　因合法建造、拆除房屋等事实行为设立或者消灭物权的，自事实行为成就时发生效力。

第七百零五条　租赁期限不得超过二十年。超过二十年的，超过部分无效。

租赁期限届满，当事人可以续订租赁合同；但是，约定的租赁期限自续订之日起不得超过二十年。

第七百二十五条　租赁物在承租人按照租赁合同占有期限内发生所有权变动的,不影响租赁合同的效力。

第一千零六十二条　夫妻在婚姻关系存续期间所得的下列财产,为夫妻的共同财产,归夫妻共同所有:

(一)工资、奖金、劳务报酬;

(二)生产、经营、投资的收益;

(三)知识产权的收益;

(四)继承或者受赠的财产,但是本法第一千零六十三条第三项规定的除外;

(五)其他应当归共同所有的财产。

夫妻对共同财产,有平等的处理权。

《民诉法》

第二百三十二条　当事人、利害关系人认为执行行为违反法律规定的,可以向负责执行的人民法院提出书面异议。当事人、利害关系人提出书面异议的,人民法院应当自收到书面异议之日起十五日内审查,理由成立的,裁定撤销或者改正;理由不成立的,裁定驳回。当事人、利害关系人对裁定不服的,可以自裁定送达之日起十日内向上一级人民法院申请复议。

第二百三十四条　执行过程中,案外人对执行标的提出书面异议的,人民法院应当自收到书面异议之日起十五日内审查,理由成立的,裁定中止对该标的的执行;理由不成立的,裁定驳回。案外人、当事人对裁定不服,认为原判决、裁定错误的,依照审判监督程序办理;与原判决、裁定无关的,可以自裁定送达之日起十五日内向人民法院提起诉讼。

《房地产管理法》

第五十四条　房屋租赁,出租人和承租人应当签订书面租赁合同,约定租赁期限、租赁用途、租赁价格、修缮责任等条款,以及双方的其他权利和义务,并向房产管理部门登记备案。

《财产调查规定》

第五条　被执行人应当在报告财产令载明的期限内向人民法院书面报告下列财产情况:

(一)收入、银行存款、现金、理财产品、有价证券;

(二)土地使用权、房屋等不动产;

（三）交通运输工具、机器设备、产品、原材料等动产；

（四）债权、股权、投资权益、基金份额、信托受益权、知识产权等财产性权利；

（五）其他应当报告的财产。

被执行人的财产已出租、已设立担保物权等权利负担，或者存在共有、权属争议等情形的，应当一并报告；被执行人的动产由第三人占有，被执行人的不动产、特定动产、其他财产权等登记在第三人名下的，也应当一并报告。

被执行人在报告财产令载明的期限内提交书面报告确有困难的，可以向人民法院书面申请延长期限；申请有正当理由的，人民法院可以适当延长。

《处置参考价规定》

第三条　人民法院确定参考价前，应当查明财产的权属、权利负担、占有使用、欠缴税费、质量瑕疵等事项。

人民法院查明前款规定事项需要当事人、有关单位或者个人提供相关资料的，可以通知其提交；拒不提交的，可以强制提取；对妨碍强制提取的，参照民事诉讼法第一百一十一条、①第一百一十四条②的规定处理。

查明本条第一款规定事项需要审计、鉴定的，人民法院可以先行审计、鉴定。

《网拍规定》

第六条　实施网络司法拍卖的，人民法院应当履行下列职责：

（一）制作、发布拍卖公告；

（二）查明拍卖财产现状、权利负担等内容，并予以说明；

（三）确定拍卖保留价、保证金的数额、税费负担等；

（四）确定保证金、拍卖款项等支付方式；

（五）通知当事人和优先购买权人；

（六）制作拍卖成交裁定；

（七）办理财产交付和出具财产权证照转移协助执行通知书；

（八）开设网络司法拍卖专用账户；

（九）其他依法由人民法院履行的职责。

第十三条　实施网络司法拍卖的，人民法院应当在拍卖公告发布当日通过网络司法拍卖平台公示下列信息：

---

① 该条现已修改为第114条。

② 该条现已修改为第117条。

（一）拍卖公告；
（二）执行所依据的法律文书，但法律规定不得公开的除外；
（三）评估报告副本，或者未经评估的定价依据；
（四）拍卖时间、起拍价以及竞价规则；
（五）拍卖财产权属、占有使用、附随义务等现状的文字说明、视频或者照片等；
（六）优先购买权主体以及权利性质；
（七）通知或者无法通知当事人、已知优先购买权人的情况；
（八）拍卖保证金、拍卖款项支付方式和账户；
（九）拍卖财产产权转移可能产生的税费及承担方式；
（十）执行法院名称，联系、监督方式等；
（十一）其他应当公示的信息。

《执行规定》

31. 人民法院对被执行人所有的其他人享有抵押权、质押权或留置权的财产，可以采取查封、扣押措施。财产拍卖、变卖后所得价款，应当在抵押权人、质押权人或留置权人优先受偿后，其余额部分用于清偿申请执行人的债权。

《查扣冻规定》

第十七条　被执行人购买需要办理过户登记的第三人的财产，已经支付部分或者全部价款并实际占有该财产，虽未办理产权过户登记手续，但申请执行人已向第三人支付剩余价款或者第三人同意剩余价款从该财产变价款中优先支付的，人民法院可以查封、扣押、冻结。

第二十四条　被执行人就已经查封、扣押、冻结的财产所作的移转、设定权利负担或者其他有碍执行的行为，不得对抗申请执行人。

第三人未经人民法院准许占有查封、扣押、冻结的财产或者实施其他有碍执行的行为的，人民法院可以依据申请执行人的申请或者依职权解除其占有或者排除其妨害。

人民法院的查封、扣押、冻结没有公示的，其效力不得对抗善意第三人。

《异议复议规定》

第二十六条　金钱债权执行中，案外人依据执行标的被查封、扣押、冻结前作出的另案生效法律文书提出排除执行异议，人民法院应当按照下列情形，分别处理：

（一）该法律文书系就案外人与被执行人之间的权属纠纷以及租赁、借用、保管等不以转移财产权属为目的的合同纠纷，判决、裁决执行标的归属于案外人或者向

其返还执行标的且其权利能够排除执行的,应予支持;

(二)该法律文书系就案外人与被执行人之间除前项所列合同之外的债权纠纷,判决、裁决执行标的归属于案外人或者向其交付、返还执行标的的,不予支持;

(三)该法律文书系案外人受让执行标的的拍卖、变卖成交裁定或者以物抵债裁定且其权利能够排除执行的,应予支持。

金钱债权执行中,案外人依据执行标的被查封、扣押、冻结后作出的另案生效法律文书提出排除执行异议的,人民法院不予支持。

非金钱债权执行中,案外人依据另案生效法律文书提出排除执行异议,该法律文书对执行标的权属作出不同认定的,人民法院应当告知案外人依法申请再审或者通过其他程序解决。

申请执行人或者案外人不服人民法院依照本条第一、二款规定作出的裁定,可以依照民事诉讼法第二百二十七条[①]规定提起执行异议之诉。

第二十八条　金钱债权执行中,买受人对登记在被执行人名下的不动产提出异议,符合下列情形且其权利能够排除执行的,人民法院应予支持:

(一)在人民法院查封之前已签订合法有效的书面买卖合同;

(二)在人民法院查封之前已合法占有该不动产;

(三)已支付全部价款,或者已按照合同约定支付部分价款且将剩余价款按照人民法院的要求交付执行;

(四)非因买受人自身原因未办理过户登记。

第二十九条　金钱债权执行中,买受人对登记在被执行的房地产开发企业名下的商品房提出异议,符合下列情形且其权利能够排除执行的,人民法院应予支持:

(一)在人民法院查封之前已签订合法有效的书面买卖合同;

(二)所购商品房系用于居住且买受人名下无其他用于居住的房屋;

(三)已支付的价款超过合同约定总价款的百分之五十。

第三十一条　承租人请求在租赁期内阻止向受让人移交占有被执行的不动产,在人民法院查封之前已签订合法有效的书面租赁合同并占有使用该不动产的,人民法院应予支持。

承租人与被执行人恶意串通,以明显不合理的低价承租被执行的不动产或者伪造交付租金证据的,对其提出的阻止移交占有的请求,人民法院不予支持。

---

① 该条现已修改为第234条。

《民诉法执行程序解释》

第十四条　案外人对执行标的主张所有权或者有其他足以阻止执行标的转让、交付的实体权利的,可以依照民事诉讼法第二百二十七条①的规定,向执行法院提出异议。

《商品房屋租赁管理办法》

第十四条　房屋租赁合同订立后三十日内,房屋租赁当事人应当到租赁房屋所在地直辖市、市、县人民政府建设(房地产)主管部门办理房屋租赁登记备案。

房屋租赁当事人可以书面委托他人办理租赁登记备案。

第十九条　房屋租赁登记备案内容发生变化、续租或者租赁终止的,当事人应当在三十日内,到原租赁登记备案的部门办理房屋租赁登记备案的变更、延续或者注销手续。

《关于规范国土房管协助执行的通知》

十五、下列房屋虽未进行房屋所有权登记,人民法院也可以进行预查封:

(一)作为被执行人的房地产开发企业,已办理了商品房预售许可证且尚未出售的房屋;

(二)被执行人购买的已由房地产开发企业办理了房屋权属初始登记的房屋;

(三)被执行人购买的办理了商品房预售合同登记备案手续或者商品房预告登记的房屋。

《九民纪要》

33.合同不成立、无效或者被撤销后,在确定财产返还时,要充分考虑财产增值或者贬值的因素。双务合同不成立、无效或者被撤销后,双方因该合同取得财产的,应当相互返还。应予返还的股权、房屋等财产相对于合同约定价款出现增值或者贬值的,人民法院要综合考虑市场因素、受让人的经营或者添附等行为与财产增值或者贬值之间的关联性,在当事人之间合理分配或者分担,避免一方因合同不成立、无效或者被撤销而获益。在标的物已经灭失、转售他人或者其他无法返还的情况下,当事人主张返还原物的,人民法院不予支持,但其主张折价补偿的,人民法院依法予以支持。折价时,应当以当事人交易时约定的价款为基础,同时考虑当事人在标的物灭失或者转售时的获益情况综合确定补偿标准。标的物灭失时当事人获得的保险金或者其他赔偿金,转售时取得的对价,均属于当事人因标的物而获得的利益。

---

① 该条现已修改为第234条。

对获益高于或者低于价款的部分，也应当在当事人之间合理分配或者分担。

最高人民法院执行局《关于被执行人擅自出租已查封的财产执行程序中人民法院排除执行妨害能否认定该合同无效或解除租赁合同的答复》

山东省高级人民法院：

你院《关于被执行人擅自出租已查封的财产执行程序中人民法院排除执行妨害能否认定该合同无效或解除租赁合同的请示》收悉。经研究，答复如下：

在执行程序中被执行人擅自处分法院的查封物，包括本案中以出租的形式妨害查封效果的行为，执行法院有权以裁定形式直接予以处理。根据《最高人民法院关于人民法院民事执行中查封、扣押、冻结财产的规定》第二十六条，[①]被执行人擅自处分查封物，与第三人签订的租赁合同，并不当然无效，只是不得对抗申请执行人。第三人依据租赁合同占有查封物的，人民法院可以解除其占有，但不应当在裁定中直接宣布租赁合同无效或解除租赁合同，而仅应指出租赁合同不能对抗申请执行人。

① 该条现已修改为第24条。

第六讲

房产执行之房产查封

◆ 实务指引

在执行程序中，查封“属于临时性的执行措施，是拍卖、变卖的预备性措施”。[①] 发现被执行人有可供执行的房产，一般情况下，人民法院应当及时按照《民诉法》第 251 条进行查封。按照《民诉法解释》第 485 条第 1 款的规定，查封房产的期限不得超过 3 年。关于房产的查封，笔者认为，实务操作中以下问题需要注意。

一、关于查封房产中对当事人和利害关系人的知情权保护

在司法实践中，人民法院容易忽略查封裁定对双方当事人的送达，《查扣冻规定》第 1 条第 1 款明确规定查封应当作出裁定，并送达被执行人和申请执行人。查封被执行人与他人共有的房产的，根据该规定第 12 条，还应当通知被执行人

① 最高人民法院民法典贯彻实施工作领导小组主编：《中华人民共和国民法典物权编理解与适用》（下），人民法院出版社 2020 年版，第 1060 页。

的共有人。

二、关于查封登记与现场查封

对于在不动产登记机关办理产权登记的房产，按照《查扣冻规定》第 1 条第 1 款、第 7 条的规定通知不动产登记机关予以协助办理查封登记即可。对于无证房产，人民法院可以按照前述规定第 8 条采取现场查封的方式，此种查封因为无法用查封登记作为公示，因此，实务操作中要格外注意将查封工作做到位，现场张贴查封公告，同时按照《民诉法》第 252 条的规定，通知当事人、见证人到场，制作查封清单，做好查封笔录，最好运用执法记录仪予以全程记录。

三、关于查封的效力

房产被人民法院查封后，被执行人或其他任何第三人不得为房产减值性行为，未经人民法院允许，不得对房产为处分、设定负担等行为。根据《查扣冻规定》第 24 条的规定，被执行人或其他任何第三人为前述行为的，不得对抗申请执行人。

（一）厘清被执行人对房产进行处分、设定负担行为与查封效力之间的关系

被执行人未经人民法院准许擅自处分该查封房产的，按照《执行规定》第 32 条的规定，人民法院有权责令责任人限期追回财产或承担相应的赔偿责任。笔者曾经处理过一起案件，在诉讼阶段，保全查封了被执行人汪某的一处房产（无证，现场查封），执行中汪某擅自与案外人签订买卖合同将该房出售，被人民法院发现后，经责令并告知汪某拒不追回房产的法律责任，汪某随即解除买卖合同，收回该房产，但由于其违法行为已经产生，鉴于其能够积极挽回损失，经合议庭合议并经院长批准，对汪某罚款 5000 元。

根据《民法典》第 399 条第 5 项规定，被执行人不得将被查封的房产对外抵押。按照最高人民法院的观点，[①]该规定并非作为裁判规则的强制性规定，而是作为行为规则的警示性规定，旨在提醒当事人行为可能带来的不利后果，不能作为认定合同无效的依据。即房产被查封后，被执行人对外签订的抵押合同仍属于合法有效的，只是不能对抗已经执行查封的申请执行人。

当然，在现实中，如果被执行人对外进行抵押是为了盘活资金，比如通过向银行

① 最高人民法院对《民法典担保制度解释》第 37 条第 2 款的理解与适用观点。

抵押贷款，拿出其中一部分资金能够偿还申请执行人的债务，结合具体个案案情，经过申请执行人的同意，可以按照《善意文明执行意见》第6条的规定，在对银行放贷资金监管到位的情况下解除对该房产的查封。

第三人未经人民法院准许占有该查封房产或者实施其他有碍执行行为的，人民法院可以解除其占有或者排除其妨害。该占有发生于房产查封之前且已签订合法有效的租赁合同的，本书第五讲在关于租赁关系的调查处理中已阐述，不再赘述。

综上，被执行人在房产被查封后，擅自与他人签订的买卖合同或者租赁合同并不当然无效，只是不能对抗申请执行人而已。在实务操作中，执行人员在面对当事人时，切记要规范答复和规范处理。

（二）房产查封中的善意文明执行理念

《善意文明执行意见》第2条第1款规定，要准确把握善意文明执行精神实质。执行工作对各方当事人影响重大，人民法院在执行过程中也要强化善意文明执行理念，严格规范公正保障各方当事人合法权益；要坚持比例原则，找准双方利益平衡点，避免过度执行。人民法院在房产查封中应贯彻这一理念。根据该意见第5条的规定，灵活采取查封措施，对能"活封"的财产，尽量不进行"死封"。在司法实践中，大多数法院对被执行人房产的查封也是这么做的。"活封"的意义就是使查封的房产能够物尽其用，避免社会资源浪费。在"活封"状态下，被执行人对房产的占有、使用是被允许的，但在占有、使用中不得为减损房产价值的行为，比如查封了被执行人的别墅（"活封"），被执行人可以居住，但其将别墅院内的其中一处进行拆除，这种行为是不被允许的。

那么，如何判断被执行人在房产查封后采取的行为属于增值性行为还是减值性行为？笔者认为应当具体情况具体分析。在一般情况下，以下行为属于增值性行为，应当予以准许。被执行人用查封的房产进行融资的，可以按照《善意文明执行意见》第6条的规定予以准许，在建工程被查封后，被执行人要求继续进行建设的，按照该意见第5条第1项的规定，原则上允许。

（三）房产查封效力所及

1. 房产查封的效力及于该房产坐下的土地使用权

《查扣冻规定》第21条第1款规定了查封房产及于坐下土地使用权，即"地随房走"，同时也规定，一些历史问题导致的房地权属不同的情况除外。

那么房地权属不一致该如何处理？按照《关于规范国土房管协助执行的通知》第23条的规定，土地使用权与房屋所有权归属不一致的，受让人继受原权利人的合法权利。还有一种情况是房屋所有权人因为历史问题未及时办理土地使用权。有观点认为，[①]可以先补办土地使用权手续后，再对房屋与占用范围内的土地使用权评估拍卖，所得土地价款补足土地出让金。

2. 房产查封的效力及其不可分割的增设物

《民法典》第715条第1款规定："承租人经出租人同意，可以对租赁物进行改善或者增设他物。"被执行人（出租人）将房屋出租给第三人（承租人），约定第三人在房屋上的装修于合同解除后折价补偿给第三人。由于不可拆除的部分已经和房屋融为了一体，成为了房屋的一部分，后期在房产拍卖中，应当将不可分割的部分纳入房产价值中拍卖，至于第三人主张装修投入款，按照合同的相对性，应当向被执行人主张。《审理城镇房屋租赁合同纠纷案件的解释》第7条也有相应规定。但在实务操作中，为了第三人能够顺利腾退房屋，执行人员可以组织被执行人、第三人和申请执行人三方协调，如果三方均认可第三人的装修部分，可以记入笔录，将第三人装修部分的拍卖对价部分予以扣除支付给第三人，一次性化解矛盾，避免新的诉讼。这里须特别注意，由于司法拍卖有降价和溢价的可能，需要在笔录中固定好装修部分对应拍卖款数额的标准，以免产生分歧。

3. 房产查封的效力及于该房产的转化财产

按照《查扣冻规定》第22条规定，查封的房产灭失或者毁损的，查封的效力及于该财产的替代物、赔偿款，人民法院应当及时作出查封该替代物、赔偿款的裁定。这在拆迁房的执行中比较常见，笔者将在第八讲中予以阐述。

4. 房产查封的效力一般不及于房屋租金

房屋租金属于法定孳息，而按照《查扣冻规定》第20条的规定，查封的效力及于查封物的天然孳息。因此，查封房产的效力一般不及于房屋租金，这一点，本书第四讲"执行调查"关于收入的调查部分也有介绍。

四、关于对具有所有权但未进行登记的房产的查封

对于被执行人按照《民法典》第229、230条规定取得的房产，按照《关于规范国

---

① 参见人民法院出版社编：《最高人民法院司法观点集成》（执行卷），人民法院出版社2017年版，第418页。

土房管协助执行的通知》第 8 条的规定办理。笔者认为,也可以在查封裁定中交代清楚相关情况后,直接进行查封。

五、关于对被执行人已售或已购但均尚未过户房产的查封

对于第三人购买的被执行人名下的房产且未办理过户登记或者被执行人购买的第三人名下的房产且尚未办理过户登记的,按照《查扣冻规定》第 14、15 条的规定处理,人民法院可以进行查封。

六、关于办理了异议登记、预告登记的房产能否进行查封的问题

(一)异议登记的房产

《民法典》第 220 条规定了异议登记制度。有观点认为,①对办理了异议登记的房产,人民法院可以查封,但不得进行处分。笔者认为,异议登记人(被执行人)在异议登记期间内未提起诉讼而导致异议登记失效的,应当及时解除查封;异议人提起诉讼的,待诉讼终局后再根据裁决情况进行处理。

(二)预告登记的房产

对办理了预告登记的房产能否进行执行,理论界莫衷一是。预告登记具有债权保全的意义。我国台湾地区学者王泽鉴认为,其具有“禁止其后的登记”“禁止登记名义人再为处分”“处分相对无效”等几种规范模式。《民法典》第 221 条规定,预告登记后,未经预告登记的权利人同意,处分该不动产的,不发生物权效力。从该规定可以看出,预告登记仅仅是对处分的限制。因此,笔者认为,对办理了预告登记的房产,可以进行查封。

预告登记期内能否进行处置?一种观点认为,我国《民法典》规定得非常明确,未经预告登记的权利人同意,处分该不动产的,不发生物权效力。另一种观点认为,执行属于公权力行为,不受《民法典》规定的限制,预告登记期内,人民法院可以进行处置。笔者认为,要根据执行的动因和目的来确定。“当国家行为是为了国家利益和公共利益时,预告登记不具有与之对抗的效力,当国家行为是为了私人利益时,预告登记具有与之对抗的效力。”②民事执行是为了私人利益,预告登记应具有对抗执

---

① 参见江必新主编:《强制执行法理论与实务》,中国法制出版社 2014 年版,第 591 页。

② 江必新主编:《强制执行法理论与实务》,中国法制出版社 2014 年版,第 594 页。

行的效力,在预告登记未涂销之前不得处置。

七、关于整体查封与部分查封的问题

按照《查扣冻规定》第 19 条的规定,查封的财产应当在债权数额范围内。然而,房产具有特殊性,因为房产是作为一个整体而存在,在债权数额小于房产价值且房产又不可分割的情况下,在司法实践中,人民法院往往进行整体查封处理。法院之所以这么操作,实际上跟不动产登记机关的登记机制也有关系,不动产登记还无法做到办理部分查封登记。《善意文明执行意见》第 4 条规定的在整体查封后“协调相关部门办理分割登记并解除对超标的部分的查封”在现实操作中有一定的难度。笔者认为,可以借鉴按份共有制度,在房产价值过大时,可以考虑查封房产相应价值的份额。这样可以保证一物一权,避免房产被超标的查封、物理分割等,将来仅对该份额进行处置。

八、房产的预查封及效力

“预查封,是指执行法院对被执行人尚未办理不动产物权登记,但又履行了一定批准或者备案手续的不动产进行预查封的制度。”[①]可见,预查封制度仅仅存在于不动产的执行中,《关于规范国土房管协助执行的通知》第 15 条规定,对下列房产可以采取预查封:①作为被执行人的房地产开发企业,已办理了商品房预售许可证且尚未出售的房屋;②被执行人购买的已由房地产开发企业办理了房屋权属初始登记的房屋;③被执行人购买的办理了商品房预售合同登记备案手续或者商品房预告登记的房屋。

根据《关于规范国土房管协助执行的通知》第 16、18 条的规定,预查封的效力等同于正式查封。房屋权属在预查封期间登记在被执行人名下的,预查封登记自动转为查封登记,预查封转为正式查封后,查封期限从预查封之日起开始计算。

九、关于首封与轮候查封的问题

按照《查扣冻规定》第 26 条的规定,对已被人民法院查封的房产,其他法院可以进行轮候查封。在执行实务中,需要注意以下问题。

① 江必新主编:《强制执行法理论与实务》,中国法制出版社 2014 年版,第 589 页。

(一)轮候查封的效力

轮候查封自转为正式查封之日起开始计算查封期限。由于轮候查封不产生正式查封的效力,也不需要续行轮候查封,因此,在实践中,许多法院对轮候查封进行续封的做法是不恰当的。同时由于轮候查封不产生效力,针对轮候查封提出的执行异议也不应受理。

(二)轮候查封房产转化为变价财产后的问题

如前所述,查封的效力及于查封房产的转化财产,同样,轮候查封的效力也及于轮候查封房产的转化财产。在轮候查封房产被处置后,尽管最高人民法院《关于查封法院全部处分标的物后轮候查封的效力问题的批复》认为:“故人民法院对已查封、扣押、冻结的全部财产进行处分后,该财产上的轮候查封自始未产生查封、扣押、冻结的效力。”但此处的“财产”指的应为所查封的房产本身,比如在房产被拍卖、变卖后,查封、轮候查封的房产即转化为拍卖、变卖案款。查封的作用是为将来的处置做好准备,在实现优先债权人和首封债权人的债权后,首封也就完成了它的法律使命,此时尚有余款的话,第一顺位的轮候查封就顺位为首封。按照《查扣冻规定》第22条的规定,轮候查封法院本应及时对拍卖、变卖余款进行冻结,然而由于当前很少有首封法院在处置房产时将处置信息告知轮候查封法院,被执行人往往也不向轮候查封法院报告处置情况,轮候查封的债权人亦不容易获取房产处置信息,这个时候要求轮候查封法院知晓并及时对拍卖余款采取冻结措施有些强人所难。在实务操作中,轮候查封法院应当在轮候查封时及时与首封法院取得联系,函告首封法院如果进行房产处置,应及时通知轮候查封法院,或者对首封法院发出冻结将来处置余款的协助执行通知。

关于轮候查封对变价财产余款的效力,《正确处理轮候查封效力的通知》第1、2条也有明确的规定。司法实践中也有案例支持轮候查封的效力转为对变价余款的正式查封效力。进一步举例说明,如A法院于2018年3月5日查封了甲房产,期限为3年,B法院于2018年3月6日轮候查封了甲房产,期限亦为3年。后A法院拍卖了甲房产,变价100万元,70万元用于支付执行费用和偿还该案债务,此时拍卖余款为30万元,则B法院轮候查封的效力及于该30万元。延伸一下,如果C法院于2021年3月7日向B法院发出协助冻结拍卖剩余案款的通知,尽管B法院未能冻结A法院的拍卖余款,但由于其轮候查封早于C法院冻结拍卖余款的时间,此时B法院轮候查封的效力转为对 A 法院拍卖余款的冻结效力，C 法院的冻结仅仅产生轮候冻结的效力。

（三）查封与轮候查封的办理技巧

执行人员在要求不动产登记机关协助办理房产查封业务时，如果房产为首封，一般不用注明"首封"字样。当然，如果前面没有查封信息，也可以在协助执行通知书回执中注明"首封"或"截至当前无其他查封信息"或"截至当前此前查封信息效力均已灭失"等表述。

经查询发现房产已被查封，要进行轮候查封的，协助执行通知书中要载明"查封期限三年，自转为正式查封之日起生效"，切勿写"自 2022 年 3 月 7 日至 2025 年 3 月 6 日止"之类的表述，因为此时还不确定轮候查封何时生效。回执中要载明"轮候"字样，如果不载明"轮候"字样，则要求回执中载明"前面查封登记信息"。存根要与发出的协助执行通知书内容保持一致。

十、关于变更查封物的问题

在实践中，常出现被执行人向执行法院申请置换查封的房产，如人民法院查封了被执行人的 A 房产，被执行人要求解除对 A 房产的查封，另行查封 B 财产（可能是房产，也可能是其他财产）。这种情况法院一般会征询申请执行人的意见，经过申请执行人同意后，作出解除对 A 房产查封的裁定，同时作出查封 B 财产的裁定（或者使用概括性查控裁定）对 B 财产进行查封。这种情况在执行法律中实际上是有规定的，但保全规定①与执行规定②有一些区别：执行规定更强调两个要件，即被执行人提供担保且申请执行人同意；保全规定强调需要被保全人提供担保，价值相当，且有利于执行，但除被保全人请求对作为争议标的的财产解除保全须经申请保全人同意，其他情况并不要求必须经过申请保全人同意。关于如何判断价值相当，可以参照相应的市场价格、评估价格，并需结合标的物的具体情况，对标的物价值进行客观合理的估定。

关于变更查封物，笔者认为，可以作出同一个裁定，主文内容为："一、在被执行人（第三人）B 财产上未有其他机关查封的情况下对其进行查封；二、若被执行人（第

① 《财产保全规定》第 22 条规定。

② 《查扣冻规定》第 28 条第 1 款第 5 项规定。

三人)B 财产上已有其他机关查封,则不对该财产进行查封,本裁定第三项亦不再执行;三、本裁定第一项查封完成后,对被执行人 A 房产的查封予以解除。"这样既保证了执行裁定表述上的严谨性,又明确了操作方式。

十一、关于查封效力的消灭

(一)需要人民法院作出解除查封裁定方可消灭的情形

按照《查扣冻规定》第 28 条的规定,有下列情形之一的,人民法院应当作出解除查封裁定:①查封案外人房产的;②申请执行人撤回执行申请或者放弃债权的;③查封的房产流拍或者变卖不成,申请执行人和其他执行债权人又不同意接受抵债,且对该房产又无法采取其他执行措施的;④债务已经清偿的;⑤被执行人提供担保且申请执行人同意解除查封的;⑥人民法院认为应当解除查封的其他情形。解除查封应当作出裁定,解除以登记方式实施的查封的,应当向登记机关发出协助执行通知书。在实务操作中,有一个细节需要注意,在房产查封期间指定第三人为管理人的,应当通知第三人将房产交付给房屋所有权人。

(二)无须人民法院作出解除查封裁定即可消灭的情形

按照《民诉法解释》第 485 条和《查扣冻规定》第 27 条第 1 款的规定,房产查封的期限不得超过 3 年,如果房产查封的期限届满,且没有采取续行查封,查封效力自动灭失。人民法院无须向不动产登记机关发出解除查封的协助执行通知。

按照《查扣冻规定》第 27 条第 2 款的规定,查封房产已经被执行拍卖、变卖或者抵债的,查封的效力消灭。然而在执行联动机制不健全的情况下,不动产登记机关难以获悉查封房产是否已经被拍卖、变卖或者抵债。因此,笔者认为,在这种情况下,人民法院需要向不动产登记机关函告相关情况,但无须作出解除查封的裁定。

◆ 参考案例

江苏省南京市中级人民法院(2020)苏 01 执 61 号

[**裁判要旨**]轮候冻结旨在等候冻结解除或者冻结财产处分后的剩余价值,以产生冻结效力。冻结标的物被全部处分后,标的物的冻结当然消灭,轮候冻结也因标的物易主而无物可及、无从生效,或者说效力所及为零。但是,冻结的标的物与其处分后的变价款,实质上是同一执行财产。标的物处分后变价款有剩余的,轮候冻结

对变价款的剩余部分产生冻结效力，效力所及以登记时所需价值为限。

◆ 参考规定

《民法典》

第二百二十条　权利人、利害关系人认为不动产登记簿记载的事项错误的，可以申请更正登记。不动产登记簿记载的权利人书面同意更正或者有证据证明登记确有错误的，登记机构应当予以更正。

不动产登记簿记载的权利人不同意更正的，利害关系人可以申请异议登记。登记机构予以异议登记，申请人自异议登记之日起十五日内不提起诉讼的，异议登记失效。异议登记不当，造成权利人损害的，权利人可以向申请人请求损害赔偿。

第二百二十一条　当事人签订买卖房屋的协议或者签订其他不动产物权的协议，为保障将来实现物权，按照约定可以向登记机构申请预告登记。预告登记后，未经预告登记的权利人同意，处分该不动产的，不发生物权效力。

预告登记后，债权消灭或者自能够进行不动产登记之日起九十日内未申请登记的，预告登记失效。

第二百二十九条　因人民法院、仲裁机构的法律文书或者人民政府的征收决定等，导致物权设立、变更、转让或者消灭的，自法律文书或者征收决定等生效时发生效力。

第二百三十条　因继承取得物权的，自继承开始时发生效力。

第三百九十九条　下列财产不得抵押：

（一）土地所有权；

（二）宅基地、自留地、自留山等集体所有土地的使用权，但是法律规定可以抵押的除外；

（三）学校、幼儿园、医疗机构等为公益目的成立的非营利法人的教育设施、医疗卫生设施和其他公益设施；

（四）所有权、使用权不明或者有争议的财产；

（五）依法被查封、扣押、监管的财产；

（六）法律、行政法规规定不得抵押的其他财产。

《民诉法》

第二百五十一条　被执行人未按执行通知履行法律文书确定的义务，人民法院有权查封、扣押、冻结、拍卖、变卖被执行人应当履行义务部分的财产。但应当保留被执行人及其所扶养家属的生活必需品。

采取前款措施，人民法院应当作出裁定。

第二百五十二条　人民法院查封、扣押财产时，被执行人是公民的，应当通知被执行人或者他的成年家属到场；被执行人是法人或者其他组织的，应当通知其法定代表人或者主要负责人到场。拒不到场的，不影响执行。被执行人是公民的，其工作单位或者财产所在地的基层组织应当派人参加。

对被查封、扣押的财产，执行员必须造具清单，由在场人签名或者盖章后，交被执行人一份。被执行人是公民的，也可以交他的成年家属一份。

《民诉法解释》

第四百八十五条　人民法院冻结被执行人的银行存款的期限不得超过一年，查封、扣押动产的期限不得超过两年，查封不动产、冻结其他财产权的期限不得超过三年。

申请执行人申请延长期限的，人民法院应当在查封、扣押、冻结期限届满前办理续行查封、扣押、冻结手续，续行期限不得超过前款规定的期限。

人民法院也可以依职权办理续行查封、扣押、冻结手续。

《财产保全规定》

第二十二条　财产纠纷案件，被保全人或第三人提供充分有效担保请求解除保全，人民法院应当裁定准许。被保全人请求对作为争议标的的财产解除保全的，须经申请保全人同意。

《查扣冻规定》

第一条　人民法院查封、扣押、冻结被执行人的动产、不动产及其他财产权，应当作出裁定，并送达被执行人和申请执行人。

采取查封、扣押、冻结措施需要有关单位或者个人协助的，人民法院应当制作协助执行通知书，连同裁定书副本一并送达协助执行人。查封、扣押、冻结裁定书和协助执行通知书送达时发生法律效力。

第七条　查封不动产的，人民法院应当张贴封条或者公告，并可以提取保存有关财产权证照。

查封、扣押、冻结已登记的不动产、特定动产及其他财产权，应当通知有关登记机关办理登记手续。未办理登记手续的，不得对抗其他已经办理了登记手续的查封、扣押、冻结行为。

第十二条　对被执行人与其他人共有的财产，人民法院可以查封、扣押、冻结，并及时通知共有人。

共有人协议分割共有财产，并经债权人认可的，人民法院可以认定有效。查封、扣押、冻结的效力及于协议分割后被执行人享有份额内的财产；对其他共有人享有份额内的财产的查封、扣押、冻结，人民法院应当裁定予以解除。

共有人提起析产诉讼或者申请执行人代位提起析产诉讼的，人民法院应当准许。诉讼期间中止对该财产的执行。

第十四条　被执行人将其财产出卖给第三人，第三人已经支付部分价款并实际占有该财产，但根据合同约定被执行人保留所有权的，人民法院可以查封、扣押、冻结；第三人要求继续履行合同的，向人民法院交付全部余款后，裁定解除查封、扣押、冻结。

第十五条　被执行人将其所有的需要办理过户登记的财产出卖给第三人，第三人已经支付部分或者全部价款并实际占有该财产，但尚未办理产权过户登记手续的，人民法院可以查封、扣押、冻结；第三人已经支付全部价款并实际占有，但未办理过户登记手续的，如果第三人对此没有过错，人民法院不得查封、扣押、冻结。

第十九条　查封、扣押、冻结被执行人的财产，以其价额足以清偿法律文书确定的债权额及执行费用为限，不得明显超标的额查封、扣押、冻结。

发现超标的额查封、扣押、冻结的，人民法院应当根据被执行人的申请或者依职权，及时解除对超标的额部分财产的查封、扣押、冻结，但该财产为不可分物且被执行人无其他可供执行的财产或者其他财产不足以清偿债务的除外。

第二十条　查封、扣押的效力及于查封、扣押物的从物和天然孳息。

第二十二条　查封、扣押、冻结的财产灭失或者毁损的，查封、扣押、冻结的效力及于该财产的替代物、赔偿款。人民法院应当及时作出查封、扣押、冻结该替代物、赔偿款的裁定。

第二十四条　被执行人就已经查封、扣押、冻结的财产所作的移转、设定权利负担或者其他有碍执行的行为，不得对抗申请执行人。

第三人未经人民法院准许占有查封、扣押、冻结的财产或者实施其他有碍执行的行为的，人民法院可以依据申请执行人的申请或者依职权解除其占有或者排除其妨害。

人民法院的查封、扣押、冻结没有公示的，其效力不得对抗善意第三人。

第二十六条　对已被人民法院查封、扣押、冻结的财产，其他人民法院可以进行轮候查封、扣押、冻结。查封、扣押、冻结解除的，登记在先的轮候查封、扣押、冻结即自动生效。

其他人民法院对已登记的财产进行轮候查封、扣押、冻结的，应当通知有关登记机关协助进行轮候登记，实施查封、扣押、冻结的人民法院应当允许其他人民法院查阅有关文书和记录。

其他人民法院对没有登记的财产进行轮候查封、扣押、冻结的，应当制作笔录，并经实施查封、扣押、冻结的人民法院执行人员及被执行人签字，或者书面通知实施查封、扣押、冻结的人民法院。

第二十七条　查封、扣押、冻结期限届满，人民法院未办理延期手续的，查封、扣押、冻结的效力消灭。

查封、扣押、冻结的财产已经被执行拍卖、变卖或者抵债的，查封、扣押、冻结的效力消灭。

第二十八条　有下列情形之一的，人民法院应当作出解除查封、扣押、冻结裁定，并送达申请执行人、被执行人或者案外人：

（一）查封、扣押、冻结案外人财产的；

（二）申请执行人撤回执行申请或者放弃债权的；

（三）查封、扣押、冻结的财产流拍或者变卖不成，申请执行人和其他执行债权人又不同意接受抵债，且对该财产又无法采取其他执行措施的；

（四）债务已经清偿的；

（五）被执行人提供担保且申请执行人同意解除查封、扣押、冻结的；

（六）人民法院认为应当解除查封、扣押、冻结的其他情形。

解除以登记方式实施的查封、扣押、冻结的，应当向登记机关发出协助执行通知书。

《执行规定》

32. 被执行人或其他人擅自处分已被查封、扣押、冻结财产的，人民法院有权责令责任人限期追回财产或承担相应的赔偿责任。

《善意文明执行意见》

2. 准确把握善意文明执行精神实质。执行工作是依靠国家强制力实现胜诉裁判的重要手段。当前，被执行人规避执行、逃避执行仍是执行工作中的主要矛盾和突出问题。突出执行工作的强制性，持续加大执行力度，及时保障胜诉当事人实现合法权益，依然是执行工作的工作重心和主线。但同时要注意到，执行工作对各方当事人影响重大，人民法院在执行过程中也要强化善意文明执行理念，严格规范公正保障各方当事人合法权益；要坚持比例原则，找准双方利益平衡点，避免过度执行;要提高政治站位,着眼于党和国家发展战略全局,提升把握司法政策的能力和水平,实现依法履职与服务大局、促进发展相统一。要采取有效措施坚决纠正实践中出现的超标的查封、乱查封现象,畅通人民群众反映问题渠道,对有关线索实行“一案双查”,对不规范行为依法严肃处理。

人民法院在强化善意文明执行理念过程中,要充分保障债权人合法权益,维护执行权威和司法公信力,把强制力聚焦到对规避执行、逃避执行、抗拒执行行为的依法打击和惩处上来。要坚决防止执行人员以“善意文明执行”为借口消极执行、拖延执行,或者以降低对被执行人影响为借口无原则促成双方当事人和解,损害债权人合法权益。

4. 严禁超标的查封。强制执行被执行人的财产,以其价值足以清偿生效法律文书确定的债权额为限,坚决杜绝明显超标的查封。冻结被执行人银行账户内存款的,应当明确具体冻结数额,不得影响冻结之外资金的流转和账户的使用。需要查封的不动产整体价值明显超出债权额的,应当对该不动产相应价值部分采取查封措施;相关部门以不动产登记在同一权利证书下为由提出不能办理分割查封的,人民法院在对不动产进行整体查封后,经被执行人申请,应当及时协调相关部门办理分割登记并解除对超标的部分的查封。相关部门无正当理由拒不协助办理分割登记和查封的,依照民事诉讼法第一百一十四条①采取相应的处罚措施。

6. 充分发挥查封财产融资功能。人民法院查封财产后,被保全人或被执行人申请用查封财产融资的,按照下列情形分别处理:

(1)保全查封财产后,被保全人申请用查封财产融资替换查封财产的,在确保能够控制相应融资款的前提下,可以监督被保全人按照合理价格进行融资。

(2)执行过程中,被执行人申请用查封财产融资清偿债务,经执行债权人同意或者融资款足以清偿所有执行债务的,可以准许。

被保全人或被执行人利用查封财产融资,出借人要求先办理财产抵押或质押登记再放款的,人民法院应积极协调有关部门做好财产解封、抵押或质押登记等事宜,并严格控制融资款。

《关于规范国土房管协助执行的通知》

八、对被执行人因继承、判决或者强制执行取得,但尚未办理过户登记的土地使用权、房屋的查封,执行法院应当向国土资源、房地产管理部门提交被执行人取得财

---

① 该条现已修改为第117条。

产所依据的继承证明、生效判决书或者执行裁定书及协助执行通知书，由国土资源、房地产管理部门办理过户登记手续后，办理查封登记。

十五、下列房屋虽未进行房屋所有权登记，人民法院也可以进行预查封：

（一）作为被执行人的房地产开发企业，已办理了商品房预售许可证且尚未出售的房屋；

（二）被执行人购买的已由房地产开发企业办理了房屋权属初始登记的房屋；

（三）被执行人购买的办理了商品房预售合同登记备案手续或者商品房预告登记的房屋。

十六、国土资源、房地产管理部门应当依据人民法院的协助执行通知书和所附的裁定书办理预查封登记。土地、房屋权属在预查封期间登记在被执行人名下的，预查封登记自动转为查封登记，预查封转为正式查封后，查封期限从预查封之日起开始计算。

十八、预查封的效力等同于正式查封。预查封期限届满之日，人民法院未办理预查封续封手续的，预查封的效力消灭。

二十三、在变价处理土地使用权、房屋时，土地使用权、房屋所有权同时转移；土地使用权与房屋所有权归属不一致的，受让人继受原权利人的合法权利。

《正确处理轮候查封效力的通知》

一、轮候查封具有确保轮候查封债权人能够取得首封债权人从查封物变价款受偿后剩余部分的作用。首封法院对查封物处置变现后，首封债权人受偿后变价款有剩余的，该剩余价款属于轮候查封物的替代物，轮候查封的效力应当及于该替代物，即对于查封物变价款中多于首封债权人应得数额部分有正式查封的效力。轮候查封债权人对该剩余价款有权主张相应权利。

二、轮候查封对于首封处置法院有约束力。首封法院在所处置的查封物有轮候查封的情况下，对于查封物变价款清偿首封债权人后的剩余部分，不能径行返还被执行人，首封债权人和被执行人也无权自行或协商处理。首封法院有义务将相关处置情况告知变价款处置前已知的轮候查封法院，并将剩余变价款移交给轮候查封法院，由轮候查封法院依法处理；轮候查封法院案件尚在诉讼程序中的，应由首封处置法院予以留存，待审判确定后依法处理。

最高人民法院《关于查封法院全部处分标的物后轮候查封的效力问题的批复》

北京市高级人民法院：

你院《关于查封法院全部处分标的物后，轮候查封的效力问题的请示》（京高法

〔2007〕208 号）收悉。经研究，答复如下：

根据《最高人民法院关于人民法院民事执行中查封、扣押、冻结财产的规定》（法释〔2004〕15 号）第二十八条[①]第一款的规定，轮候查封、扣押、冻结自在先的查封、扣押、冻结解除时自动生效，故人民法院对已查封、扣押、冻结的全部财产进行处分后，该财产上的轮候查封自始未产生查封、扣押、冻结的效力。同时，根据上述司法解释第三十条[②]的规定，人民法院对已查封、扣押、冻结的财产进行拍卖、变卖或抵债的，原查封、扣押、冻结的效力消灭，人民法院无需先行解除该财产上的查封、扣押、冻结，可直接进行处分，有关单位应当协助办理有关财产权证照转移手续。

此复。

---

① 该条现已修改为第 26 条。

② 该条现已修改为第 27 条。

第七讲

房产执行之房产处置

◆ 实务指引

一、关于处置权的问题

《民诉法解释》第 484 条规定了非经查封不能处置财产，因此查封是处置财产的前提。按照最高人民法院《关于首先查封法院与优先债权执行法院处分查封财产有关问题的批复》第 1 条的规定，房产在执行中，应当由首封法院负责处置。即首封法院对查封的房产具有处置权是法定的处置原则，而在特殊情况下，处置权也会发生转移。处置权转移通常发生在执行竞合的情况下，但在执行法院变更时也会出现处置权转移的情况。“执行竞合，就是在执行程序中发生的既排斥又重合的现象。”[①]有时可能是民事强制执行内部的竞合，有时也可能是民事强制执行与行政强制执行等的竞合。处置权争议方面的问题属于狭义执行竞合问题，不同执行机构查封被

① 江必新主编:《强制执行法理论与实务》，中国法制出版社 2014 年版，第 721 页。

执行人的房产,怎样确定该房产的处置权,主要如下:

(一)当首封法院长期不处置时轮候查封的优先债权法院能否处置的问题

由于抵押权等优先债权优先于普通债权,所以当执行普通债权的法院为首封法院、执行抵押债权的法院为轮候法院时,首封法院的申请执行人申请处置的动力就会丧失,基于此,最高人民法院《关于首先查封法院与优先债权执行法院处分查封财产有关问题的批复》作了处置权转移的规定。即已进入其他法院执行程序的债权对查封财产有顺位在先的优先债权,自首先查封之日起已超过60日,且首先查封法院就该查封财产尚未发布拍卖公告或者进入变卖程序的,优先债权执行法院可以要求将该查封财产移送执行。笔者认为,这里的首封法院亦包括尚未进入执行程序但采取保全查封的法院。

(二)当首封法院长期不处置时轮候查封法院能否处置的问题

首封法院为保全查封,尚未进入执行程序的,按照《财产保全规定》第21条规定,第一顺位的轮候查封法院可以商请取得处置权。然而,当首封法院与轮候查封法院均在执行程序中时,轮候查封法院能否函商取得处置权,并没有规定。首封法院进入执行程序且在查封房产符合处置条件的情况下长期不处置,实际上已经构成了消极执行,该案申请执行人可以依据《民诉法》第233条的规定,向上一级人民法院申请督促执行。在司法实践中,存在首封法院的申请执行人与被执行人恶意串通不进行财产处置,侵害轮候查封法院申请执行人的债权实现的情况时,轮候查封法院的申请执行人如何救济?笔者认为,轮候查封法院可以通过与首封法院的共同上级法院协调督促首封法院启动处置程序,共同上级法院亦可以指定首封法院将处置权移交给轮候查封法院。这里协调取得处置权的轮候查封法院不一定是第一顺位的轮候查封法院,但房产拍卖、变卖后的案款应当依法进行执行分配,执行分配不因处置权的改变而改变。关于执行分配的内容,笔者将在本书第十一讲中详细阐述。

(三)税收强制执行与民事强制执行竞合时的处置权转移问题

关于税收强制执行与民事强制执行竞合时的处置权转移问题,法律并未有规定。根据《税收征管法》第37、38、40条的规定,税务机关有强制执行权,对违反税法的纳税义务人的房产可以采取查封、拍卖的措施。根据该法第45条规定,在一般情况下,税收优先于无担保债权。如果在民事强制执行中,人民法院查封了被执行人的房产，税务机关轮候查封了该房产，而该房产的价值又不能满足被执行人应当缴纳的税款时，首封法院的申请执行人就会丧失申请处置的动力；反之，税务机关为房产的首封机关，但轮候查封法院的申请执行人对该房产享有抵押权，且该抵押权发生于被执行人欠缴的税款之前，根据该法第 45 条规定，民事强制执行的申请执行人的债权优于国家税收债权，那么在现实中，税务机关可能也会丧失处置的动力。因此为保障轮候查封的优先债权人的权利，笔者认为，如果首封机构长期不启动处置程序，轮候查封的执行机构可以通过执行协调函商处置权。

（四）基于执行法院变更时的处置权转移问题

前三种情况均为执行竞合时的处置权转移，执行法院变更引起的处置权转移主要是由于发生提级执行、指定执行、委托执行（全案委托）等情况，执行法院发生变化，后续执行法院承接前执行法院的执行行为。《民诉法》第 233 条和《统一管理执行工作规定》第 8、9 条规定了提级执行和指定执行的情形。《委托执行规定》第 1 条规定了委托执行（全案委托）的情形。参照《指定执行立结统考工作通知》的规定，提级执行、指定执行、委托执行后，原立案执行法院应当以销案结案。笔者认为，后提级执行法院、被指定执行的法院、受托法院在立案执行后，如果原立案执行法院对被执行人的房产已经采取了查封措施，该查封措施视为变更后的执行法院查封措施，无须另行作出查封裁定即具有处置权。关于委托执行，笔者的观点也符合《委托执行规定》第 6 条第 2 款的规定，该条规定："委托执行后，委托法院对被执行人财产已经采取查封、扣押、冻结等措施的，视为受托法院的查封、扣押、冻结措施。受托法院需要继续查封、扣押、冻结，持委托执行函和立案通知书办理相关手续。续封续冻时，仍为原委托法院的查封冻结顺序。"还有一种情况，根据《民诉法执行程序解释》第 2、4 条规定的精神，无管辖权的法院将案件移送至有管辖权的法院执行的，移送法院对被执行的房产采取的查封措施，视为受移送人民法院采取的查封措施。笔者认为，有管辖权的法院亦无须另行作出查封裁定即可取得对查封房产的处置权。

二、处置方式

民事强制执行中，按照《拍卖变卖规定》第 2 条规定，对查封、冻结、扣押财产的处理，应当首先采取拍卖的方式，但法律、司法解释另有规定的除外。那么，是否有例外的情况？《拍卖变卖规定》第 2 条规定了"但书"，主要体现在该规定第 31 条第 1 款和《善意文明执行意见》第 9 条中。在执行实务中，前述"但书"的处理方式增加了执行程序中的房产处置的灵活性，执行人员可以根据个案具体情况对照适用。

关于司法拍卖，按照《网拍规定》第2条的规定，首选应当采取网络司法拍卖方式，但法律、行政法规和司法解释规定必须通过其他途径处置，或者不宜采用网络拍卖方式处置的除外。按照该规定，拍卖房产原则上要通过网络司法拍卖。如果不采取网络司法拍卖的方式处置房产，按照《贯彻网拍规定的通知》的规定，执行人员需要报院领导审批。本讲阐述的拍卖即为网络司法拍卖。

有一点需要注意，网络司法拍卖属于司法拍卖的一种，《网拍规定》相对于《拍卖变卖规定》而言，属于特别法，《拍卖变卖规定》相对于《拍卖法》而言，也属于特别法，因此在网络司法拍卖中如果没有相关规定，应当适用一般法的规定。

三、网络司法拍卖

（一）确定参考价

按照《网拍规定》第10条的规定，网络司法拍卖应当确定保留价，拍卖保留价即为起拍价。这与传统拍卖有所不同，在网络司法拍卖为司法拍卖主流的今天，传统拍卖已经没有太多的可持续性了，这也是本讲只阐述网络司法拍卖内容的原因。

1. 启动确定参考价的时间

《处置参考价规定》第1条规定："人民法院查封、扣押、冻结财产后，对需要拍卖、变卖的财产，应当在三十日内启动确定财产处置参考价程序。"为此，人民法院一般在确定查封的房产具备处置条件后，一个月内要启动确定参考价程序。《执行期限规定》第7条更是对启动评估程序作了更短的时间要求，执行人员应当在10日内完成评估机构的遴选。

2. 确定参考价的方式

按照《处置参考价规定》第2、4、5、7、14条的规定，参考价的方式通过"法定+意定"的原则确定，且意定优于法定。这充分体现民事强制执行要尊重当事人的意思自治。法定原则：人民法院应当依次按照当事人议价、定向询价、网络询价、委托评估等方式来确定参考价。意定原则：当事人一致选择，可以不受前述法定原则的限制。

（1）议价

按照《处置参考价规定》第4条的规定，当事人议价是确定参考价首选的方式，除非一方当事人拒绝议价或者下落不明。双方当事人提交的议价结果一致，且不损害他人合法权益的，议价结果为参考价。

(2)询价

按照《处置参考价规定》第5、7条的规定，当事人议价不能或者不成，且财产有计税基准价、政府定价或者政府指导价的，人民法院应当向确定参考价时财产所在地的有关机构进行定向询价。双方当事人一致要求直接进行定向询价，且财产有计税基准价、政府定价或者政府指导价的，人民法院应当准许。定向询价不能或者不成，财产不需要由专业人员现场勘验或者鉴定，且具备网络询价条件的，人民法院应当通过司法网络询价平台进行网络询价。双方当事人一致要求或者同意直接进行网络询价，财产不需要由专业人员现场勘验或者鉴定，且具备网络询价条件的，人民法院应当准许。

在网络询价中，询价报告出具的期限为收到人民法院网络询价委托书之日起3日内(《处置参考价规定》第11条)；网络询价报告均存在财产基本信息错误、超出财产范围或者遗漏财产等情形的，应当通知司法网络询价平台在3日内予以补正(《处置参考价规定》第12条)；询价平均值为参考价，如果有需要补正的，补正后的结果为计算基数(《处置参考价规定》第13条)。

(3)评估

按照《处置参考价规定》第11条第3款、第14条的规定：法律、行政法规规定必须委托评估、双方当事人要求委托评估或者网络询价不能或不成的，人民法院应当委托评估机构进行评估。在网络询价程序中，各平台均未在期限内出具或者补正网络询价报告，且未按照规定申请延长期限的，人民法院也应当委托评估机构进行评估。评估作为传统拍卖常用的确定参考价的手段，当前许多地方法院仍然青睐这种方式，但无论从执行规范化角度还是从为当事人节省评估费的角度，评估都只能是最后保底的确定参考价方式。

在实务操作中，需要注意评估报告出具的期限。根据《处置参考价规定》第19条的规定，评估机构应当在30日内出具评估报告，人民法院暂缓或者中止执行的，暂缓和中止的时间不计入其中。评估机构不能在期限内出具评估报告的，应当在期限届满5日前书面向人民法院申请延长期限。人民法院决定延长期限的，延期次数不超过两次，每次不超过15日。评估机构未在期限内出具评估报告、补正说明，且未按照规定申请延长期限的，人民法院应当通知该评估机构3日内将人民法院委托评估时移交的材料退回，另行委托下一顺序的评估机构重新进行评估。

3. 关于房产网络询价、评估费用的问题

《处置参考价规定》第31～33条明确规定了网络询价和委托评估的费用的计付

标准和费用的负担。①网络询价按次计付费用。无论有多少家司法网络询价平台进行询价,这一份费用只给出具的网络询价结果与财产处置成交价最接近的一家或者几家网络询价平台。未按期出具网络询价报告或进行补充说明,人民法院因此委托评估的,网络询价不计付费用。②委托评估的费用采取就低不就高的原则。房产处置成交价高于评估价的,以评估价为基准计算评估费用;房产处置成交价低于评估价的,以财产处置成交价为基准计算评估费用;房产处置未成交的或者撤回委托评估的,按照评估机构合理的实际支出计付费用;按照合理的实际支出计算评估费用;重新评估的,按照原评估费用的30%计算评估费用;因评估机构未按期出具评估报告,又不申请延期,评估机构或者评估人员不具备相应评估资质,评估程序严重违法等,人民法院另行委托评估的,对原评估机构不计付费用。网络询价费及委托评估费由申请执行人先行垫付,由被执行人负担,申请执行人可以通过投保的方式解决费用的垫付问题。

关于房产处置未成交的,合理的实际支出费用如何判断?笔者认为,由评估机构提供费用明细及证明材料。

4. 参考价期限届满后的处理

按照《处置参考价规定》第19、27条和第32条第2款的规定,司法网络询价平台、评估机构应当确定网络询价或者委托评估结果的有效期,有效期最长不得超过1年。当事人议价的,可以自行协商确定议价结果的有效期,但也不得超过1年;定向询价结果的有效期,最长一般也不超过1年。人民法院应当在议价、询价、评估结果有效期内发布一拍拍卖公告或者直接进入变卖程序,拍卖、变卖时未超过有效期6个月的,不需要重新确定参考价,但法律、行政法规、司法解释另有规定的除外。评估结果有效期超过后,房产仍未发布一拍拍卖公告或者直接进入变卖程序的,应当通知原评估机构在15日内重新出具评估报告。重新出具评估报告的,按照原评估费用的30%计算评估费用。

5. 对参考价异议的处理

(1)关于询价结果或评估报告的送达以及信息采集

通过议价确定的参考价不涉及议价结果送达的问题,通过询价、评估确定参考价的,就要对当事人和利害关系人送达询价结果或者评估报告。在司法实践中,有相当多的被执行人为了逃避执行,跟法院“玩失踪”,打电话不接、住址又没人,造成法院许多法律文书无法送达。此时如果进行公告送达,时间漫长,会严重影响房产处置效率。因此,《处置参考价规定》第21条便规定,人民法院收到定向询价、网络询价、委托评估、说明补正等报告后,应当在3日内发送给当事人及利害关系人。当事人、利害关系人已提供有效送达地址的,人民法院应当将报告以直接送达、留置送达、委托送达、邮寄送达或者电子送达的方式送达;当事人、利害关系人下落不明或者无法获取其有效送达地址,人民法院无法按照前述规定送达的,应当在中国执行信息公开网上予以公示,公示满15日即视为收到。从该规定可以看出,关于确定参考价结果的送达,执行规定已作了改进,也符合执行效率优先的司法理念。

在实务操作中,要重视对当事人的信息采集工作,关于该内容,笔者已在本书第四讲"执行调查"中阐述过,此处不再赘述。房产处置中可能涉及一些利害关系人,如房产共有人、房产占有人、房产抵押权人等,由于询价结果或评估报告也需要向他们送达,为此,执行人员还要对利害关系人做好信息采集工作。

(2)关于询价结果或评估报告送达的权利告知

在询价结果或评估报告送达的同时,需要向当事人和利害关系人告知异议权。在实务操作中,执行人员可以制作询价结果(评估报告)送达权利告知书,载明当事人、利害关系人有权根据《处置参考价规定》第22~23条在规定的期限内向执行法院书面提出异议。如果当事人、利害关系人口头提出异议,可以引导其提交正式书面异议;如果当事人、利害关系人不识字或者抵触情绪较大不愿书面提起异议且坚持要提异议,执行人员可以通过笔录方式固定,视为书面异议;执行人员送达询价结果或者评估报告全程用执法记录仪拍摄前述情况,执行人员也可以根据执法视频记录制作执行说明,视为书面异议;当事人、利害关系人未向执行法院提出书面异议,但通过信访途径反映对询价结果或者评估报告异议的,在规定的期限内,该信访材料也应视为书面异议。总之,能够保障当事人、利害关系人异议权的,尽可能予以保障。

(3)异议处理

按照《处置参考价规定》第22~25条规定,当事人、利害关系人提出的异议不同,异议处理方式也不相同。

当事人、利害关系人认为网络询价报告或者评估报告具有下列情形之一的,可以在收到报告后5日内提出书面异议:①财产基本信息错误;②超出财产范围或者遗漏财产;③评估机构或者评估人员不具备相应评估资质;④评估程序严重违法。针对该四项内容之一的异议,人民法院应当参照《民诉法》第232条的规定处理。

按照《处置参考价规定》第24条、《善意文明执行意见》第8条的规定:当事人对定向询价没有权利提出异议,针对定向询价结果提起异议的,人民法院不予受理;但如果定向询价结果确实严重偏离市场价格,可以进行适当修正。

当事人、利害关系人收到评估报告后5日内对评估报告的参照标准、计算方法或者评估结果等提出书面异议的,人民法院应当在3日内交评估机构予以书面说明。评估机构在5日内未作说明或者当事人、利害关系人对作出的说明仍有异议的,人民法院应当交由相关行业协会在指定期限内组织专业技术评审,并根据专业技术评审出具的结论认定评估结果或者责令原评估机构予以补正。

如果当事人、利害关系人对评估报告的参照标准、计算方法或者评估结果等提出书面异议同时涉及《处置参考价规定》第22条第1款第3、4项情形的,要按照该规定第22条第2款先对第3、4项情形进行审查,异议成立的,应当通知评估机构3日内将人民法院委托评估时移交的材料退回,另行委托下一顺序的评估机构重新进行评估;异议不成立的,评估机构予以书面说明答复。

当事人、利害关系人有证据证明具有下列情形之一,且在发布一拍拍卖公告或者直接进入变卖程序之前提出异议的,人民法院应当按照执行监督程序进行审查处理:①议价中存在欺诈、胁迫情形;②恶意串通损害第三人利益;③有关机构出具虚假定向询价结果;④依照《处置参考价规定》第22~23条作出的处理结果确有错误。

6. 确定参考价程序中人民法院的审查和监督职责

(1)对询价结果、评估报告的审查职责

按照《处置参考价规定》第12、20条和《善意文明执行意见》第8条的规定,执行人员要作以下必要审查:房产为定向询价的,审查询价结果是否严重偏离市场价格;房产为网络询价或房产评估的,审查报告是否存在财产基本信息错误、超出财产范围或者遗漏财产等情形的;另外,房产为评估的,还要审查是否存在选定的评估机构与评估报告上签章的评估机构不符、评估人员执业资格证明与评估报告上署名的人员不符等情况。

(2)对评估程序的监督职责

按照《善意文明执行意见》第8条的规定,人民法院应当依法履行监督职责,执行人员发现当事人、竞拍人与相关机构、人员恶意串通压低参考价的,即使当事人、利害关系人没有提出异议,也要及时查处和纠正。

(二)房产拍卖启动及平台选择

1. 房产拍卖前的尽职调查

房产拍卖启动前,执行人员要复盘案件情况,检查是否完成了拍卖前的尽职调查。按照《网拍规定》第 6 条第 2 项的规定,实施网络司法拍卖的,人民法院应当查明拍卖财产现状、权利负担等内容,并予以说明。而《处置参考价规定》第 3 条第 1 款更是将对财产的权属、权利负担、占有使用、欠缴税费、质量瑕疵等事项提前到了确定参考价之前。因此,在执行调查阶段,发现被执行人有可供执行的房产时,就要将这一工作做到位。比如在查封被执行人房产时,就应当及时对他项权等事项作出处理,在现场勘验房屋时,就应当及时对案外占有人予以关注,本书在第五讲已有阐述,此处不再赘述。

2. 拍卖启动

按照《处置参考价规定》第 30 条的规定,人民法院应当在参考价确定后 10 日内启动财产变价程序。由于存在当事人、利害关系人可能对询价结果或评估报告提出异议的情况,因此,笔者认为,房产拍卖启动的时间点应从询价结果或评估报告效力确定之日起算。

3. 房产拍卖平台选择权

当前网络司法拍卖成为拍卖的主流,在淘宝、京东等司法网拍平台中,使用较多的是淘宝平台,但这并不意味着所有的网络司法拍卖均要在这个平台,案件当事人和一些执行人员甚至都存在一个误区,在拍卖启动时直接就通知司法拍卖辅助机构发布拍卖公告,而辅助机构也直接就在淘宝平台予以发布。但这种做法违背了司法解释的规定,《网拍规定》第 5 条规定:“网络服务提供者由申请执行人从名单库中选择;未选择或者多个申请执行人的选择不一致的,由人民法院指定。”在实务操作中,执行人员可以将这项工作做在前面,本书第四讲“执行调查”阐述过对当事人进行信息采集的内容,执行人员可以在与申请执行人初次约谈时就询问如果将来要对被执行人房产进行处置选择哪个拍卖平台,以提高执行效率。

可能会有个别执行人员曲解司法解释规定,认为如果当事人未能选择或者多个申请执行人选择拍卖平台不一致,人民法院可以任意指定拍卖平台,甚至是指定最高人民法院名单库以外的拍卖平台。这是不允许的,也就是说,即使由人民法院指定,也应当是在最高人民法院名单库中的拍卖平台。[①] 在实践中,如果拍卖平台没有经过申请执行人选择,直接由人民法院确定,申请执行人因此提起了执行异议,就会发生撤销拍卖的风险。

---

① 江必新、刘贵详主编:《最高人民法院关于人民法院网络司法拍卖若干问题的规定理解与适用》,中国法制出版社 2017 年版,第 106 页。

(三)拍卖裁定及有关重大事项合议

1. 拍卖裁定

在执行程序中,被执行人房产被查封后,应当及时进行拍卖、变卖或者采取其他执行措施(《拍卖变卖规定》第 1 条)。房产拍卖、变卖,应当作出裁定(《民诉法》第 251 条),向当事人进行送达。

2. 重大事项合议

(1)关于网络司法拍卖中的重大事项与合议制

对于执行程序中的重大事项决定权,我国法律和司法解释尚无明确的规定,《执行规定》第 5 条规定:"执行程序中重大事项的办理,应由三名以上执行员讨论,并报经院长批准。"但该条规定更多体现出执行工作的行政色彩。如果说执行调查属于执行实施权的范畴,那么执行处置环节便体现出司法判断权。主流观点认为,网络司法拍卖具有司法性,《网拍规定》第 27 条规定:"起拍价及其降价幅度、竞价增价幅度、保证金数额和优先购买权人竞买资格及其顺序等事项,应当由人民法院依法组成合议庭评议确定。""人民法院决定委托拍卖辅助机构工作应当采取合议制。"①也就是说,网络司法拍卖中有关重要事项需要由法官通过合议确定。按照最高人民法院的观点,②执行法院在分配案件时就应当固定合议庭成员,非因法定事由不得随意变更。笔者认为,在执行实务操作中,是否为重大事项,可以从以下三方面判断,一看法律等有无规定;二看该事项是否涉及当事人重大利益;三看该事项是否在执行中产生重大分歧。

(2)人民陪审员能否参加执行合议庭

人民陪审员能否参与执行合议庭?最高人民法院、司法部发布的《〈中华人民共和国人民陪审员法〉实施中若干问题的答复》第 11 条规定,人民法院不得安排人民陪审员参加案件执行工作。

(3)重大事项能否由审判委员会讨论确定

按照《改革完善审委会的意见》第 4 条第 1 项、第 5 条第 1 项的规定,讨论疑难、复杂、重大案件是人民法院审判委员会的职责。该意见第 7 条也规定,人民法院审

---

① 江必新、刘贵详主编:《最高人民法院关于人民法院网络司法拍卖若干问题的规定理解与适用》,中国法制出版社 2017 年版,第 125 页。

② 江必新、刘贵详主编:《最高人民法院关于人民法院网络司法拍卖若干问题的规定理解与适用》,中国法制出版社 2017 年版,第 361 页。

判工作中的重大问题和疑难、复杂、重大案件以及合议庭难以作出裁决的案件，应当由审判委员会讨论或者审理后作出决定。该意见第 11 条第 1 款第 1 项规定，合议庭意见有重大分歧、难以作出决定的案件，合议庭可以提请院长决定提交审判委员会讨论。

（4）违反合议制作出重大事项决定的处理

违反《网拍规定》第 27 条规定，应当合议未经合议作出的执行行为，属于违反法律规定的执行行为，当事人、利害关系人可以根据《民诉法》第 232 条的规定向执行法院提出执行异议。《网拍规定》第 31 条规定了撤销网络司法拍卖的情形，从该条的规定上看，违反合议制作出的执行行为并不必然导致网络司法拍卖被撤销，除非是该违反合议制的执行行为导致拍卖严重错误，或者认定优先购买权人及其顺位违法，损害了当事人、竞买人的合法权益，才属于《网拍规定》第 31 条第 6 项的情形。需要注意的是，当事人据此提起执行异议要负举证责任。

（四）竞买人资格和优先购买权

网络司法拍卖区别于传统的司法拍卖，不限制竞买人的数量，一人就可以参与竞拍（《网拍规定》第 11 条），但竞买人需要具有一定的资格。

1. 一般竞买人资格

按照《网拍规定》第 14 条第 1 项、第 34 条，《房产竞买人资格规定》第 1 条和最高人民法院《关于司法拍卖程序中竞买人资格审查问题的答复》的规定，结合一些司法实践做法，房产买受人应当同时符合以下条件：①房产竞买人应当具备完全民事行为能力。②受房产所在地限购政策约束的竞买人，不得参与竞拍。③负责执行的人民法院、网络服务提供者、承担拍卖辅助工作的社会机构或者组织和其工作人员及其近亲属，不得参与与其行为相关的网络司法拍卖，也不得委托他人代为竞买。④正在设立中尚未正式成立的公司的发起人可以以设立中的公司的名义参与房产竞买。⑤失信被执行人一般不允许参与房产竞买。⑥法律、行政法规和司法解释对买受人资格或者条件有特殊规定的，竞买人应当具备规定的资格或者条件。

2. 优先购买权

笔者将民事强制执行程序中房产拍卖的优先购买权梳理如下：①《民法典》第 305 条规定的按份共有权人的优先购买权。②《民法典》第 726 条第 1 款规定的承租人的优先购买权，但按份共有人或出卖人的近亲属竞买的，优于承租人。③《公司法》第 72 条规定的有限责任公司股东的优先购买权。④《合伙企业法》第 23 条规定的合伙人的优先购买权,但合伙协议另有约定的除外。⑤在企业的厂房、土地拍卖中,《城镇国有土地使用权出让转让暂行条例》第 26 条第 1 款规定,土地使用权转让价格明显低于市场价格的,市、县人民政府有优先购买权。

(五)权利人通知

按照《网拍规定》第 16 条的规定,网络司法拍卖的事项应当在拍卖公告发布 3 日前以书面或者其他能够确认收悉的合理方式,通知当事人、已知优先购买权人。权利人书面明确放弃权利的,可以不通知。无法通知的,应当在网络司法拍卖平台公示并说明无法通知的理由,公示满 5 日视为已经通知。优先购买权人经通知未参与竞买的,视为放弃优先购买权。在执行实务操作中,执行人员可以在前期对当事人的信息采集中确定一种简便通知方式,如手机短信等,提前做好后期拍卖的准备工作。在执行中,发现存在利害关系人的,及时对利害关系人进行信息采集,提高后期执行效率。但是,《网拍规定》第 16 条规定的"权利人"不包括利害关系人,因此,人民法院决定对房产进行拍卖的,无须将网络司法拍卖的有关事项通知利害关系人。

(六)拍卖公告

1. 拍卖辅助事务

所谓拍卖辅助机构,即接受人民法院委托,从事司法拍卖辅助工作的社会机构或者组织。按照《网拍规定》第 7 条规定,人民法院可以委托拍卖辅助机构实施网络司法拍卖的辅助工作。在房产拍卖中,拍卖辅助机构主要承担以下工作:①制作拍卖房产的文字说明及视频或者照片等资料;②展示拍卖房产,接受咨询,引领查看等;③拍卖房产的管理等;④其他可以委托的拍卖辅助工作。司法拍卖辅助工作所支出的必要费用由被执行人承担。安徽省法院开展网络司法拍卖工作以来,笔者曾工作的宣城市中级人民法院较早地引入了司法辅助拍卖机构。笔者第一次进行网络司法拍卖是对宁国市某置业公司的 30 套房产进行处置,拍摄房产现状、上传房产资料、发布拍卖公告、组织引领看房等,司法拍卖辅助机构起到了较大的作用,由于执行效率较高,法院和司法拍卖辅助机构均收到了当事人的感谢锦旗。在实务操作中,笔者建议,有条件的法院可以探索扩大拍卖辅助机构的工作内容,通过完善执行联动机制,让拍卖辅助机构的工作在房产调查中就介入,如房产的涉税调查、物业费、电费等都可以由拍卖辅助机构来完成,包括后期的拍卖宣传,以及直播拍卖等工作。

2. 拍卖公告内容

完整的拍卖一般需要经过拍卖的表示、应买的意思表示、卖定的表示，拍卖公告属于拍卖表示阶段。按照《网拍规定》第 12 条第 2 款的规定，拍卖公告应当包括拍卖财产、价格、保证金、竞买人条件、拍卖财产已知瑕疵、相关权利义务、法律责任、拍卖时间、网络平台和拍卖法院等信息。

网络司法拍卖较之传统司法拍卖，除了拍卖公告之外，还多了信息公示的内容。按照《网拍规定》第 13 条的规定，在房产拍卖公告发布当日，执行法院还要通过网络司法拍卖平台公示下列信息：①拍卖公告；②执行所依据的法律文书，但法律规定不得公开的除外；③评估报告副本，或者未经评估的定价依据；④拍卖时间、起拍价以及竞价规则；⑤拍卖房产的权属、占有使用、附随义务等现状的文字说明、视频或者照片等；⑥优先购买权主体以及权利性质；⑦通知或者无法通知当事人、已知优先购买权人的情况；⑧拍卖保证金、拍卖款项支付方式和账户；⑨拍卖财产产权转移可能产生的税费及承担方式；⑩执行法院名称，联系、监督方式等；⑪其他应当公示的信息。

拍卖公告是信息公示的简洁版。拍卖公告要概括主要内容，信息公示要更加详细地披露拍卖房产的信息。在实务操作中，一些法院为了拍卖成交率，对房产的介绍采取了过度营销的理念，尽可能去展示它好的一面。笔者认为，应当本着客观公正的角度去描述房产现状，对房产存在的瑕疵情况如实披露，保证司法的权威性。

笔者认为，拍卖公告和信息公示均属于人民法院的执行行为。因此，如果当事人、利害关系人对拍卖公告有异议，可以按照《民诉法》第 232 条的规定提出执行异议，但如果案外人根据拍卖公告对拍卖的房产主张实体权利，应当按照《民诉法》第 234 条的规定选择救济。

拍卖公告和信息公示严重不实，有可能会导致拍卖行为被撤销。按照《网拍规定》第 31 条第 1 项的规定，由于拍卖财产的文字说明、视频或者照片展示以及瑕疵说明严重失实，致使买受人产生重大误解，购买目的无法实现的，当事人、利害关系人提出异议请求撤销网络司法拍卖，人民法院应当支持。

在司法实践中，一些法院为了减少麻烦，在拍卖公告中载明"不负责腾退交付"内容，这是违反规定的。按照这种做法的逻辑，如果被执行人或者其他占有人拒不腾空交付，买受人便不能寻求执行法院公权力救济，只能寻求私力救济，或者通过起诉被执行人或其他占有人要求腾空交付，法院在审理后判如所请，买受人又要申请强制执行腾空交付，由此造成诉累。为此，《善意文明执行意见》第 10 条明确规定，拍卖财产为不动产且被执行人或他人无权占用的，人民法院应当依法负责腾退，不得在公示信息中载明“不负责腾退交付”等信息。

3. 拍卖公告中税费承担

（1）关于拍卖交易环节中的税费承担问题

按照《网拍规定》第6条第3项的规定，实施网络司法拍卖的，人民法院应当确定税费负担。因此，在拍卖公告中，税费负担问题也是一个重要的问题。在司法实践中，经常会看到有的法院在拍卖公告中作“买受人承担一切税费”这样的表述。人们对此种做法有很大争议。一种观点认为，按照《网拍规定》第30条的规定，只有法律、行政法规对税费承担没有规定或者规定不明的，人民法院才可以根据法律原则和案件实际情况确定税费承担的相关主体、数额。因此，拍卖公告中“买受人承担一切税费”的做法违反司法解释的规定。最高人民法院的观点①也认为，这种做法是无效的。另一种观点认为，由于现实中存在税负转嫁现象，实际缴纳税款的人不一定是纳税义务人，也有可能是负税人，比如在现实的卖方市场占主导的二手房交易市场中，经常会有卖方在合同中拟定“交易产生的税费由买方承担”，这并不违反法律规定，因此，拍卖公告中“买受人承担一切税费”其实也是一种税负转嫁，买受人在明知拍卖公告存在税负转嫁的情况下仍参与竞买，视为接受这种税费承担方式。况且，关于房产拍卖中买受人到底要承担哪些税费，执行法院难以查明。在司法实践中，两种观点指导下的做法均存在。

尽管按照税法理论，负税人未必是纳税义务人，但是《网拍规定》第30条之所以规定税费承担的顺序为“先法定，后法院定”的方式是基于民法的公平原则，在民商事交往中，负税人与纳税义务人的分离主要由于交易双方在市场中存在强弱地位，而人民法院作为司法机关，其本身就具有维护社会公平正义的神圣职责，不应“一刀切”地在拍卖公告中设定“买受人承担一切税费”，这对买受人本身是不公平的。但笔者认为，现实中存在各种各样特殊的个案情况，如果有极个别特别的案件确有合理的理由，经过合议认定，拍卖公告确定“买受人承担一切税费”也无不妥。

拍卖交易环节中产生的税费如何实现？国家税务总局《关于人民法院强制执行被执行人财产有关税收问题的复函》作了如下规定：无论拍卖、变卖财产的行为是纳税人的自主行为，还是人民法院实施的强制执行活动，对拍卖、变卖财产的全部收

① 江必新、刘贵祥主编：《最高人民法院关于人民法院网络司法拍卖若干问题的规定理解与适用》，中国法制出版社2017年版，第398页。

人,纳税人均应依法申报缴纳税款;同时鉴于人民法院实际控制纳税人因强制执行活动而被拍卖、变卖财产的收入,根据《税收征管法》第5条的规定,人民法院应当协助税务机关依法优先从该收入中征收税款。在司法实践中,有的法院在拍卖结束后,从拍卖案款中将该税款予以扣除。笔者曾工作过的宣城市中级人民法院在2021年与当地税务部门、自然资源规划部门联合出台的《关于司法处置不动产转移登记涉税问题的实施意见》明确了人民法院应当于拍卖成交后足额预留出卖方(指被执行人、执行担保人等被人民法院裁定强制处置不动产的权利人)交易中应当缴纳的各项税费,出卖方的税费由人民法院从拍卖款中直接划转至税务部门。

(2)关于以物抵债的税费承担问题

首先,由人民法院确定税费承担方式。参照买卖交易方式,执行法院按照《网拍规定》第30条的规定确定税费承担主体。其次,可由以物抵债权利承受人先行垫付。由于现实中许多被执行人除拍卖的房产外,往往已无其他可供执行的财产,或者下落不明,应由被执行人承担的税款难以立即实现,因此,考虑到房产过户问题,应由被执行人承担的税款常由以物抵债权利承受人先行垫付。尽管这种做法并无法律规定,但是可以解决房产过户的现实障碍。最后,垫付款应视为实现债权的费用,可以对被执行人进行追偿。

(3)关于被执行人企业历史欠税的承担主体

在企业厂房、土地处置中,需要区分企业的历史欠税和房产拍卖交易中产生的税。所谓历史欠税是指纳税人在过去一段时间应当缴纳而未缴纳的税款。《网拍规定》第30条规定的税费是因网络司法拍卖本身形成的税费,实践中常常存在被执行人企业本身还有历史欠税情况,在企业厂房、土地拍卖后,买受人过户时不动产登记机关以企业尚有历史欠税为由不予办理过户登记手续。一些地方将此理解为“先税后证”。让买受人承受被执行人企业历史欠税的后果,显然是不妥的。

“先税后证”是国家税务总局2005年5月18日以国税发〔2005〕82号文下发的《关于进一步加强房地产税收管理的通知》提出的“契税管理先缴纳税款,后办理产权证书”的房地产税收管理方法。是为了保障房产交易环节国家税收能够实现的一种行政做法。“先税后证”存在于房产交易环节,即“先税”的“税”指交易中产生的税。执行法院处置被执行人的房产、土地所产生的税不被包括在历史欠税范围内。

那么企业的历史欠税应由谁作为负担主体?根据《税收征管法》第4条的规定,税收具有法定性,纳税人必须依照法律、行政法规的规定缴纳税款。即纳税是纳税人的义务,该义务不因其财产被司法拍卖而改变。在通常情况下,纳税人即负税人,也就是说,网络司法拍卖的买受人并不因参与拍卖就承继了被执行企业应当缴纳的历史欠税的义务,被执行人企业仍为纳税人,在一般情况下,税款仍应由被执行人企业进行缴纳。但现实中存在历史欠税的企业大多为“僵尸企业”,已经没有经济负担能力,历史欠税该如何实现征缴?笔者将在本书第十一讲中进行阐述。

4. 拍卖公告发布

(1)拍卖公告发出的时间

按照《网拍规定》第 12 条第 1 款的规定,拍卖房产应当在拍卖 30 日前公告。这是对一拍公告时间的规定,《网拍规定》第 26 条第 1 款对流拍后第二次拍卖公告的时间也作了规定,即一拍流拍后应当在 30 日内在同一网络司法拍卖平台上再次拍卖,在第二次拍卖 15 日前发布二拍公告。

拍卖公告一旦发布,就具有一定的确定性,如果在公告期内对公告内容有重大修改,则需要重新计算公告期限;否则,有可能会因为程序违法而导致拍卖行为被撤销。

(2)拍卖公告的发布途径

《网拍规定》第 12 条第 1 款规定了拍卖公告的两种发布途径:“法定途径发布 + 网络司法拍卖平台发布”。网络司法拍卖平台由当事人进行选择。那么,何为法定途径发布?《网拍规定》对此未有直接规定,该规定第 37 条第 3 款规定:“本规定对网络司法拍卖行为没有规定的,适用其他有关司法拍卖的规定。”因此,要适用拍卖法律的一般规定,按照《拍卖法》第 47 条的规定,拍卖公告应当通过报纸或者其他新闻媒介发布。最高人民法院①对此也予以认可。就房产拍卖而言,按照《拍卖变卖规定》第 9 条的规定:拍卖公告的范围及媒体由当事人双方协商确定;协商不成的,由人民法院确定。当事人申请在其他新闻媒体上公告或者要求扩大公告范围的,应当准许,但该部分的公告费用由其自行承担。由此看出来,现实中有一些执行法院仅在网络司法拍卖平台发布拍卖公告的做法是不符合法律规定的。

(七)起拍价、保证金和竞价增价幅度

1. 起拍价

(1)网络司法拍卖起拍价的一般规则

综合《网拍规定》第 10 条的规定,可以将网络司法拍卖起拍价的一般规则归纳

① 江必新、刘贵详主编:《最高人民法院关于人民法院网络司法拍卖若干问题的规定理解与适用》,中国法制出版社 2017 年版,第 171 页。

为:网络司法拍卖应当确定保留价,拍卖保留价即为起拍价。起拍价由人民法院参照评估价确定;未作议价、询价或评估的,参照市价确定,并征询当事人意见。起拍价不得低于评估价或者市价的70%。

(2)传统司法拍卖起拍价与网络司法拍卖起拍价的区别

最高人民法院2020年修改了一批涉执行的司法解释,其中对2004年《拍卖变卖规定》第8条进行了修改,原第8条为:“拍卖应当确定保留价。拍卖保留价由人民法院参照评估价确定;未作评估的,参照市价确定,并应当征询有关当事人的意见。人民法院确定的保留价,第一次拍卖时,不得低于评估价或者市价的百分之八十;如果出现流拍,再行拍卖时,可以酌情降低保留价,但每次降低的数额不得超过前次保留价的百分之二十。”修改后的条款为第5条:“拍卖应当确定保留价。拍卖财产经过评估的,评估价即为第一次拍卖的保留价;未作评估的,保留价由人民法院参照市价确定,并应当征询有关当事人的意见。如果出现流拍,再行拍卖时,可以酌情降低保留价,但每次降低的数额不得超过前次保留价的百分之二十。”由于《网拍规定》自2017年起施行,实践中就有一些人认为,2020年修正的《拍卖变卖规定》改变了《网拍规定》第10条的规定,评估价即为起拍价。这是一种误解,笔者认为,2020年修正后的《拍卖变卖规定》是对司法拍卖作的一般性规定,其第5条仅适用于传统司法拍卖,仅仅是改变了传统拍卖的起拍价规则,采取网络司法拍卖的,起拍价仍要按照《网拍规定》第10条确定。

(3)无益拍卖的起拍价

《拍卖变卖规定》第6条规定了无益拍卖的情形,即保留价确定后,依据本次拍卖保留价计算,拍卖所得价款在清偿优先债权和强制执行费用后无剩余可能的,应当在实施拍卖前将有关情况通知申请执行人。申请执行人于收到通知后5日内申请继续拍卖的,人民法院应当准许,但应当重新确定保留价;重新确定的保留价应当大于该优先债权及强制执行费用的总额。财产拍卖流拍的,拍卖费用由申请执行人负担。举例说明,在申请执行人甲与被执行人乙民间借贷纠纷一案中,法院判决乙需偿还甲20万元,甲申请法院查封了乙的房产,但经查,该房产设定有抵押,抵押权人为丙,抵押债权为40万元,执行中该房产评估价为35万元,如果该房产没有抵押,法院对该房产进行网络司法拍卖的一拍起拍价应不低于24.5万元,但由于丙的抵押权存在,拍卖案款很有可能无法偿还丙的优先债权,因此,甲坚持要进行拍卖的,起拍价至少为40万元加上执行费。此时较好的做法就是由抵押权人丙申请处置该房产,起拍价就可以适用《网拍规定》第10条的规定。

2. 保证金

结合《网拍规定》第17、23、24条的规定，保证金数额由人民法院在起拍价的5%～20%范围内确定。申请执行人参加竞买的，可以不交保证金；但债权数额小于保证金数额的按差额部分交纳。拍卖成交后，买受人交纳的保证金可以充抵价款；其他竞买人交纳的保证金应当在竞价程序结束后24小时内退还或者解冻。拍卖未成交的，竞买人交纳的保证金应当在竞价程序结束后24小时内退还或者解冻。拍卖成交后买受人悔拍的，交纳的保证金不予退还，依次用于支付拍卖产生的费用损失、弥补重新拍卖价款低于原拍卖价款的差价、冲抵本案被执行人的债务以及与拍卖财产相关的被执行人的债务。未缴纳保证金的申请执行人悔拍的，在应缴纳保证金范围内抵销其对被执行人的债权。悔拍后重新拍卖的，原买受人不得参加竞买。

3. 悔拍

《网拍规定》第24条规定了悔拍的处理。悔拍的法律后果是：①保证金不退还；②重新拍卖的，原买受人不得参加竞买。

有执行同行曾探讨过一个问题，如果买受人已经交纳全款，还能否悔拍？法律、司法解释并没有明确规定。从悔拍制度的设置目的看，是敦促买受人缴纳尾款，《拍卖变卖规定》第22条第1款就规定："拍卖成交或者以流拍的财产抵债后，买受人逾期未支付价款或者承受人逾期未补交差价而使拍卖、抵债的目的难以实现的，人民法院可以裁定重新拍卖。重新拍卖时，原买受人不得参加竞买。"这条实际上就是关于悔拍的规定，只是条文中没有使用"悔拍"的表述。《网拍规定》第24条直接规定了对悔拍的处理。从文义解释上看，该条规定并未禁止在尾款全部交纳后不能"悔拍"。因此，笔者倾向全款交纳后仍可以悔拍，只是悔拍后要承受悔拍的法律后果。

只要买受人逾期未交纳尾款，就一定作为悔拍处理吗？《拍卖变卖规定》第22条第1款规定，因未缴纳尾款而使拍卖、抵债的目的难以实现的，人民法院可以裁定重新拍卖。笔者认为，如果买受人有合理理由申请延期交纳尾款，执行法院可以允许。

4. 竞价增价幅度

按照《进一步规范网拍工作通知》的规定，加价幅度可参考以下原则确定：起拍价为10万元以下（含10万元）的标的物，加价幅度不宜超过起拍价的2%；起拍价为10万元至100万元（含100万元）的标的物，加价幅度不宜超过起拍价的1%；起拍价为100万元以上的标的物，加价幅度不宜超过起拍价的0.5%。

(八)组织看样和拍卖直播

按照《网拍规定》第 7 条的规定,组织看样的工作可以由拍卖辅助机构完成。在实务操作中,需要注意的是负责房产拍卖的执行人员与拍卖辅助机构工作人员需要对案件相关情况充分沟通,并且明确分工职责,拍卖辅助机构工作人员应当客观如实介绍房产,有关法律问题由执行人员进行解答,防止拍卖辅助机构工作人员越权解答法律问题,对竞买人造成重大误解。

在司法实践中,许多法院创新网拍工作,通过网络直播方式进行看样、拍卖,如安徽省法院近几年一直在开展"6·18"和"11·11"网拍节,笔者曾两年三次策划并组织实施宣城市两级法院司法网拍节,推动市中级法院与自然资源规划部门、税务部门联合出台了《关于司法处置不动产转移登记涉税问题的实施意见》,与全市各大农村商业银行签订"法拍贷"协议,助力网拍活动。在网拍举措上,充分运用信息化,通过"VR 看样 + 专家介绍拍品"、银行工作人员解读网拍贷款政策、税务部门工作人员介绍网拍过户税费政策等方式开展网络直播,取得了安徽司法网拍宣城经验。笔者建议,网络司法拍卖是一项系统性工作,执行法院应当充分发挥执行联动机制作用,与自然资源规划部门、税务部门、金融机构等建立产权登记、司法网拍贷款、税收联动的工作机制。只有从工作机制上打通,才能解决现实中一些执行人员经常诟病的在个案中难以协调解决的房产拍卖过不了户、拍卖税费不清晰、成交之后无法贷款等问题。

(九)拍卖降价和流拍后的处理

1. 降价

根据《网拍规定》第 26 条第 1 款的规定,一拍流拍后,进行二拍的,起拍价降价幅度不得超过一拍起拍价的 20%。需要注意的是,按照《网拍规定》第 27 条的规定,二拍降价幅度属于需要合议的重大事项。

2. 变卖

(1)二拍流拍后的变卖

按照《网拍规定》第 26 条第 2 款、第 37 条第 3 款的规定,网拍二拍流拍后,可以依法在同一网络司法拍卖平台变卖,变卖参照网络司法拍卖的规定执行。按照《做好网络拍卖变卖衔接的通知》第 2、3 条的规定,网拍二拍流拍后,人民法院应当于 10 日内询问申请执行人或其他执行债权人是否接受以物抵债。不接受以物抵债的,人民法院应当于网拍二拍流拍之日起15日内发布网络司法变卖公告。网络司法变卖期为60日,人民法院应当在公告中确定变卖期的开始时间。变卖房产应当在变卖期开始15日前公告。

(2)法定的直接变卖

房产处置是否可以不经拍卖程序直接进行变卖?符合条件的可以直接进行变卖,主要有以下规定:《民诉法》第254条、《拍卖变卖规定》第31条第1款、《善意文明执行意见》第9条第1款第2项、《做好网络拍卖变卖衔接的通知》第9条。按照以上规定,符合以下两个条件之一的,可以不经拍卖直接变卖:①当事人均不同意拍卖,或均同意直接变卖,且不损害其他债权人合法权益和社会公共利益的;②被执行人申请对查封财产不经拍卖直接变卖的,变卖款足以清偿所有执行债务的。

(3)被执行人的自行变卖

除法定的直接变卖外,被执行人申请自行变卖的,符合《执行规定》第33条、《善意文明执行意见》第9条第1款第1项和第3项、《助力小微企业发展指导意见》第19条规定的,应当准许。

3. 以物抵债

(1)法定以物抵债

法定的以物抵债有两种,一种是经过拍卖、变卖未能成交的抵债,另一种是房产无法拍卖或变卖情况下的抵债。就第一种情况,综合《做好网络拍卖变卖衔接的通知》第2条和《拍卖变卖规定》第16、25条的规定,可以将房产以物抵债的规则归纳如下:①在一拍、二拍、变卖的每一个环节结束后,均可以实施以物抵债;②拍卖或变卖结束后10日内询问申请执行人或其他执行债权人是否接受以物抵债。就第二种情况,按照《民诉法解释》第490条的规定,被执行人的财产无法拍卖或者变卖的,经申请执行人同意,且不损害其他债权人合法权益和社会公共利益的,人民法院可以将该项财产作价后交付申请执行人抵偿债务。

综合《拍卖变卖规定》第20条、《民诉法解释》第491条的规定,法定以物抵债可以归纳出以下规则:①依法定程序裁定以物抵债的,执行法院应当出具执行裁定书;②以流拍的财产抵债的,应于价款或需要补交的差价全额交付后10日内,将成交裁定书送达承受人;③标的物所有权自拍卖成交裁定或者抵债裁定送达买受人或者接受抵债物的债权人时转移。

关于法定以物抵债的交付和过户,可以参照拍卖成交房产的交付和过户的相关规定。

(2)合意以物抵债

合意的以物抵债本质上属于双方达成的和解,本书将在第十四讲“执行和解”中具体阐述。

4. 强制管理

综合《民诉法解释》第 490 条、《终本规定》第 4 条第 1 项的规定,可以将房产强制管理的规则归纳如下:①房产无法拍卖或者变卖的,经申请执行人同意,且不损害其他债权人合法权益和社会公共利益的,人民法院可以将该房产交付申请执行人管理;②房产经法定程序拍卖、变卖未成交,申请执行人不接受抵债或者依法不能交付其抵债的。房产的强制管理一般用于租赁,通过对外租赁,收取租金。笔者认为,人民法院对强制管理具有一定的监管职责,对管理方式、管理收益、收益分配应当进行审查。

强制管理是否需要解除查封?从《拍卖变卖规定》第 25 条、《民诉法解释》第 490 条的规定看,笔者认为,财产在经过拍卖、变卖仍无法变现或者无法拍卖、变卖的情况下,且当事人拒绝以物抵债,又不能采取强制管理等措施的,应当解除查封措施,将该财产退还被执行人。也就是说,只要还能够采取相关执行措施,则可以不解除查封。强制管理即为可以采取的一种措施,因此,裁定强制管理的,可以不解除查封。

这里有一个可能存在的问题,如果 A 法院裁定被执行人乙的房产交付申请执行人甲强制管理,甲将该房产出租给丙,乙因其他债务被 B 法院强制执行,B 法院对该房产进行轮候查封。那么 B 法院能否冻结丙对该房产的租金?有三种观点:第一种观点是可以冻结,因为该租金没有其他法院冻结。第二种观点是不能冻结,因为 A 法院已经裁定将乙的房产交付甲强制管理,甲将该房产出租给丙的行为系强制管理的一种方式,该租金系法定应偿还甲债务的一种责任财产。第三种观点是可以冻结,但该冻结仅产生轮候效力,因为强制管理也是一种强制执行措施,B 法院的冻结行为发生于 A 法院裁定强制管理行为之后。笔者认为,后两种观点都有一定的道理,租金的处分权已由于强制管理而特定,除非 B 法院的申请执行人对乙的债权属于优先债权。

5. 融资

《善意文明执行意见》第 9 条第 1 款第 5 项规定:“网络司法拍卖第二次流拍后,被执行人提出以流拍价融资的,人民法院应结合拍卖财产基本情况、流拍价与市场价差异程度以及融资期限等因素,酌情予以考虑。准许融资的,暂不启动以物抵债或强制变卖程序。”因此,融资可以作为房产拍卖流拍后的一种处理方式。

6. 其他措施

《善意文明执行意见》第 9 条第 1 款第 4 项规定:“财产经拍卖后流拍且执行债权人不接受抵债,第三人申请以流拍价购买的,可以准许。”该规定在流拍后的处理方式上增加了第三人购买这一方式。笔者曾在实际办案中探索过这种做法,在一起借款合同纠纷中依法拍卖被执行人经营的600 多套家具,在拍卖结束后,一些家具因无人竞买而流拍,但现场有人表示愿意出价购买,经合议,同意以流拍价进行现场购买。该探索符合上述规定的精神。

7. 解封退还

如前所述,房产在拍卖流拍、变卖未成交,或者不能拍卖、变卖,且当事人拒绝以物抵债,又不能采取强制管理等措施的,应当解除查封措施,将该财产退还被执行人。

四、成交处理

1. 成交

房产拍卖成交后,按照《网拍规定》第 22 条第 1 款的规定,由网络司法拍卖平台以买受人的真实身份自动生成确认书并公示。在现实中,经常会有一些买受人在拍卖成交后要求执行法院出具成交确认书,而实际上,成交确认书是网络司法拍卖平台自动生成的,无须人民法院出具。买受人可以直接从网络司法拍卖平台进行下载打印。

在尾款缴纳后,人民法院应当按照《拍卖变卖规定》第 20 条的规定,作出执行裁定,并于价款或者需要补交的差价全额交付后 10 日内,送达买受人。按照《网拍规定》第 22 条第 2 款的规定,拍卖房产的所有权自拍卖成交裁定送达买受人时转移。

2. 交付

按照《拍卖变卖规定》第 27 条的规定,人民法院应当于成交裁定送达后 15 日内,将拍卖的房产移交买受人。被执行人或者第三人占有拍卖房产应当移交而拒不移交的,强制执行。

在实务操作中,如果房产查封后指定管理人,执行人员可以通知管理人向买受人进行交付,房产“活封”继续由被执行人占有的,执行人员可以直接通知被执行人向买受人交付,交付手续附卷备查。笔者认为,房产交付不同于动产交付,房产交付实际上是确立一种买受人的合法占有状态,因此,执行人员不一定要在拍卖房产现场向买受人办理交付手续,只要将房屋钥匙交予买受人,签署书面交付手续即可。

因此，如果拍卖房产在异地，执行法院既可以委托异地法院进行交付，也可以将房产钥匙直接或邮寄交付给买受人。

3. 强制迁出

(1)强制迁出公告

被执行人的房产经过网络司法拍卖成交后，被执行人或者不能排除执行交付的占有人应当在执行法院指定的期限内交付房屋，拒不交付的，人民法院可以发出强制迁出公告，根据《民诉法》第 257 条第 1 款，公告由院长签发，公告期满后，被执行人或上述占有人拒不迁出的，可以强制执行。在实务操作中，在房产查封拟处置期间，执行人员就应当将房产拍卖后的法律后果告知被执行人或有关占有人，消解其对抗执行的侥幸心理。

(2)强制迁出有关财物处理

结合《民诉法》第 257 条第 2、3 款和最高人民法院《关于法院执行程序中能否对案外人财产进行处理的请示的答复》的规定，笔者将强制迁出有关财物处理规则归纳如下：

①通知程序。采取强制迁出措施应当通知被执行人或有关占有人(本人或者成年家属、法定代表人或者主要负责人)到场，但经通知拒不到场的，不影响执行。被执行人或有关占有人是公民的，其工作单位或者房屋、土地所在地的基层组织应当派人参加。可见，通知是执行法院的职责，也是必经程序，被执行人或有关占有人实际到不到场，并不影响执行，被执行人或有关占有人的工作单位或房屋、土地所在地基层组织派人参加属于法定协助义务。

②财物处理。强制迁出被搬出的财物，由人民法院派人运至指定处所，交给被执行人或有关占有人(本人或成年家属)。因拒绝接收而造成的损失，由被执行人或有关占有人承担。这些财物，人民法院可以指定他人保管并通知领取，被执行人或有关占有人不领取或下落不明的，为避免保管费用过高或财产价值减损，人民法院可以处分该财产，处分所得价款扣除搬迁、保管及拍卖变卖等相关费用后，保存于人民法院账户，通知被执行人或有关占有人领取。

③全程记录。执行人员应当将强制执行情况记入笔录，由在场人签名或者盖章。

(3)强制执行的实务经验

尽管法律、司法解释对强制迁出作了规定，但并不细致，有关规定仅仅是对权利义务、职权责任的分配，而强制执行不仅仅是法律问题，尤其是强制迁出，可能还涉及社会稳定等问题。因此,对强制迁出就需要从社会综合治理的方面综合考虑,做到政治效果、法律效果和社会效果的统一。因此,制定强制迁出方案就尤为重要。在强制迁出行动采取之前,需要进行社会稳定风险评估,综合研判被执行人或有关占有人的性格、年龄、家庭情况、社会背景等,对房产为大型厂房有众多占有人或者整楼房屋有众多占有人的,可以考虑约谈代表、各个击破等方式。有的法院采取停水断电的方式,笔者认为,由于该措施涉及人的基本生活保障,在确保通知、警告到位的情况下方可采取。必要时,可以会同公安、消防、城管、医疗等部门采取专项行动,还可以邀请人大代表、政协委员及媒体记者参加,亦可以通过网络直播方式,将执法暴露在阳光下,赢得社会支持,将舆论仗打在舆情发生的前头,掌握舆论引导主动权。

4. 交付后被执行人或有关占有人的妨碍执行行为处理

按照《民诉法解释》第 519 条的规定:拍卖房产交付 6 个月内,被执行人或者其他人对已交付的房产有妨害行为的,人民法院可以依买受人的申请排除妨害,并可以进行处罚。因妨害行为给执行债权人或者房产买受人造成损失的,受害人可以另行起诉。那么,如果拍卖房产交付超过 6 个月呢? 笔者认为,买受人可以提起民事诉讼主张权利。

5. 过户登记

人民法院通过网络司法拍卖处置房产,成交后出具成交裁定,交付房屋,到此,应该说就已经完成了司法拍卖行为了。然而现实中还有一个非常重要的问题常常牵扯法院的精力,即过户问题。成交裁定或以物抵债裁定上往往会写上一句话“买受人(以物抵债权利承受人)可持本裁定到产权登记机关办理产权转移手续”,在拍卖公告中,往往也会看到“买受人自行办理过户手续”的表述。可见,办理产权过户手续并非人民法院的义务。

所谓过户登记,即《不动产登记暂行条例》第 3 条规定的“转移登记”。根据物权法定主义,房产一般要通过登记才能取得所有权。《民法典》第 209 条规定了物权取得的两种方式:“登记 + 例外”。根据《民法典》第 229 条和《民法典物权编解释(一)》第 7 条、《民诉法解释》第 491 条的规定,成交裁定书、以物抵债裁定书是导致物权设立、变更、转让或者消灭的法律文书,拍卖房产所有权自拍卖成交裁定送达买受人时转移。也就是说,房产因司法拍卖而发生所有权变动的,属于《民法典》第 209 条规定的“例外”方式取得所有权的情况,无须登记即取得所有权。只是按照《民法典》第 232 条的规定,如果买受人要处分该房产,就需要办理登记,未经登记,不发生物权效力。

在司法实践中，许多法院对于司法拍卖房产过户的做法是向不动产登记部门发出协助过户通知书。笔者认为，这种做法并不妥当，首先要厘清不动产登记部门办理司法拍卖房产过户登记的性质，房产过户登记属于行政权，因司法拍卖发生房产所有权变动的登记，按照《不动产登记暂行条例》第 14 条第 2 款第 3 项的规定，买受人或以物抵债权利承受人可以持成交裁定或以物抵债裁定单方向不动产登记部门申请转移登记。有的法院向不动产登记部门发出协助执行通知书的行为实际上是司法权对行政权的越界。笔者在法院工作时，在执笔起草《关于司法处置不动产转移登记涉税问题的实施意见》时特别对这一问题进行界定，其中第 8 条就作了这样的规定："人民法院收到税收完税凭证和发票后，应在七日内向自然资源规划部门（不动产登记机构）送达发生物权变动效力的执行裁定书和通知书（载明不动产处置有关信息、出卖方完税情况），同时通知买受人自行到税务部门缴纳交易中形成的税费，并到自然资源规划部门（不动产登记机构）办理过户手续。自然资源规划部门（不动产登记机构）收到买受人转移登记申请的，依照《不动产登记暂行条例》第十四条第二款第（三）项办理登记手续。"在实务操作中，笔者建议，可以将房产拍卖情况函告或通知不动产登记部门，附上成交裁定书或以物抵债裁定书，函告或通知其按照相关规定办理产权转移登记，而不宜发出协助执行通知书。

◆ 参考案例

上海市第一中级人民法院（2017）沪 01 执复 109 号

［**裁判要旨**］拍卖财产的文字说明、视频或者照片展示以及瑕疵说明严重失实，致使买受人产生重大误解，购买目的无法实现的，利害关系人提出异议，请求撤销网络司法拍卖的，人民法院应当支持。

◆ 参考规定

《民法典》

第二百零九条　不动产物权的设立、变更、转让和消灭，经依法登记，发生效力；未经登记，不发生效力，但是法律另有规定的除外。

依法属于国家所有的自然资源，所有权可以不登记。

第二百二十九条　因人民法院、仲裁机构的法律文书或者人民政府的征收决定等,导致物权设立、变更、转让或者消灭的,自法律文书或者征收决定等生效时发生效力。

第二百三十二条　处分依照本节规定享有的不动产物权,依照法律规定需要办理登记的,未经登记,不发生物权效力。

第三百零五条　按份共有人可以转让其享有的共有的不动产或者动产份额。其他共有人在同等条件下享有优先购买的权利。

第七百二十六条　出租人出卖租赁房屋的,应当在出卖之前的合理期限内通知承租人,承租人享有以同等条件优先购买的权利;但是,房屋按份共有人行使优先购买权或者出租人将房屋出卖给近亲属的除外。

出租人履行通知义务后,承租人在十五日内未明确表示购买的,视为承租人放弃优先购买权。

《公司法》

第七十二条　人民法院依照法律规定的强制执行程序转让股东的股权时,应当通知公司及全体股东,其他股东在同等条件下有优先购买权。其他股东自人民法院通知之日起满二十日不行使优先购买权的,视为放弃优先购买权。

《合伙企业法》

第二十三条　合伙人向合伙人以外的人转让其在合伙企业中的财产份额的,在同等条件下,其他合伙人有优先购买权;但是,合伙协议另有约定的除外。

《民诉法》

第二百三十二条　当事人、利害关系人认为执行行为违反法律规定的,可以向负责执行的人民法院提出书面异议。当事人、利害关系人提出书面异议的,人民法院应当自收到书面异议之日起十五日内审查,理由成立的,裁定撤销或者改正;理由不成立的,裁定驳回。当事人、利害关系人对裁定不服的,可以自裁定送达之日起十日内向上一级人民法院申请复议。

第二百三十三条　人民法院自收到申请执行书之日起超过六个月未执行的,申请执行人可以向上一级人民法院申请执行。上一级人民法院经审查,可以责令原人民法院在一定期限内执行,也可以决定由本院执行或者指令其他人民法院执行。

第二百三十四条　执行过程中,案外人对执行标的提出书面异议的,人民法院应当自收到书面异议之日起十五日内审查,理由成立的,裁定中止对该标的的执行;理由不成立的,裁定驳回。案外人、当事人对裁定不服,认为原判决、裁定错误的,依照审判监督程序办理;与原判决、裁定无关的,可以自裁定送达之日起十五日内向人民法院提起诉讼。

第二百五十一条　被执行人未按执行通知履行法律文书确定的义务，人民法院有权查封、扣押、冻结、拍卖、变卖被执行人应当履行义务部分的财产。但应当保留被执行人及其所扶养家属的生活必需品。

采取前款措施，人民法院应当作出裁定。

第二百五十四条　财产被查封、扣押后，执行员应当责令被执行人在指定期间履行法律文书确定的义务。被执行人逾期不履行的，人民法院应当拍卖被查封、扣押的财产；不适于拍卖或者当事人双方同意不进行拍卖的，人民法院可以委托有关单位变卖或者自行变卖。国家禁止自由买卖的物品，交有关单位按照国家规定的价格收购。

第二百五十七条　强制迁出房屋或者强制退出土地，由院长签发公告，责令被执行人在指定期间履行。被执行人逾期不履行的，由执行员强制执行。

强制执行时，被执行人是公民的，应当通知被执行人或者他的成年家属到场；被执行人是法人或者其他组织的，应当通知其法定代表人或者主要负责人到场。拒不到场的，不影响执行。被执行人是公民的，其工作单位或者房屋、土地所在地的基层组织应当派人参加。执行员应当将强制执行情况记入笔录，由在场人签名或者盖章。

强制迁出房屋被搬出的财物，由人民法院派人运至指定处所，交给被执行人。被执行人是公民的，也可以交给他的成年家属。因拒绝接收而造成的损失，由被执行人承担。

《税收征管法》

第四条　法律、行政法规规定负有纳税义务的单位和个人为纳税人。

法律、行政法规规定负有代扣代缴、代收代缴税款义务的单位和个人为扣缴义务人。

纳税人、扣缴义务人必须依照法律、行政法规的规定缴纳税款、代扣代缴、代收代缴税款。

第五条　国务院税务主管部门主管全国税收征收管理工作。各地国家税务局和地方税务局应当按照国务院规定的税收征收管理范围分别进行征收管理。

地方各级人民政府应当依法加强对本行政区域内税收征收管理工作的领导或者协调，支持税务机关依法执行职务，依照法定税率计算税额，依法征收税款。

各有关部门和单位应当支持、协助税务机关依法执行职务。

税务机关依法执行职务,任何单位和个人不得阻挠。

第三十七条　对未按照规定办理税务登记的从事生产、经营的纳税人以及临时从事经营的纳税人,由税务机关核定其应纳税额,责令缴纳;不缴纳的,税务机关可以扣押其价值相当于应纳税款的商品、货物。扣押后缴纳应纳税款的,税务机关必须立即解除扣押,并归还所扣押的商品、货物;扣押后仍不缴纳应纳税款的,经县以上税务局(分局)局长批准,依法拍卖或者变卖所扣押的商品、货物,以拍卖或者变卖所得抵缴税款。

第三十八条　税务机关有根据认为从事生产、经营的纳税人有逃避纳税义务行为的,可以在规定的纳税期之前,责令限期缴纳应纳税款;在限期内发现纳税人有明显的转移、隐匿其应纳税的商品、货物以及其他财产或者应纳税的收入的迹象的,税务机关可以责成纳税人提供纳税担保。如果纳税人不能提供纳税担保,经县以上税务局(分局)局长批准,税务机关可以采取下列税收保全措施:

(一)书面通知纳税人开户银行或者其他金融机构冻结纳税人的金额相当于应纳税款的存款;

(二)扣押、查封纳税人的价值相当于应纳税款的商品、货物或者其他财产。

纳税人在前款规定的限期内缴纳税款的,税务机关必须立即解除税收保全措施;限期期满仍未缴纳税款的,经县以上税务局(分局)局长批准,税务机关可以书面通知纳税人开户银行或者其他金融机构从其冻结的存款中扣缴税款,或者依法拍卖或者变卖所扣押、查封的商品、货物或者其他财产,以拍卖或者变卖所得抵缴税款。

个人及其所扶养家属维持生活必需的住房和用品,不在税收保全措施的范围之内。

第四十条　从事生产、经营的纳税人、扣缴义务人未按照规定的期限缴纳或者解缴税款,纳税担保人未按照规定的期限缴纳所担保的税款,由税务机关责令限期缴纳,逾期仍未缴纳的,经县以上税务局(分局)局长批准,税务机关可以采取下列强制执行措施:

(一)书面通知其开户银行或者其他金融机构从其存款中扣缴税款;

(二)扣押、查封、依法拍卖或者变卖其价值相当于应纳税款的商品、货物或者其他财产,以拍卖或者变卖所得抵缴税款。

税务机关采取强制执行措施时,对前款所列纳税人、扣缴义务人、纳税担保人未缴纳的滞纳金同时强制执行。

个人及其所扶养家属维持生活必需的住房和用品,不在强制执行措施的范围之内。

第四十五条　税务机关征收税款，税收优先于无担保债权，法律另有规定的除外；纳税人欠缴的税款发生在纳税人以其财产设定抵押、质押或者纳税人的财产被留置之前的，税收应当先于抵押权、质权、留置权执行。

纳税人欠缴税款，同时又被行政机关决定处以罚款、没收违法所得的，税收优先于罚款、没收违法所得。

税务机关应当对纳税人欠缴税款的情况定期予以公告。

《拍卖法》

第四十七条　拍卖公告应当通过报纸或者其他新闻媒介发布。

《不动产登记暂行条例》

第三条　不动产首次登记、变更登记、转移登记、注销登记、更正登记、异议登记、预告登记、查封登记等，适用本条例。

第十四条　因买卖、设定抵押权等申请不动产登记的，应当由当事人双方共同申请。

属于下列情形之一的，可以由当事人单方申请：

（一）尚未登记的不动产首次申请登记的；

（二）继承、接受遗赠取得不动产权利的；

（三）人民法院、仲裁委员会生效的法律文书或者人民政府生效的决定等设立、变更、转让、消灭不动产权利的；

（四）权利人姓名、名称或者自然状况发生变化，申请变更登记的；

（五）不动产灭失或者权利人放弃不动产权利，申请注销登记的；

（六）申请更正登记或者异议登记的；

（七）法律、行政法规规定可以由当事人单方申请的其他情形。

《城镇国有土地使用权出让转让暂行条例》

第二十六条　土地使用权转让价格明显低于市场价格的，市、县人民政府有优先购买权。

土地使用权转让的市场价格不合理上涨时，市、县人民政府可以采取必要的措施。

《民法典物权编解释（一）》

第七条　人民法院、仲裁机构在分割共有不动产或者动产等案件中作出并依法生效的改变原有物权关系的判决书、裁决书、调解书，以及人民法院在执行程序中作出的拍卖成交裁定书、变卖成交裁定书、以物抵债裁定书,应当认定为民法典第二百二十九条所称导致物权设立、变更、转让或者消灭的人民法院、仲裁机构的法律文书。

《民诉法解释》

第四百八十四条　对被执行的财产,人民法院非经查封、扣押、冻结不得处分。对银行存款等各类可以直接扣划的财产,人民法院的扣划裁定同时具有冻结的法律效力。

第四百九十条　被执行人的财产无法拍卖或者变卖的,经申请执行人同意,且不损害其他债权人合法权益和社会公共利益的,人民法院可以将该项财产作价后交付申请执行人抵偿债务,或者交付申请执行人管理;申请执行人拒绝接收或者管理的,退回被执行人。

第四百九十一条　拍卖成交或者依法定程序裁定以物抵债的,标的物所有权自拍卖成交裁定或者抵债裁定送达买受人或者接受抵债物的债权人时转移。

第五百一十九条　在执行终结六个月内,被执行人或者其他人对已执行的标的有妨害行为的,人民法院可以依申请排除妨害,并可以依照民事诉讼法第一百一十四条规定进行处罚。因妨害行为给执行债权人或者其他人造成损失的,受害人可以另行起诉。

《财产保全规定》

第二十一条　保全法院在首先采取查封、扣押、冻结措施后超过一年未对被保全财产进行处分的,除被保全财产系争议标的外,在先轮候查封、扣押、冻结的执行法院可以商请保全法院将被保全财产移送执行。但司法解释另有特别规定的,适用其规定。

保全法院与在先轮候查封、扣押、冻结的执行法院就移送被保全财产发生争议的,可以逐级报请共同的上级法院指定该财产的执行法院。

共同的上级法院应当根据被保全财产的种类及所在地、各债权数额与被保全财产价值之间的关系等案件具体情况指定执行法院,并督促其在指定期限内处分被保全财产。

最高人民法院《关于首先查封法院与优先债权执行法院处分查封财产有关问题的批复》

福建省高级人民法院:

你院《关于解决法院首封处分权与债权人行使优先受偿债权冲突问题的请示》

（闽高法〔2015〕261号）收悉。经研究，批复如下：

一、执行过程中，应当由首先查封、扣押、冻结（以下简称查封）法院负责处分查封财产。但已进入其他法院执行程序的债权对查封财产有顺位在先的担保物权、优先权（该债权以下简称优先债权），自首先查封之日起已超过60日，且首先查封法院就该查封财产尚未发布拍卖公告或者进入变卖程序的，优先债权执行法院可以要求将该查封财产移送执行。

二、优先债权执行法院要求首先查封法院将查封财产移送执行的，应当出具商请移送执行函，并附确认优先债权的生效法律文书及案件情况说明。

首先查封法院应当在收到优先债权执行法院商请移送执行函之日起15日内出具移送执行函，将查封财产移送优先债权执行法院执行，并告知当事人。

移送执行函应当载明将查封财产移送执行及首先查封债权的相关情况等内容。

三、财产移送执行后，优先债权执行法院在处分或继续查封该财产时，可以持首先查封法院移送执行函办理相关手续。

优先债权执行法院对移送的财产变价后，应当按照法律规定的清偿顺序分配，并将相关情况告知首先查封法院。

首先查封债权尚未经生效法律文书确认的，应当按照首先查封债权的清偿顺位，预留相应份额。

四、首先查封法院与优先债权执行法院就移送查封财产发生争议的，可以逐级报请双方共同的上级法院指定该财产的执行法院。

共同的上级法院根据首先查封债权所处的诉讼阶段、查封财产的种类及所在地、各债权数额与查封财产价值之间的关系等案件具体情况，认为由首先查封法院执行更为妥当的，也可以决定由首先查封法院继续执行，但应当督促其在指定期限内处分查封财产。

此复。

《民诉法执行程序解释》

第二条　对两个以上人民法院都有管辖权的执行案件，人民法院在立案前发现其他有管辖权的人民法院已经立案的，不得重复立案。

立案后发现其他有管辖权的人民法院已经立案的，应当撤销案件；已经采取执行措施的，应当将控制的财产交先立案的执行法院处理。

第四条　对人民法院采取财产保全措施的案件，申请执行人向采取保全措施的人民法院以外的其他有管辖权的人民法院申请执行的，采取保全措施的人民法院应当将保全的财产交执行法院处理。

《拍卖变卖规定》

第一条　在执行程序中，被执行人的财产被查封、扣押、冻结后，人民法院应当及时进行拍卖、变卖或者采取其他执行措施。

第二条　人民法院对查封、扣押、冻结的财产进行变价处理时，应当首先采取拍卖的方式，但法律、司法解释另有规定的除外。

第五条　拍卖应当确定保留价。

拍卖财产经过评估的，评估价即为第一次拍卖的保留价；未作评估的，保留价由人民法院参照市价确定，并应当征询有关当事人的意见。

如果出现流拍，再行拍卖时，可以酌情降低保留价，但每次降低的数额不得超过前次保留价的百分之二十。

第六条　保留价确定后，依据本次拍卖保留价计算，拍卖所得价款在清偿优先债权和强制执行费用后无剩余可能的，应当在实施拍卖前将有关情况通知申请执行人。申请执行人于收到通知后五日内申请继续拍卖的，人民法院应当准许，但应当重新确定保留价；重新确定的保留价应当大于该优先债权及强制执行费用的总额。

依照前款规定流拍的，拍卖费用由申请执行人负担。

第九条　拍卖公告的范围及媒体由当事人双方协商确定；协商不成的，由人民法院确定。拍卖财产具有专业属性的，应当同时在专业性报纸上进行公告。

当事人申请在其他新闻媒体上公告或者要求扩大公告范围的，应当准许，但该部分的公告费用由其自行承担。

第二十条　拍卖成交或者以流拍的财产抵债的，人民法院应当作出裁定，并于价款或者需要补交的差价全额交付后十日内，送达买受人或者承受人。

第二十二条　拍卖成交或者以流拍的财产抵债后，买受人逾期未支付价款或者承受人逾期未补交差价而使拍卖、抵债的目的难以实现的，人民法院可以裁定重新拍卖。重新拍卖时，原买受人不得参加竞买。

重新拍卖的价款低于原拍卖价款造成的差价、费用损失及原拍卖中的佣金，由原买受人承担。人民法院可以直接从其预交的保证金中扣除。扣除后保证金有剩余的，应当退还原买受人；保证金数额不足的，可以责令原买受人补交；拒不补交的，强制执行。

第二十五条　对于第二次拍卖仍流拍的不动产或者其他财产权，人民法院可以依照本规定第十六条的规定将其作价交申请执行人或者其他执行债权人抵债。申请执行人或者其他执行债权人拒绝接受或者依法不能交付其抵债的,应当在六十日内进行第三次拍卖。

第三次拍卖流拍且申请执行人或者其他执行债权人拒绝接受或者依法不能接受该不动产或者其他财产权抵债的,人民法院应当于第三次拍卖终结之日起七日内发出变卖公告。自公告之日起六十日内没有买受人愿意以第三次拍卖的保留价买受该财产,且申请执行人、其他执行债权人仍不表示接受该财产抵债的,应当解除查封、冻结,将该财产退还被执行人,但对该财产可以采取其他执行措施的除外。

第二十七条 人民法院裁定拍卖成交或者以流拍的财产抵债后,除有依法不能移交的情形外,应当于裁定送达后十五日内,将拍卖的财产移交买受人或者承受人。被执行人或者第三人占有拍卖财产应当移交而拒不移交的,强制执行。

第三十一条 对查封、扣押、冻结的财产,当事人双方及有关权利人同意变卖的,可以变卖。

金银及其制品、当地市场有公开交易价格的动产、易腐烂变质的物品、季节性商品、保管困难或者保管费用过高的物品,人民法院可以决定变卖。

《网拍规定》

第二条 人民法院以拍卖方式处置财产的,应当采取网络司法拍卖方式,但法律、行政法规和司法解释规定必须通过其他途径处置,或者不宜采用网络拍卖方式处置的除外。

第五条 网络服务提供者由申请执行人从名单库中选择;未选择或者多个申请执行人的选择不一致的,由人民法院指定。

第六条 实施网络司法拍卖的,人民法院应当履行下列职责:

(一)制作、发布拍卖公告;

(二)查明拍卖财产现状、权利负担等内容,并予以说明;

(三)确定拍卖保留价、保证金的数额、税费负担等;

(四)确定保证金、拍卖款项等支付方式;

(五)通知当事人和优先购买权人;

(六)制作拍卖成交裁定;

(七)办理财产交付和出具财产权证照转移协助执行通知书;

(八)开设网络司法拍卖专用账户;

(九)其他依法由人民法院履行的职责。

第七条 实施网络司法拍卖的,人民法院可以将下列拍卖辅助工作委托社会机构或者组织承担：

（一）制作拍卖财产的文字说明及视频或者照片等资料；

（二）展示拍卖财产，接受咨询，引领查看，封存样品等；

（三）拍卖财产的鉴定、检验、评估、审计、仓储、保管、运输等；

（四）其他可以委托的拍卖辅助工作。

社会机构或者组织承担网络司法拍卖辅助工作所支出的必要费用由被执行人承担。

第十条　网络司法拍卖应当确定保留价，拍卖保留价即为起拍价。

起拍价由人民法院参照评估价确定；未作评估的，参照市价确定，并征询当事人意见。起拍价不得低于评估价或者市价的百分之七十。

第十一条　网络司法拍卖不限制竞买人数量。一人参与竞拍，出价不低于起拍价的，拍卖成交。

第十二条　网络司法拍卖应当先期公告，拍卖公告除通过法定途径发布外，还应同时在网络司法拍卖平台发布。拍卖动产的，应当在拍卖十五日前公告；拍卖不动产或者其他财产权的，应当在拍卖三十日前公告。

拍卖公告应当包括拍卖财产、价格、保证金、竞买人条件、拍卖财产已知瑕疵、相关权利义务、法律责任、拍卖时间、网络平台和拍卖法院等信息。

第十三条　实施网络司法拍卖的，人民法院应当在拍卖公告发布当日通过网络司法拍卖平台公示下列信息：

（一）拍卖公告；

（二）执行所依据的法律文书，但法律规定不得公开的除外；

（三）评估报告副本，或者未经评估的定价依据；

（四）拍卖时间、起拍价以及竞价规则；

（五）拍卖财产权属、占有使用、附随义务等现状的文字说明、视频或者照片等；

（六）优先购买权主体以及权利性质；

（七）通知或者无法通知当事人、已知优先购买权人的情况；

（八）拍卖保证金、拍卖款项支付方式和账户；

（九）拍卖财产产权转移可能产生的税费及承担方式；

（十）执行法院名称，联系、监督方式等；

（十一）其他应当公示的信息。

第十四条　实施网络司法拍卖的，人民法院应当在拍卖公告发布当日通过网络司法拍卖平台对下列事项予以特别提示：

（一）竞买人应当具备完全民事行为能力，法律、行政法规和司法解释对买受人资格或者条件有特殊规定的，竞买人应当具备规定的资格或者条件；

（二）委托他人代为竞买的，应当在竞价程序开始前经人民法院确认，并通知网络服务提供者；

（三）拍卖财产已知瑕疵和权利负担；

（四）拍卖财产以实物现状为准，竞买人可以申请实地看样；

（五）竞买人决定参与竞买的，视为对拍卖财产完全了解，并接受拍卖财产一切已知和未知瑕疵；

（六）载明买受人真实身份的拍卖成交确认书在网络司法拍卖平台上公示；

（七）买受人悔拍后保证金不予退还。

第十六条　网络司法拍卖的事项应当在拍卖公告发布三日前以书面或者其他能够确认收悉的合理方式，通知当事人、已知优先购买权人。权利人书面明确放弃权利的，可以不通知。无法通知的，应当在网络司法拍卖平台公示并说明无法通知的理由，公示满五日视为已经通知。

优先购买权人经通知未参与竞买的，视为放弃优先购买权。

第十七条　保证金数额由人民法院在起拍价的百分之五至百分之二十范围内确定。

竞买人应当在参加拍卖前以实名交纳保证金，未交纳的，不得参加竞买。申请执行人参加竞买的，可以不交保证金；但债权数额小于保证金数额的按差额部分交纳。

交纳保证金，竞买人可以向人民法院指定的账户交纳，也可以由网络服务提供者在其提供的支付系统中对竞买人的相应款项予以冻结。

第二十二条　网络司法拍卖成交的，由网络司法拍卖平台以买受人的真实身份自动生成确认书并公示。

拍卖财产所有权自拍卖成交裁定送达买受人时转移。

第二十三条　拍卖成交后，买受人交纳的保证金可以充抵价款；其他竞买人交纳的保证金应当在竞价程序结束后二十四小时内退还或者解冻。拍卖未成交的，竞买人交纳的保证金应当在竞价程序结束后二十四小时内退还或者解冻。

第二十四条　拍卖成交后买受人悔拍的，交纳的保证金不予退还，依次用于支付拍卖产生的费用损失、弥补重新拍卖价款低于原拍卖价款的差价、冲抵本案被执行人的债务以及与拍卖财产相关的被执行人的债务。

悔拍后重新拍卖的,原买受人不得参加竞买。

第二十六条　网络司法拍卖竞价期间无人出价的,本次拍卖流拍。流拍后应当在三十日内在同一网络司法拍卖平台再次拍卖,拍卖动产的应当在拍卖七日前公告;拍卖不动产或者其他财产权的应当在拍卖十五日前公告。再次拍卖的起拍价降价幅度不得超过前次起拍价的百分之二十。

再次拍卖流拍的,可以依法在同一网络司法拍卖平台变卖。

第二十七条　起拍价及其降价幅度、竞价增价幅度、保证金数额和优先购买权人竞买资格及其顺序等事项,应当由人民法院依法组成合议庭评议确定。

第三十条　因网络司法拍卖本身形成的税费,应当依照相关法律、行政法规的规定,由相应主体承担;没有规定或者规定不明的,人民法院可以根据法律原则和案件实际情况确定税费承担的相关主体、数额。

第三十一条　当事人、利害关系人提出异议请求撤销网络司法拍卖,符合下列情形之一的,人民法院应当支持:

(一)由于拍卖财产的文字说明、视频或者照片展示以及瑕疵说明严重失实,致使买受人产生重大误解,购买目的无法实现的,但拍卖时的技术水平不能发现或者已经就相关瑕疵以及责任承担予以公示说明的除外;

(二)由于系统故障、病毒入侵、黑客攻击、数据错误等原因致使拍卖结果错误,严重损害当事人或者其他竞买人利益的;

(三)竞买人之间,竞买人与网络司法拍卖服务提供者之间恶意串通,损害当事人或者其他竞买人利益的;

(四)买受人不具备法律、行政法规和司法解释规定的竞买资格的;

(五)违法限制竞买人参加竞买或者对享有同等权利的竞买人规定不同竞买条件的;

(六)其他严重违反网络司法拍卖程序且损害当事人或者竞买人利益的情形。

第三十四条　实施网络司法拍卖的,下列机构和人员不得竞买并不得委托他人代为竞买与其行为相关的拍卖财产:

(一)负责执行的人民法院;

(二)网络服务提供者;

(三)承担拍卖辅助工作的社会机构或者组织;

(四)第(一)至(三)项规定主体的工作人员及其近亲属。

第三十七条　人民法院通过互联网平台以变卖方式处置财产的，参照本规定执行。

执行程序中委托拍卖机构通过互联网平台实施网络拍卖的，参照本规定执行。

本规定对网络司法拍卖行为没有规定的，适用其他有关司法拍卖的规定。

《处置参考价规定》

第一条　人民法院查封、扣押、冻结财产后，对需要拍卖、变卖的财产，应当在三十日内启动确定财产处置参考价程序。

第二条　人民法院确定财产处置参考价，可以采取当事人议价、定向询价、网络询价、委托评估等方式。

第三条　人民法院确定参考价前，应当查明财产的权属、权利负担、占有使用、欠缴税费、质量瑕疵等事项。

人民法院查明前款规定事项需要当事人、有关单位或者个人提供相关资料的，可以通知其提交；拒不提交的，可以强制提取；对妨碍强制提取的，参照民事诉讼法第一百一十一条①、第一百一十四条②的规定处理。

查明本条第一款规定事项需要审计、鉴定的，人民法院可以先行审计、鉴定。

第四条　采取当事人议价方式确定参考价的，除一方当事人拒绝议价或者下落不明外，人民法院应当以适当的方式通知或者组织当事人进行协商，当事人应当在指定期限内提交议价结果。

双方当事人提交的议价结果一致，且不损害他人合法权益的，议价结果为参考价。

第五条　当事人议价不能或者不成，且财产有计税基准价、政府定价或者政府指导价的，人民法院应当向确定参考价时财产所在地的有关机构进行定向询价。

双方当事人一致要求直接进行定向询价，且财产有计税基准价、政府定价或者政府指导价的，人民法院应当准许。

第七条　定向询价不能或者不成，财产无需由专业人员现场勘验或者鉴定，且具备网络询价条件的，人民法院应当通过司法网络询价平台进行网络询价。

双方当事人一致要求或者同意直接进行网络询价，财产无需由专业人员现场勘验或者鉴定，且具备网络询价条件的，人民法院应当准许。

---

① 该条现已修改为第114条。

② 该条现已修改为第117条。

第十一条　司法网络询价平台应当在收到人民法院网络询价委托书之日起三日内出具网络询价报告。网络询价报告应当载明财产的基本情况、参照样本、计算方法、询价结果及有效期等内容。

司法网络询价平台不能在期限内完成询价的，应当在期限届满前申请延长期限。全部司法网络询价平台均未能在期限内出具询价结果的，人民法院应当根据各司法网络询价平台的延期申请延期三日；部分司法网络询价平台在期限内出具网络询价结果的，人民法院对其他司法网络询价平台的延期申请不予准许。

全部司法网络询价平台均未在期限内出具或者补正网络询价报告，且未按照规定申请延长期限的，人民法院应当委托评估机构进行评估。

人民法院未在网络询价结果有效期内发布一拍拍卖公告或者直接进入变卖程序的，应当通知司法网络询价平台在三日内重新出具网络询价报告。

第十二条　人民法院应当对网络询价报告进行审查。网络询价报告均存在财产基本信息错误、超出财产范围或者遗漏财产等情形的，应当通知司法网络询价平台在三日内予以补正；部分网络询价报告不存在上述情形的，无需通知其他司法网络询价平台补正。

第十三条　全部司法网络询价平台均在期限内出具询价结果或者补正结果的，人民法院应当以全部司法网络询价平台出具结果的平均值为参考价；部分司法网络询价平台在期限内出具询价结果或者补正结果的，人民法院应当以该部分司法网络询价平台出具结果的平均值为参考价。

当事人、利害关系人依据本规定第二十二条的规定对全部网络询价报告均提出异议，且所提异议被驳回或者司法网络询价平台已作出补正的，人民法院应当以异议被驳回或者已作出补正的各司法网络询价平台出具结果的平均值为参考价；对部分网络询价报告提出异议的，人民法院应当以网络询价报告未被提出异议的各司法网络询价平台出具结果的平均值为参考价。

第十四条　法律、行政法规规定必须委托评估、双方当事人要求委托评估或者网络询价不能或不成的，人民法院应当委托评估机构进行评估。

第十九条　评估机构应当在三十日内出具评估报告。人民法院决定暂缓或者裁定中止执行的期间，应当从前述期限中扣除。

评估机构不能在期限内出具评估报告的，应当在期限届满五日前书面向人民法院申请延长期限。人民法院决定延长期限的，延期次数不超过两次，每次不超过十五日。

评估机构未在期限内出具评估报告、补正说明，且未按照规定申请延长期限的，人民法院应当通知该评估机构三日内将人民法院委托评估时移交的材料退回，另行委托下一顺序的评估机构重新进行评估。

人民法院未在评估结果有效期内发布一拍拍卖公告或者直接进入变卖程序的，应当通知原评估机构在十五日内重新出具评估报告。

第二十条 人民法院应当对评估报告进行审查。具有下列情形之一的，应当责令评估机构在三日内予以书面说明或者补正：

（一）财产基本信息错误；

（二）超出财产范围或者遗漏财产；

（三）选定的评估机构与评估报告上签章的评估机构不符；

（四）评估人员执业资格证明与评估报告上署名的人员不符；

（五）具有其他应当书面说明或者补正的情形。

第二十一条 人民法院收到定向询价、网络询价、委托评估、说明补正等报告后，应当在三日内发送给当事人及利害关系人。

当事人、利害关系人已提供有效送达地址的，人民法院应当将报告以直接送达、留置送达、委托送达、邮寄送达或者电子送达的方式送达；当事人、利害关系人下落不明或者无法获取其有效送达地址，人民法院无法按照前述规定送达的，应当在中国执行信息公开网上予以公示，公示满十五日即视为收到。

第二十二条 当事人、利害关系人认为网络询价报告或者评估报告具有下列情形之一的，可以在收到报告后五日内提出书面异议：

（一）财产基本信息错误；

（二）超出财产范围或者遗漏财产；

（三）评估机构或者评估人员不具备相应评估资质；

（四）评估程序严重违法。

对当事人、利害关系人依据前款规定提出的书面异议，人民法院应当参照民事诉讼法第二百二十五条①的规定处理。

第二十三条 当事人、利害关系人收到评估报告后五日内对评估报告的参照标准、计算方法或者评估结果等提出书面异议的，人民法院应当在三日内交评估机构予以书面说明。评估机构在五日内未作说明或者当事人、利害关系人对作出的说明

---

① 该条现已修改为第232条。

仍有异议的，人民法院应当交由相关行业协会在指定期限内组织专业技术评审，并根据专业技术评审出具的结论认定评估结果或者责令原评估机构予以补正。

当事人、利害关系人提出前款异议，同时涉及本规定第二十二条第一款第一、二项情形的，按照前款规定处理；同时涉及本规定第二十二条第一款第三、四项情形的，按照本规定第二十二条第二款先对第三、四项情形审查，异议成立的，应当通知评估机构三日内将人民法院委托评估时移交的材料退回，另行委托下一顺序的评估机构重新进行评估；异议不成立的，按照前款规定处理。

第二十四条　当事人、利害关系人未在本规定第二十二条、第二十三条规定的期限内提出异议或者对网络询价平台、评估机构、行业协会按照本规定第二十二条、第二十三条所作的补正说明、专业技术评审结论提出异议的，人民法院不予受理。

当事人、利害关系人对议价或者定向询价提出异议的，人民法院不予受理。

第二十五条　当事人、利害关系人有证据证明具有下列情形之一，且在发布一拍拍卖公告或者直接进入变卖程序之前提出异议的，人民法院应当按照执行监督程序进行审查处理：

（一）议价中存在欺诈、胁迫情形；

（二）恶意串通损害第三人利益；

（三）有关机构出具虚假定向询价结果；

（四）依照本规定第二十二条、第二十三条作出的处理结果确有错误。

第二十七条　司法网络询价平台、评估机构应当确定网络询价或者委托评估结果的有效期，有效期最长不得超过一年。

当事人议价的，可以自行协商确定议价结果的有效期，但不得超过前款规定的期限；定向询价结果的有效期，参照前款规定确定。

人民法院在议价、询价、评估结果有效期内发布一拍拍卖公告或者直接进入变卖程序，拍卖、变卖时未超过有效期六个月的，无需重新确定参考价，但法律、行政法规、司法解释另有规定的除外。

第三十条　人民法院应当在参考价确定后十日内启动财产变价程序。拍卖的，参照参考价确定起拍价；直接变卖的，参照参考价确定变卖价。

第三十一条　人民法院委托司法网络询价平台进行网络询价的，网络询价费用应当按次计付给出具网络询价结果与财产处置成交价最接近的司法网络询价平台；多家司法网络询价平台出具的网络询价结果相同或者与财产处置成交价差距相同的，网络询价费用平均分配。

人民法院依照本规定第十一条第三款规定委托评估机构进行评估或者依照本规定第二十九条规定撤回网络询价的,对司法网络询价平台不计付费用。

第三十二条　人民法院委托评估机构进行评估,财产处置未成交的,按照评估机构合理的实际支出计付费用;财产处置成交价高于评估价的,以评估价为基准计付费用;财产处置成交价低于评估价的,以财产处置成交价为基准计付费用。

人民法院依照本规定第二十九条规定撤回委托评估的,按照评估机构合理的实际支出计付费用;人民法院依照本规定通知原评估机构重新出具评估报告的,按照前款规定的百分之三十计付费用。

人民法院依照本规定另行委托评估机构重新进行评估的,对原评估机构不计付费用。

第三十三条　网络询价费及委托评估费由申请执行人先行垫付,由被执行人负担。

申请执行人通过签订保险合同的方式垫付网络询价费或者委托评估费的,保险人应当向人民法院出具担保书。担保书应当载明因申请执行人未垫付网络询价费或者委托评估费由保险人支付等内容,并附相关证据材料。

《执行规定》

5. 执行程序中重大事项的办理,应由三名以上执行员讨论,并报经院长批准。

《房产竞买人资格规定》

第一条　人民法院组织的司法拍卖房产活动,受房产所在地限购政策约束的竞买人申请参与竞拍的,人民法院不予准许。

《统一管理执行工作规定》

九、高级人民法院对下级人民法院的下列案件可以裁定提级执行:

1. 高级人民法院指令下级人民法院限期执结,逾期未执结需要提级执行的;

2. 下级人民法院报请高级人民法院提级执行,高级人民法院认为应当提级执行的;

3. 疑难、重大和复杂的案件,高级人民法院认为应当提级执行的。

高级人民法院对最高人民法院函示提级执行的案件,应当裁定提级执行。

《委托执行规定》

第一条　执行法院经调查发现被执行人在本辖区内已无财产可供执行,且在其他省、自治区、直辖市内有可供执行财产的,可以将案件委托异地的同级人民法院执行。

执行法院确需赴异地执行案件的，应当经其所在辖区高级人民法院批准。

第六条　委托执行时，委托法院应当将已经查封、扣押、冻结的被执行人的异地财产，一并移交受托法院处理，并在委托执行函中说明。

委托执行后，委托法院对被执行人财产已经采取查封、扣押、冻结等措施的，视为受托法院的查封、扣押、冻结措施。受托法院需要继续查封、扣押、冻结，持委托执行函和立案通知书办理相关手续。续封续冻时，仍为原委托法院的查封冻结顺序。

查封、扣押、冻结等措施的有效期限在移交受托法院时不足1个月的，委托法院应当先行续封或者续冻，再移交受托法院。

《指定执行立结统考工作通知》

三、首次执行案件因指定执行、提级执行、委托执行（全案）结案的，以“销案”方式结案，不纳入司法统计；接受指定执行、提级执行、委托执行（全案）而立执行案件的，立“执”字案号，作为首次执行案件纳入司法统计，其申请执行标的金额为前案未实际执行到位的金额。销案、不予执行、驳回申请结案的，其申请执行标的金额和已实际执行到位的金额不予计算。

《终本规定》

第四条　本规定第一条第三项中的“发现的财产不能处置”，包括下列情形：

（一）被执行人的财产经法定程序拍卖、变卖未成交，申请执行人不接受抵债或者依法不能交付其抵债，又不能对该财产采取强制管理等其他执行措施的；

（二）人民法院在登记机关查封的被执行人车辆、船舶等财产，未能实际扣押的。

《善意文明执行意见》

8. 合理确定财产处置参考价。执行过程中，人民法院应当按照《最高人民法院关于人民法院确定财产处置参考价若干问题的规定》合理确定财产处置参考价。要在不损害第三人合法权益的情况下，积极促成双方当事人就参考价达成一致意见，以进一步提高确定参考价效率，避免后续产生争议。财产有计税基准价、政府定价或政府指导价，当事人议价不能、不成或者双方当事人一致要求定向询价的，人民法院应当积极协调有关机构办理询价事宜。定向询价结果严重偏离市场价格的，可以进行适当修正。实践证明，网络询价不仅效率高，而且绝大多数询价结果基本能够反映市场真实价格，对于财产无需由专业人员现场勘验或鉴定的，人民法院应积极引导当事人通过网络询价确定参考价，并对询价报告进行审查。

经委托评估确定参考价，被执行人认为评估价严重背离市场价格并提起异议的，为提高工作效率，人民法院可以以评估价为基准，先促成双方当事人就参考价达成一致意见。无法快速达成一致意见的,依法提交评估机构予以书面说明。评估机构逾期未做说明或者被执行人仍有异议的,应及时提交相关行业协会组织专业技术评审。在确定财产处置参考价过程中,人民法院应当依法履行监督职责,发现当事人、竞拍人与相关机构、人员恶意串通压低参考价的,应当及时查处和纠正。

9. 适当增加财产变卖程序适用情形。要在坚持网络司法拍卖优先原则的基础上,综合考虑变价财产实际情况、是否损害执行债权人、第三人或社会公共利益等因素,适当采取直接变卖或强制变卖等措施。

(1)被执行人申请自行变卖查封财产清偿债务的,在确保能够控制相应价款的前提下,可以监督其在一定期限内按照合理价格变卖。变卖期限由人民法院根据财产实际情况、市场行情等因素确定,但最长不得超过60日。

(2)被执行人申请对查封财产不经拍卖直接变卖的,经执行债权人同意或者变卖款足以清偿所有执行债务的,人民法院可以不经拍卖直接变卖。

(3)被执行人认为网络询价或评估价过低,申请以不低于网络询价或评估价自行变卖查封财产清偿债务的,人民法院经审查认为不存在被执行人与他人恶意串通低价处置财产情形的,可以监督其在一定期限内进行变卖。

(4)财产经拍卖后流拍且执行债权人不接受抵债,第三人申请以流拍价购买的,可以准许。

(5)网络司法拍卖第二次流拍后,被执行人提出以流拍价融资的,人民法院应结合拍卖财产基本情况、流拍价与市场价差异程度以及融资期限等因素,酌情予以考虑。准许融资的,暂不启动以物抵债或强制变卖程序。

被执行人依照9(3)规定申请自行变卖,经人民法院准许后,又依照《最高人民法院关于人民法院确定财产处置参考价若干问题的规定》第二十二、二十三条规定向人民法院提起异议的,不予受理;被执行人就网络询价或评估价提起异议后,又依照9(3)规定申请自行变卖的,不应准许。

10. 充分吸引更多主体参与竞买。拍卖过程中,人民法院应当全面真实披露拍卖财产的现状、占有使用情况、附随义务、已知瑕疵和权利负担、竞买资格等事项,严禁故意隐瞒拍品瑕疵诱导竞买人竞拍,严禁故意夸大拍品瑕疵误导竞买人竞拍。拍卖财产为不动产且被执行人或他人无权占用的,人民法院应当依法负责腾退,不得在公示信息中载明"不负责腾退交付"等信息。要充分发挥网拍平台、拍卖辅助机构的专业优势,做好拍品视频宣介、向专业市场主体定向推送拍卖信息、实地看样等相关工作,以吸引更多市场主体参与竞拍。

《贯彻网拍规定的通知》

二、《网拍规定》适用中应当注意的问题

（一）地方各级人民法院在开展网络司法拍卖过程中，要严格执行法律法规及司法解释的规定，建立健全各项规章制度，加强对网络司法拍卖流程节点和对工作人员的监管，确保网络司法拍卖依法有序进行。

（二）《网拍规定》施行后，地方各级人民法院在开展司法拍卖工作过程中应严格坚持网络司法拍卖优先原则。对法律、行政法规和司法解释规定必须通过其他途径处置或不宜采取网络拍卖方式处置的，报经执行法院院领导审批后可采用委托拍卖方式或其他方式对涉案财产进行变价。

（三）《网拍规定》确立了由最高人民法院建立全国司法拍卖网络服务提供者名单库制度。经评审，最高人民法院将淘宝网、京东网、人民法院诉讼资产网、公拍网和中国拍卖行业协会网纳入首批公布的网络服务提供者名单库。地方各级人民法院在工作中应严格遵守《网拍规定》的要求，将申请执行人选择网拍平台程序前置于执行案件立案阶段，切实保障申请执行人从全国网络服务提供者名单库中自主选择平台进行网络司法拍卖的权利。

（四）为避免地方各级人民法院与名单库中的平台分别对接带来的工作负担与操作不便，最高人民法院在人民法院执行案件流程信息管理系统中嵌入专门的网络司法拍卖工作子平台，直接与名单库中的网络司法拍卖平台对接进行数据交互。地方各级人民法院在工作中应严格按照《网拍规定》及子平台操作规范的要求，在流程信息管理系统中创建网络司法拍卖、发布拍卖公告及拍卖财产信息、查看或改变拍卖状态、获取竞价信息与拍卖结果等。

（五）网络司法拍卖工作由执行局负责实施，委托拍卖工作由司法技术辅助工作部门负责。网络司法拍卖中辅助工作的组织管理既可由执行局负责，也可以由司法技术辅助工作部门负责，具体由哪个部门组织管理，由各高级人民法院根据实际予以规范。

（六）地方各级人民法院应严格按照《网拍规定》确定的拍卖程序开展网络司法拍卖。《网拍规定》施行前，就同一不动产或其他财产权利通过网络平台第二次拍卖流拍、已发布第三次拍卖公告，且第三次拍卖将于2017年1月1日后举行的，该次拍卖按拍卖公告进行。

（七）个案中，执行法院根据《网拍规定》委托相关社会机构或者组织承担网络司法拍卖辅助工作的，所支出的必要费用由本案被执行人承担。具体收费标准在最高人民法院通过司法解释或规范性文件予以明确前，地方各级人民法院可根据实际情况酌情确定。

《执行期限规定》

第七条　执行中采取评估、拍卖措施的，承办人应当在10日内完成评估、拍卖机构的遴选。

最高人民法院、司法部《〈中华人民共和国人民陪审员法〉实施中若干问题的答复》

11. 人民陪审员是否可以参加案件执行工作？

答：根据《人民陪审员法》，人民陪审员参加第一审刑事、民事、行政案件的审判。人民法院不得安排人民陪审员参加案件执行工作。

《改革完善审委会的意见》

四、最高人民法院审判委员会履行审理案件和监督、管理、指导审判工作的职责：

（一）讨论疑难、复杂、重大案件；

（二）总结审判工作经验；

（三）制定司法解释和规范性文件；

（四）听取审判业务部门的工作汇报；

（五）讨论决定对审判工作具有指导性意义的典型案例；

（六）讨论其他有关审判工作的重大问题。

五、地方各级人民法院审判委员会履行审理案件和监督、管理、指导审判工作的职责：

（一）讨论疑难、复杂、重大案件；

（二）结合本地区和本院实际，总结审判工作经验；

（三）听取审判业务部门的工作汇报；

（四）讨论决定对本院或者本辖区的审判工作具有参考意义的案例；

（五）讨论其他有关审判工作的重大问题。

七、人民法院审判工作中的重大问题和疑难、复杂、重大案件以及合议庭难以作出裁决的案件，应当由审判委员会讨论或者审理后作出决定。案件或者议题是否提交审判委员会讨论，由院长或者主管副院长决定。

十一、人民法院审理下列案件时，合议庭可以提请院长决定提交审判委员会讨论：

（一）合议庭意见有重大分歧、难以作出决定的案件；

（二）法律规定不明确，存在法律适用疑难问题的案件；

（三）案件处理结果可能产生重大社会影响的案件；

（四）对审判工作具有指导意义的新类型案件；

（五）其他需要提交审判委员会讨论的疑难、复杂、重大案件。

合议庭没有建议提请审判委员会讨论的案件，院长、主管副院长或者庭长认为有必要的，得提请审判委员会讨论。

《进一步规范网拍工作通知》

三、关于加价幅度如何确定问题。司法解释要求加价幅度应经过合议庭合议后确定，但实践中部分法院认为较难把握，加价幅度的确定也较为混乱，存在过低或过高的问题。加价幅度可参考以下原则确定：起拍价为10万元以下（含10万元）的标的物，加价幅度不宜超过起拍价的2%；起拍价为10万元至100万元（含100万元）的标的物，加价幅度不宜超过起拍价的1%；起拍价为100万元的标的物，加价幅度不宜超过起拍价的0.5%。

《做好网络拍卖变卖衔接的通知》

二、关于发布网络司法变卖公告期限的问题。网拍二拍流拍后，人民法院应当于10日内询问申请执行人或其他执行债权人是否接受以物抵债。不接受以物抵债的，人民法院应当于网拍二拍流拍之日起15日内发布网络司法变卖公告。

三、关于网络司法变卖公告期、变卖期的问题。网络司法变卖期为60天，人民法院应当在公告中确定变卖期的开始时间。变卖动产的，应当在变卖期开始7日前公告；变卖不动产或者其他财产权的，应当在变卖期开始15日前公告。变卖公告应当包括但不限于变卖财产、变卖价、变卖期、变卖期开始时间、变卖流程、保证金数额、加价幅度等内容，应当特别提示变卖成交后不交纳尾款的，保证金不予退还。

九、关于未经拍卖直接变卖财产如何处置的问题。未经拍卖直接变卖的财产，按照《最高人民法院关于人民法院民事执行中拍卖、变卖财产的规定》进行变卖。

《助力小微企业发展指导意见》

19. 依法灵活采取查封、变价措施。查封中小微企业等市场主体的厂房、机器设备等生产性资料的，优先采取"活封"措施，在能够保障债权人利益的情况下，应当允许其继续使用或者利用该财产进行融资。需要查封的不动产整体价值明显超出债权额的，应当对该不动产相应价值部分采取查封措施；因不动产未办理分割登记而对其进行整体查封后，应当及时协调相关部门办理分割登记并解除对超标的部分的查封。积极引导当事人通过议价、询价等方式确定财产处置参考价，切实为被执行中小微企业等市场主体节省评估费用。发挥网络司法拍卖溢价率高、成本低的优势，优先适用网络司法拍卖方式处置财产。对不动产等标的额较大或者情况复杂的财产，被执行中小微企业等市场主体认为委托评估确定的参考价过低，申请在一定期限内自行处置的，在能够保障债权人利益的情况下，人民法院可以准许。

最高人民法院《关于司法拍卖程序中竞买人资格审查问题的答复》

安徽省高级人民法院：

你院〔2013〕皖执他字第00146号《关于司法拍卖程序中竞买人资格审查问题的请示报告》收悉。经研究，答复如下：

设立中公司虽然不具有法人资格，但是可以从事设立公司所必需的民事行为。发起人为设立中公司购买财产，并以设立中公司名义参与司法拍卖的，不应仅以竞买人是设立中公司为由否定司法拍卖的效力。

此复。

最高人民法院《关于法院执行程序中能否对案外人财产进行处理的请示的答复》

吉林省高级人民法院：

你院《关于法院执行程序中能否对案外人财产进行处理的请示》收悉。经研究，答复如下：

执行程序中案外人无合法依据占有被执行的标的物不动产的，执行法院依法可以强制迁出；案外人拒不迁出，对标的物上的财产，执行法院可以指定他人保管并通知领取；案外人不领取或下落不明的，为避免保管费过高或财产价值减损，执行法院可以处分该财产，处分所得价款，扣除搬迁、保管及拍卖变卖等相关费用后，保存于执行法院账户，通知该案外人领取。

国家税务总局《关于人民法院强制执行被执行人财产有关税收问题的复函》

最高人民法院：

你院《关于人民法院依法强制执行拍卖、变卖被执行人财产后，税务部门能否直接向人民法院征收营业税的征求意见稿》（〔2005〕执他字第12号）收悉。经研究，函复如下：

一、人民法院的强制执行活动属司法活动，不具有经营性质，不属于应税行为，税务部门不能向人民法院的强制执行活动征税。

二、无论拍卖、变卖财产的行为是纳税人的自主行为，还是人民法院实施的强制执行活动，对拍卖、变卖财产的全部收入，纳税人均应依法申报缴纳税款。

三、税收具有优先权。《中华人民共和国税收征收管理法》第四十五条规定，税务机关征收税款，税收优先于无担保债权，法律另有规定的除外；纳税人欠缴的税款发生在纳税人以其财产设定抵押、质押或者纳税人的财产被留置之前的，税收应当先于抵押权、质权、留置权执行。

四、鉴于人民法院实际控制纳税人因强制执行活动而被拍卖、变卖财产的收入，根据《中华人民共和国税收征收管理法》第五条的规定，人民法院应当协助税务机关依法优先从该收入中征收税款。

国家税务总局

二〇〇五年九月十二日

第八讲

房产执行之特殊房产的处理

◆ 实务指引

一、抵押房产执行问题

（一）债务人有抵押房产能否执行其他房产

按照最高人民法院执行局《关于对〈最高人民法院关于人民法院办理财产保全案件若干问题的规定〉建议的回复》的意见，抵押权的设立并不意味着债务人仅在抵押财产范围内对债权人负清偿义务，债务人的全部财产除依据法律、司法解释的规定应当豁免执行之外，都应当是清偿债务的责任财产。申请执行人既可以申请执行已抵押财产，也有权申请执行被执行人的未抵押财产。

（二）强制拍卖抵押房产，是否必然导致抵押权人与抵押人之间的借款合同终止

拍卖抵押房产后，原抵押权是因优先受偿而消灭还是可以继续由买受人负担？理论上存在承受主义和涂销主义，我国司法解释以涂销主义为原则。按照《拍卖变卖规定》第28

条的规定,抵押房产拍卖后,该房产上原有的抵押权,因拍卖而消灭,拍卖所得价款,应当优先清偿抵押权人的债权。作为原则的例外,该条留了一个“但书”的尾巴,即当事人另有约定的除外。也就是说,如果抵押权人与买受人或者以物抵债权利承受人达成一致合意,买受人或者以物抵债权利承受人愿意承受抵押房产上的抵押权,也是可以的。为此,有观点认为,①这种情况下应当以扣除抵押所担保的债权数额的价格成交或抵债。

二、唯一住房执行问题

金钱债权执行中,常遇到被执行人唯一住房能否被执行的问题,一般而言被执行人唯一住房极有可能会被执行豁免,但《查扣冻规定》第4条规定:“对被执行人及其所扶养家属生活所必需的居住房屋,人民法院可以查封,但不得拍卖、变卖或者抵债。”也就是说,对被执行人的唯一住房,并非绝对不能执行。《查扣冻规定》第5条规定:“对于超过被执行人及其所扶养家属生活所必需的房屋和生活用品,人民法院根据申请执行人的申请,在保障被执行人及其所扶养家属最低生活标准所必需的居住房屋和普通生活必需品后,可予以执行。”

如何把握唯一住房执行的具体标准?《异议复议规定》第20条第1款规定了可以执行的几种情形:①对被执行人有扶养义务的人名下有其他能够维持生活必需的居住房屋的;②执行依据生效后,被执行人为逃避债务转让其名下其他房屋的;③申请执行人按照当地廉租住房保障面积标准为被执行人及所扶养家属提供居住房屋,或者同意参照当地房屋租赁市场平均租金标准从该房屋的变价款中扣除5~8年租金的。

关于5~8年租金该如何确定,各地有一些比较具体的操作,如《上海市高级人民法院执行局、执行裁判庭联席会议纪要(二)》(沪高法执〔2018〕7号)第9条就规定,计算租金时应当分别确定被执行人及所扶养家属的人数、当地廉租住房保障面积标准以及当地房屋租赁市场的平均租金标准,计算公式为:租金(元)=被执行人及所扶养家属的人数(人)×当地廉租住房保障人均面积(平方米/人)×当地房屋租赁市场的平均租金(元/平方米)。

那么,在民事强制执行程序中,抵押权人申请处置抵押人唯一房产是否受到《异

① 人民法院出版社编:《最高人民法院司法观点集成》(第3版)(执行卷),人民法院出版社2017年版,第344页。

议复议规定》第 20 条第 1 款的约束？最高人民法院《关于人民法院执行设定抵押的房屋的规定》第 1 条规定了对于被执行人所有的已经依法设定抵押的房屋，人民法院可以查封，并可以根据抵押权人的申请，依法拍卖、变卖或者抵债。从这一条规定看，执行法院处置抵押房产并不需要受到附加条件的限制。但是该规定已经于 2020 年被最高人民法院《关于废止部分司法解释及相关规范性文件的决定》（法释〔2020〕16 号）废止。笔者认为，尽管最高人民法院《关于人民法院执行设定抵押的房屋的规定》已被废止，但根据《民法典》第 410 条的规定，被执行人所有的设定抵押的房产（当然也包括设定抵押的唯一住房），申请执行人为抵押权人的，执行法院依然可以进行查封和处置。尽管法律明确规定了抵押权人（申请执行人）可以申请对抵押人（被执行人）的设定抵押的房产（当然也包括设定抵押的唯一住房）进行处置，但民事强制执行程序中，仍需要遵循执行法律的规定。本书第四讲中提到，对被执行人履行能力分析时，要围绕财产的“四性”分析其是否具备执行条件，其中豁免性具有执行“一票否决”作用，不管被执行人的唯一住房有没有被设定抵押，对其执行都要符合《民诉法》第 251 条的规定，应当考虑被执行人及其所扶养家属的生存权益，这是被执行人的法定豁免权。因此，抵押权人作为申请执行人时，对被执行人向其设定抵押的唯一住房进行执行，仍然遵照《异议复议规定》第 20 条第 1 款的规定执行。

在实务操作中，对被执行人唯一住房还可以采取“以大换小、以好换差”的方式进行执行。

三、借名买房执行问题

由于房产销售“限购”政策等，现实中常常会有一些“借名买房”问题。关于“借名买房”的判例，司法实践中也不尽相同，但就民事强制执行程序而言，较为容易处理。

举例说明，案外人丙以被执行人乙的名义购买了 A 房产，申请执行人甲申请执行法院查封 A 房产，能否得到支持？强制执行程序采取的是权利外观主义，只要 A 房产登记在乙名下，执行法院就可以推定该房产为乙所有，有权进行查封。此时，如果丙向执行法院提出执行异议，异议审查依然采取权利外观主义，驳回丙的执行异议，当然，丙有权按照《民诉法》第 234 条的规定，自裁定送达之日起 15 日内向人民法院提起诉讼。

换一种情况，举例说明。如果被执行人乙以案外人丙的名义购买了 A 房产，并居住在 A 房产中，申请执行人甲申请执行法院查封 A 房产，能否得到支持？如上所述，在执行采取权利外观主义的原则，乙、丙否认“借名买房”的情况下，甲的申请一般不会得到支持，但甲并非没有救济渠道，其可以通过执行异议甚至执行异议之诉的方式维权。在此期间，从执行实施的角度看，笔者认为，执行人员可以对乙、丙开展执行调查，第一时间固定相关证据，如果 A 房产确为乙“借名”所买，可以根据执行调查的情况依法对乙采取司法处罚措施。如果一开始乙、丙对“借名买房”的事实表示认可，丙明确认可 A 房产属于乙所有，甲申请执行法院查封 A 房产，能否得到支持？笔者认为，执行人员面对这种情况仍要保持警惕，不能仅因为乙、丙的认可就简单判定 A 房产实际上为乙所有，仍要进行必要的审查，要求乙、丙提供 A 房产“借名买房”协议、购房发票、转账记录等，防止当事人之间恶意串通损害潜在可能的房产实际权利人的利益。总之，执行人员要淬炼通透人性的慧眼，尽可能在执行调查中发现当事人虚假陈述的蛛丝马迹。

四、在建工程执行问题

对在建工程的执行存在两种不同的思路：一种思路是仅对在建工程进行查封待其竣工后，如被执行人仍未能履行生效法律文书确定的义务，再按照房产执行的程序执行。这是一种“放水养鱼”的执行思路。这种做法在《善意文明执行意见》第 5 条中规定得非常详细。另一种思路认为在建工程未经不动产物权登记，并不属于不动产，在这种思路下又有两种处理方式，一种是将在建工程拆解为相应的动产按照动产执行程序执行，另一种是鉴于其具有一定的经济价值进行现状处置。笔者认为，现实的情况是纷繁多样的，这些思路与方法在具体个案中均可以考虑。当然，司法实践中最简单、最常见的处理方式是现状处置。

五、无证房屋（建筑物）执行问题

无证房屋的处理首先要明确一个处理原则，即按照《无证房产协助执行有关问题的通知》第 1 条的规定，在执行程序中，既要依法履行强制执行职责，又要尊重房屋登记机构依法享有的行政权力；既要保证执行工作的顺利开展，也要防止“违法建筑”等不符合法律、行政法规规定的房屋通过协助执行行为合法化。

现在多数观点认为，“违法建筑”是可以被执行的，“违法建筑”因其建造行为本身“违法”，故被执行人因该违法性不能取得“违法建筑”的所有权，而仅享有占有利益，在行政机关未依法将其拆除之前，仍然具有一定的经济使用价值，执行法院“现状处置”的仅仅是该占有使用的价值。

处理在国有土地上未经报建的建筑物时,需要把握两个步骤:第一步,人民法院将建筑物的情况函告建设行政主管部门。第二步,根据函复内容判断下一步执行方式:①行政主管部门确认属“违法建筑”责令拆除或作没收处理的,按照安徽省高级人民法院执行局《关于执行实务若干疑难问题的解答》(皖高法执〔2018〕16号)的规定,该建筑物不得作为执行标的;②行政机关对建筑行为作出行政处罚决定责令补办手续,而被执行人又不配合的,有观点认为,人民法院可商申请执行人或拍卖人先行垫付补办手续费用,再进行拍卖,也有观点认为可以进行现状处置,在拍卖公告中披露这一信息,由买受人垫付补办手续费用或在拍卖案款中优先扣除补办手续费用。

集体土地上未经批准建造的建筑物可以进行“现状处置”。处置时应在拍卖公告中披露房屋不具备登记条件的现状及土地性质,买受人或承受人按照房屋现状取得房屋,后续产权登记事项及将来可能面临的拆除、拆迁及补偿不能等风险由买受人或承受人自行负责。变价不成的,债权人可以接受该房屋抵债。变价或抵债裁定中应载明上述内容和风险。

按照《无证房产协助执行有关问题的通知》第2条的规定:①具备初始登记条件的,执行法院处置后可以依法向房屋登记机构发出协助执行通知书。②暂时不具备初始登记条件的,执行法院处置后可以向房屋登记机构发出协助执行通知书,并载明待房屋买受人或承受人完善相关手续具备初始登记条件后,由房屋登记机构按照协助执行通知书予以登记。③不具备初始登记条件的,原则上进行“现状处置”,即处置前披露房屋不具备初始登记条件的现状,买受人或承受人按照房屋的权利现状取得房屋,后续的产权登记事项由买受人或承受人自行负责。

六、拆迁房执行问题

在司法实践中,拆迁房的执行问题比较复杂,首先,存在拆迁信息与不动产登记信息以及人民法院执行信息不对称。其次,房屋一旦面临拆迁,执行法院往往采取的做法是冻结拆迁补偿款,这种做法是基于拆迁补偿款系被拆迁房屋的转化财产。但现实中往往面临一个困境,即被执行人的房屋已被人民政府纳入征迁范围,但由于尚未启动房屋拆除,被执行人明知自己的房屋被法院查封,也不愿到征迁部门洽谈补偿事宜,导致房屋处于长期查封但无法处置的状态,冻结的拆迁补偿款也因未能签订补偿协议而无法确定数额。笔者曾经处理过一起申请恢复执行的案件,审查中查明,被执行人无可供执行的财产,承担连带责任的执行担保人名下的房产已被合肥市某区人民政府纳入征迁范围，由于该房产系集体土地上建造的房屋，处置起来变现可能性不大，申请执行人最初希望执行拆迁补偿款，因此，在前次执行程序中，执行人员已经向征迁部门发出冻结拆迁补偿款的通知书，但由于执行担保人一直迟迟未签订拆迁补偿协议，导致拆迁补偿款一直无法确定，房屋也一直拖着未拆除，久拖之下，申请执行人申请对该房屋进行司法拍卖。在这种情况下，该房能否被执行？经讨论认为，按照《民法典》第 229 条的规定，因人民政府的征收决定导致物权设立、变更、转让或者消灭的，自征收决定生效时发生效力。但我们应注意到，最高人民法院对《民法典》该条的解释观点是："征收补偿完成之后，被征收人对征收决定未提起行政复议或诉讼，或者提起了行政诉讼或者行政复议后原征收决定被维持的，征收决定发生效力。"[①]因此，尽管上述房屋已经被纳入征迁范围，但尚未达到征收决定发生效力的时间点，物权并未发生变动，政府的征迁行为不能对抗司法执行。基于此，笔者提请庭长同意恢复该案执行。该案具有一定的代表性，实务中遇到此类情况，可以参考借鉴。在具体操作中，笔者认为还有一些需要注意的地方。本书第六讲中介绍，查封房产的效力及于该房产的转化财产。查封的房产灭失或者毁损的，查封的效力及于该财产的替代物、赔偿款。人民法院应当及时作出查封该替代物、赔偿款的裁定。执行人员在向征迁部门冻结拆迁补偿财产时，协助执行通知书中建议用"查封(冻结)拆迁补偿财产"的表述，而不要用"冻结拆迁补偿款"的表述，因为并不一定所有的拆迁都是货币补偿。另外，在向征迁部门下达协助执行冻结通知书时，要查明有无其他法院进行冻结，在回执中予以注明，以便确定时间顺序，防止日后产生分歧。

司法实践中还存在一种情况，举例说明。A 法院于 2020 年 7 月查封了甲房产，2021 年 3 月该房产被政府征迁，B 法院向征迁部门下达了冻结协助法律文书，那么 B 法院是首封法院吗？笔者认为，在 A 法院未知晓该房屋被拆迁事实的情况下，其未能及时冻结查封物的转化财产非 A 法院的责任，A 法院查封拆迁房屋的效力及于补偿财产，且为首封。

七、夫妻共有房产执行问题

关于夫妻共有房产的执行问题，首先要区分债务是夫妻共同债务还是夫妻一方

① 最高人民法院民法典贯彻实施工作领导小组主编：《中华人民共和国民法典物权编理解与适用》(上)，人民法院出版社 2020 年版，第 163 页。

债务，在执行程序中，生效法律文书确定夫妻双方共同承担义务的，为夫妻共同债务，确定夫妻一方承担义务的，为夫妻一方债务。如果属于夫妻共同债务，其共有房产的执行按照房产执行的一般程序进行。这里笔者阐述的是夫妻一方债务中的共有房产的执行问题。

（一）执行原则

对被执行人的夫妻共有房产的执行要遵循一个原则：未经审判程序，不得要求被执行人配偶一方承担责任。《审理夫妻债务案件的通知》第 2 条对此有明确规定。这一规定确定了一个规则，即在执行程序中，不能追加被执行人的配偶为被执行人，申请执行人认为被执行人的配偶应当一并承担债务的，可以另行诉讼主张。

这里需要注意的是，如果被执行人的配偶自愿为被执行人代为履行，或者提供执行担保，执行法院可以在代履行范围内或担保范围内执行被执行人配偶的财产。

（二）房产调查

现实中有一些房产登记在夫妻一方名下，但按照《民法典》第 1062 条的规定，夫妻在婚姻关系存续期间所得的财产，为夫妻的共同财产。“婚后的实际情况是夫妻个人财产日益‘缩水’，共同财产不断‘扩大’”，[①]某种意义上可以说，只要在婚姻存续期间，登记在被执行人配偶一方名下的财产都可以推定为共同财产。因此，在执行调查中，如果仅仅查询被执行人名下的房产，可能就会遗漏掉登记在其配偶名下的共有房产。在实务操作中，在执行调查环节，执行人员还应当对被执行人配偶名下的房产进行调查，否则就是未穷尽调查措施。

（三）房产查封

按照《查扣冻规定》第 12 条第 1 款的规定，对被执行人与其他人的共有房产，人民法院可以查封，并及时通知共有人。在实务操作中，执行人员容易忽略的是对共有人的告知，导致后续房产处置中，共有人以未接到查封通知为由提出执行异议，影响执行效率。

---

① 张福荣、李峰：《夫妻个人债务情形下的夫妻共同财产执行问题探析——执行夫妻共有房产角度》，载最高人民法院执行局编：《执行工作指导》总第 64 辑，中国民主法制出版社 2018 年版，第 175 页。

（四）析产前置

1. 析产

析产有两种方式：①协议分割。按照《查扣冻规定》第 12 条第 2 款的规定，共有人协议分割共有财产，并经债权人认可的，人民法院可以认定有效。②诉讼析产。按照《查扣冻规定》第 12 条第 3 款的规定，共有人提起析产诉讼的，人民法院应当准许，诉讼期间中止对该房产的执行。

在实务操作中，拟处置共有房产的，执行人员通知被执行人及其配偶，征询析产意见，一般情况下，按照处置后各占 50% 的份额进行分割，债权人基本上都会同意。

2. 代位析产

在被执行人及其配偶未进行析产的情况下，按照《查扣冻规定》第 12 条第 3 款的规定，申请执行人代位提起析产诉讼的，人民法院应当准许，诉讼期间中止对该房产的执行。

（五）强制执行

在司法实践中，被执行人及其配偶大多不进行析产，且被执行人配偶常以共有权为由提起执行异议阻却执行，"而债权人又多虑之诉讼成本不另行代位析产诉讼，把期待留给在执行程序中由执行机构继续推进"。[①] 在此种情况下，如何处理？安徽省高级人民法院于 2008 年下发的《关于执行实务若干疑难问题的解答》作了肯定性解答，按照该解答，在经过执行法院通知各方有权进行析产后，各方均没有采取析产行动的，执行法院可以继续执行，但是应保障被执行人配偶的合法权益。

◆ 参考案例

最高人民法院（2017）最高法民申 2083 号

［**裁判要旨**］对生效判决确认的夫妻一方债务，可以执行夫妻共同财产；但在共有财产进行拍卖时，应在夫妻共同财产范围内对债务人所享有财产份额进行处分，不得损害其配偶的财产份额。

① 夏祖国：《执行使命》，四川民族出版社 2020 年版，第 149 页。

◆ 参考规定

《民法典》

第二百二十九条　因人民法院、仲裁机构的法律文书或者人民政府的征收决定等，导致物权设立、变更、转让或者消灭的，自法律文书或者征收决定等生效时发生效力。

第四百一十条　债务人不履行到期债务或者发生当事人约定的实现抵押权的情形，抵押权人可以与抵押人协议以抵押财产折价或者以拍卖、变卖该抵押财产所得的价款优先受偿。协议损害其他债权人利益的，其他债权人可以请求人民法院撤销该协议。

抵押权人与抵押人未就抵押权实现方式达成协议的，抵押权人可以请求人民法院拍卖、变卖抵押财产。

抵押财产折价或者变卖的，应当参照市场价格。

第一千零六十二条　夫妻在婚姻关系存续期间所得的下列财产，为夫妻的共同财产，归夫妻共同所有：

（一）工资、奖金、劳务报酬；

（二）生产、经营、投资的收益；

（三）知识产权的收益；

（四）继承或者受赠的财产，但是本法第一千零六十三条第三项规定的除外；

（五）其他应当归共同所有的财产。

夫妻对共同财产，有平等的处理权。

《民诉法》

第二百三十四条　执行过程中，案外人对执行标的提出书面异议的，人民法院应当自收到书面异议之日起十五日内审查，理由成立的，裁定中止对该标的的执行；理由不成立的，裁定驳回。案外人、当事人对裁定不服，认为原判决、裁定错误的，依照审判监督程序办理；与原判决、裁定无关的，可以自裁定送达之日起十五日内向人民法院提起诉讼。

第二百五十一条　被执行人未按执行通知履行法律文书确定的义务，人民法院有权查封、扣押、冻结、拍卖、变卖被执行人应当履行义务部分的财产。但应当保留被执行人及其所扶养家属的生活必需品。

采取前款措施，人民法院应当作出裁定。

《拍卖变卖规定》

第二十八条　拍卖财产上原有的担保物权及其他优先受偿权,因拍卖而消灭,拍卖所得价款,应当优先清偿担保物权人及其他优先受偿权人的债权,但当事人另有约定的除外。

拍卖财产上原有的租赁权及其他用益物权,不因拍卖而消灭,但该权利继续存在于拍卖财产上,对在先的担保物权或者其他优先受偿权的实现有影响的,人民法院应当依法将其除去后进行拍卖。

《查扣冻规定》

第四条　对被执行人及其所扶养家属生活所必需的居住房屋,人民法院可以查封,但不得拍卖、变卖或者抵债。

第五条　对于超过被执行人及其所扶养家属生活所必需的房屋和生活用品,人民法院根据申请执行人的申请,在保障被执行人及其所扶养家属最低生活标准所必需的居住房屋和普通生活必需品后,可予以执行。

第十二条　对被执行人与其他人共有的财产,人民法院可以查封、扣押、冻结,并及时通知共有人。

共有人协议分割共有财产,并经债权人认可的,人民法院可以认定有效。查封、扣押、冻结的效力及于协议分割后被执行人享有份额内的财产;对其他共有人享有份额内的财产的查封、扣押、冻结,人民法院应当裁定予以解除。

共有人提起析产诉讼或者申请执行人代位提起析产诉讼的,人民法院应当准许。诉讼期间中止对该财产的执行。

《异议复议规定》

第二十条　金钱债权执行中,符合下列情形之一,被执行人以执行标的系本人及所扶养家属维持生活必需的居住房屋为由提出异议的,人民法院不予支持:

(一)对被执行人有扶养义务的人名下有其他能够维持生活必需的居住房屋的;

(二)执行依据生效后,被执行人为逃避债务转让其名下其他房屋的;

(三)申请执行人按照当地廉租住房保障面积标准为被执行人及所扶养家属提供居住房屋,或者同意参照当地房屋租赁市场平均租金标准从该房屋的变价款中扣除五至八年租金的。

执行依据确定被执行人交付居住的房屋,自执行通知送达之日起,已经给予三个月的宽限期,被执行人以该房屋系本人及所扶养家属维持生活的必需品为由提出异议的,人民法院不予支持。

《审理夫妻债务案件的通知》

二、保障未具名举债夫妻一方的诉讼权利。在审理以夫妻一方名义举债的案件中,原则上应当传唤夫妻双方本人和案件其他当事人本人到庭;需要证人出庭作证的,除法定事由外,应当通知证人出庭作证。在庭审中,应当按照《最高人民法院关于适用〈中华人民共和国民事诉讼法〉的解释》的规定,要求有关当事人和证人签署保证书,以保证当事人陈述和证人证言的真实性。未具名举债一方不能提供证据,但能够提供证据线索的,人民法院应当根据当事人的申请进行调查取证;对伪造、隐藏、毁灭证据的要依法予以惩处。未经审判程序,不得要求未举债的夫妻一方承担民事责任。

《善意文明执行意见》

5. 灵活采取查封措施。对能"活封"的财产,尽量不进行"死封",使查封财产能够物尽其用,避免社会资源浪费。查封被执行企业厂房、机器设备等生产资料的,被执行人继续使用对该财产价值无重大影响的,可以允许其使用。对资金周转困难、暂时无力偿还债务的房地产开发企业,人民法院应按照下列情形分别处理:

(1)查封在建工程后,原则上应当允许被执行人继续建设。

(2)查封在建工程后,对其采取强制变价措施虽能实现执行债权人债权,但会明显贬损财产价值、对被执行人显失公平的,应积极促成双方当事人达成暂缓执行的和解协议,待工程完工后再行变价;无法达成和解协议,但被执行人提供相应担保并承诺在合理期限内完成建设的,可以暂缓采取强制变价措施。

(3)查封在建商品房或现房后,在确保能够控制相应价款的前提下,可以监督被执行人在一定期限内按照合理价格自行销售房屋。人民法院在确定期限时,应当明确具体的时间节点,避免期限过长影响执行效率、损害执行债权人合法权益。

《无证房产协助执行有关问题的通知》

一、各级人民法院在执行程序中,既要依法履行强制执行职责,又要尊重房屋登记机构依法享有的行政权力;既要保证执行工作的顺利开展,也要防止"违法建筑"等不符合法律、行政法规规定的房屋通过协助执行行为合法化。

二、执行程序中处置未办理初始登记的房屋时,具备初始登记条件的,执行法院处置后可以依法向房屋登记机构发出《协助执行通知书》;暂时不具备初始登记条件的,执行法院处置后可以向房屋登记机构发出《协助执行通知书》,并载明待房屋买受人或承受人完善相关手续具备初始登记条件后,由房屋登记机构按照《协助执行通知书》予以登记;不具备初始登记条件的,原则上进行"现状处置",即处置前披露房屋不具备初始登记条件的现状，买受人或承受人按照房屋的权利现状取得房屋，后续的产权登记事项由买受人或承受人自行负责。

最高人民法院执行局《关于对〈最高人民法院关于人民法院办理财产保全案件若干问题的规定〉建议的回复》

建议在《最高人民法院关于人民法院办理财产保全案件若干问题的规定》第十三条款下面增加一个条款，即：申请保全人在本案中对被保全人提供的房产、土地等有形资产优先受偿权，能够足额保证申请保全人的判决执行的，人民法院优先对该资产进行财产保全。

答：抵押权的设立并不意味着债务人仅在抵押财产范围内对债权人负清偿义务，债务人的全部财产除依据法律、司法解释的规定应当豁免执行之外，都应当是清偿债务的责任财产。申请执行人既可以申请执行已抵押财产，也有权申请执行被执行人的未抵押财产。因此，债权人取得生效法律文书并申请强制执行的，执行机构根据债权人提供或依职权查明的财产线索，对债务人的一般责任财产采取控制性执行措施，只要基本与执行债权及其执行费用相当，就符合《民事诉讼法》及其相关司法解释的规定。

执行程序不仅要依法及时实现生效法律文书确定的权利，也应当保障债务人与被执行人的合法权益。《最高人民法院关于人民法院办理财产保全案件若干问题的规定》第十三条明确规定：被保全人有多项财产可供保全的，在能够实现保全目的的情况下，人民法院应当选择对其生产经营活动影响较小的财产进行保全。《最高人民法院关于在执行工作中进一步强化善意文明执行理念的意见》第三条再次重申：被执行人有多项财产可供执行的，人民法院应选择对被执行人生产生活影响较小且方便执行的财产执行。在不影响执行效率和效果的前提下，被执行人请求人民法院先执行某项财产的，应当准许；未准许的，应当有合理正当理由。因此，司法解释与司法文件均已对保障债务人与被执行人的合法权益作出比较充分的考虑。

以上意见供参考。

第九讲

到期债权的执行

◆ 实务指引

债权作为财产的组成部分,在现代社会中具有越来越明显的地位。对被执行人的债权的执行,又被称为“代位执行制度”。将被执行人债权作为执行对象,优化了实现债权的环节,减少了诉累,提高了执行效率。在债权的执行中,到期债权的执行一直是一个重难点。按照《执行规定》第45条的规定,被执行人不能清偿债务,但对本案以外的第三人享有到期债权的,人民法院可以依申请执行人或被执行人的申请,向第三人发出履行到期债务的通知。正是因为这个规定,一些法院往往忽略了对到期债权执行前的必要核实。笔者认为,对到期债权应当首先进行核实,再进行执行。本讲从规范执行的视角归纳实务方法。

一、到期债权的核实

(一)核实要点

1. 核实内容

①债务关系。第三人对被执行人有尚未偿付的债务,这

是执行到期债权的基础法律关系。②债务须适宜于执行。被执行人对第三人的债权具有专属性的，不宜进行执行。③债务履行期已届满。有的履行期限比较容易判断，有的则需要进行一定的分析。一般以被执行人与第三人之间的约定为准，但是，仅有口头约定或约定不明的或没有约定的，可推定为到期债权。④须为合法之债。如第三人欠被执行人的赌债，就不是合法之债。非法之债不能作为被执行人的到期债权进行执行。

2. 核实方法

可以通过申请执行人提供线索、询问被执行人、被执行人报告或提供债权合同等方式发现到期债权。执行人员对到期债权要进行核实，固定证据材料。可以询问第三人，并要求其提供相应材料，此时执行人员要仔细做好笔录。要防止第三人恶意否认债务，执行调查阶段固定好相应的证据，便于后期对第三人的虚假陈述进行处罚。当执行人员进行调查时，第三人一般有以下几种回复：①确认被执行人对其有到期债权的存在，愿意按照到期债务通知的内容进行履行。②确认债权存在，但尚未到期。这种情况可以按照《制裁规避执行意见》第 13 条的规定，对该债权依法冻结，待债权到期后参照到期债权予以执行。③确认被执行人对其有到期债权的存在，但暂时没有钱偿还。这种情况按照《执行规定》第 48 条第 1 款的规定，不能对抗到期债权的执行。④确认被执行人对其有债权债务关系，但尚未进行结算，具体欠付被执行人多少钱还未可知。这种情况可以向第三人下达冻结通知，载明若经结算存在债务时在案件债权范围内予以冻结。⑤确认被执行人对其有到期债权的存在，但已经偿付或部分偿付。这种情况可以按照《执行规定》第 48 条第 2 款的规定，对第三人认可的部分进行执行。⑥否认有被执行人的债权的存在。这种情况下，固定证据材料后，结束核实程序，不再执行。

（二）异议处理

1. 异议的提出形式

按照《执行规定》第 45 条第 2 款第 3 项、第 46 条的规定，第三人对履行到期债权有异议的，应在收到履行通知后的 15 日内向执行法院提出；第三人对履行通知的异议一般应当以书面形式提出，口头提出的，执行人员应记入笔录，并由第三人签字或盖章。笔者认为，如果在核实程序中，第三人就提出异议，则可以结束核实程序，不必再发出履行到期债务通知书。

2. 异议处理规则

按照《执行规定》第 47 条的规定，人民法院对第三人在履行到期债务通知书指定的期间内提出的异议不进行审查，且不得对第三人强制执行。笔者认为，虽然司法解释规定对第三人的异议不进行审查，但执行法院并不是完全听之任之，也应注意第三人陈述有无矛盾之处，有无虚假嫌疑，有无以实际行动证明了到期债权存在却口头否认到期债权在的情况等。必要时，可以采取“亮剑”措施。笔者曾处理过一起案件，第三人一开始书面承认被执行人对其有一笔到期债权的存在，后期又向法院提起异议，称被执行人对其没有该笔到期债权。笔者传唤该第三人的法定代表人到法院，同时安排两名法警把守接待室门口，营造浓厚的司法震慑氛围，郑重告知其虚假陈述的法律责任，如果按异议所称，则前期书面认可的陈述就是对法院的虚假陈述，系妨碍执行行为，法院将可能对该第三人按照相当于其此前认可的债权数额进行罚款，同时还可能对该第三人进行司法拘留，并随即将情况向合议庭及法院领导汇报拟处罚意见，然后让该第三人的法定代表人在接待室自己考虑，两名法警仍把守接待室门口。半个小时后，笔者再次回到接待室，该第三人的法定代表人表示经过再三思量，决定撤回异议，并再次以笔录形式认可被执行人对该第三人确有一笔到期债权。

需要注意的是，第三人在收到履行到期债务通知书时并未提出异议，亦未在法定期限内提出异议，在强制执行时是否仍有异议权？按照最高人民法院执行工作办公室《关于到期债权执行中第三人超过法定期限提出异议等问题如何处理的请示的答复》的规定，第三人在收到履行到期债务通知书后未在法定期限内提出异议，并不发生承认债务存在的实体法效力，第三人在法院开始强制执行后仍有异议权。

对生效法律文书确定的到期债权，第三人提出异议予以否认的，人民法院不予支持，该内容规定在《民诉法解释》第 499 条第 3 款。但是第三人称在生效法律文书确定后，该债权已经消灭、丧失强制执行效力等的，仍有权提出异议。

二、到期债权的执行

（一）履行到期债务通知书

1. 履行期限

按照《执行规定》第 45 条第 2 款第 2 项的规定，第三人应当在收到履行到期债务通知书后的 15 日内向申请执行人履行债务。

2. 送达方式

按照《执行规定》第 45 条第 1 款的规定，履行到期债务通知书必须直接送达第三人。笔者认为，在核实程序中，如果第三人对到期债权予以认可，人民法院当场可以发出履行到期债务通知书；如果第三人认可其与被执行人确有债权债务关系，但需要一定时间让公司会计人员核查后再回复，执行人员可以先行发出履行到期债务通知书，并告知其可以根据核查情况予以回复，对到期债务属实的部分予以认可履行，对不属实的部分提出异议，异议部分可以不履行。

3. 履行到期债务通知书的效力

（1）对被执行人的效力

按照《执行规定》第 50 条的规定，被执行人收到人民法院履行到期债务通知书后，放弃其对第三人的债权或延缓第三人履行期限的行为无效，人民法院仍可在第三人无异议又不履行的情况下予以强制执行。

（2）对第三人的效力

履行到期债务通知书发出后，即具有强制执行的效力，只要第三人未在指定的期限内提出异议，就要受到履行到期债务通知书的约束，不得再向被执行人履行，应当按照履行到期债务通知书给定的账号进行履行。按照《执行规定》第 51 条的规定，第三人在收到履行到期债务通知书后擅自向被执行人履行，造成已向被执行人履行的财产不能追回的，除在已履行的财产范围内与被执行人承担连带清偿责任外，人民法院还可以追究其妨害执行的责任。如果被执行人对第三人已经申请强制执行，第三人按照履行到期债务通知书履行后，其履行的数额应当在被执行人作为申请执行人的案件中予以扣除。

4. 履行证明

按照《执行规定》第 53 条的规定，第三人按照人民法院履行到期债务通知书向申请执行人履行了债务或已被强制执行后，人民法院应当出具有关证明。

（二）冻结

按照《民诉法解释》第 499 条的规定，人民法院执行被执行人对他人的到期债权，可以作出冻结债权的裁定，并通知该他人向申请执行人履行。

1. 冻结的期限

法律、司法解释并未直接规定到期债权冻结的期限，但根据《民诉法解释》第 485 条的规定，冻结到期债权的期限不得超过 3 年。

2. 冻结的标的

在司法实践中，有的法院冻结第三人应向被执行人履行的款项，有的法院则直接查封第三人名下的财产。实际上，对到期债权的冻结是“软查封”，其法律效力是要求第三人不得向被执行人履行偿还义务，而非直接冻结第三人实实在在的某项财产。如果在向第三人发出履行到期债务通知书后，第三人没有按照履行到期债务通知书的要求进行履行，此时方才可以对第三人名下具体的财产进行强制执行。举例说明，A 法院于 2020 年 5 月 15 日冻结第三人乙应向被执行人甲支付的款项 50 万元，B 法院也因甲在乙处有到期债权，于 2020 年 3 月 15 日查封了乙名下一处价值 50 万元的房产。笔者认为，A 法院对到期债权的冻结符合规定，B 法院的查封并不符合规定，尽管采取控制性措施的时间早于 A 法院，但并不发生冻结到期债权的效力。

（三）只追及一次原则

按照《执行规定》第 52 条的规定，对到期债权的执行，只能追及至被执行人的债务人为止，不能再对被执行人的债务人的债务人进行追及，即不得就第三人对他人享有的到期债权强制执行。

三、诉讼制度的导入衔接

（一）申请执行人的代位权诉讼

由于人民法院不予审查第三人在履行到期债务通知书指定的期间内提出的异议，容易造成被执行人或第三人恶意提出异议，所以要导入诉讼程序救济。申请执行人认为被执行人对第三人存在到期债权且怠于行使的，可以按照《制裁规避执行意见》第 14 条第 1 款、《民法典》第 535 条的规定，提起代位权诉讼。

按照《民法典》第 537 条的规定，人民法院认定申请执行人代位权成立的，第三人向申请执行人履行义务，申请执行人接受履行后，其与被执行人、债务人与第三人之间相应的权利义务终止。被执行人对第三人的债权或者与该债权有关的从权利被采取保全、执行措施，或者债务人破产的，依照相关法律的规定处理。

（二）申请执行人的撤销权诉讼

在司法实践中，在发现被执行人对第三人有到期债权之前，被执行人放弃或者无偿转让该债权，或者恶意延长该债权的履行期限，影响申请执行人的债权实现的，申请执行人可以依照《制裁规避执行意见》第 14 条第 2 款、《民法典》第 538 条提起撤销权诉讼。

◆ 参考案例

最高人民法院(2021)最高法民再257号

[**裁判要旨**]到期债权的次债务人逾期提异议不意味承认债务,执行中仍可提执行异议,执行异议实质审查债权真实与具体数额。

◆ 参考规定

《民法典》

第五百三十五条　因债务人怠于行使其债权或者与该债权有关的从权利,影响债权人的到期债权实现的,债权人可以向人民法院请求以自己的名义代位行使债务人对相对人的权利,但是该权利专属于债务人自身的除外。

代位权的行使范围以债权人的到期债权为限。债权人行使代位权的必要费用,由债务人负担。

相对人对债务人的抗辩,可以向债权人主张。

第五百三十七条　人民法院认定代位权成立的,由债务人的相对人向债权人履行义务,债权人接受履行后,债权人与债务人、债务人与相对人之间相应的权利义务终止。债务人对相对人的债权或者与该债权有关的从权利被采取保全、执行措施,或者债务人破产的,依照相关法律的规定处理。

第五百三十八条　债务人以放弃其债权、放弃债权担保、无偿转让财产等方式无偿处分财产权益,或者恶意延长其到期债权的履行期限,影响债权人的债权实现的,债权人可以请求人民法院撤销债务人的行为。

《执行规定》

45. 被执行人不能清偿债务,但对本案以外的第三人享有到期债权的,人民法院可以依申请执行人或被执行人的申请,向第三人发出履行到期债务的通知(以下简称履行通知)。履行通知必须直接送达第三人。

履行通知应当包含下列内容:

(1)第三人直接向申请执行人履行其对被执行人所负的债务,不得向被执行人清偿;

(2)第三人应当在收到履行通知后的十五日内向申请执行人履行债务;

(3)第三人对履行到期债权有异议的,应当在收到履行通知后的十五日内向执行法院提出;

(4)第三人违背上述义务的法律后果。

46. 第三人对履行通知的异议一般应当以书面形式提出,口头提出的,执行人员应记入笔录,并由第三人签字或盖章。

47. 第三人在履行通知指定的期间内提出异议的,人民法院不得对第三人强制执行,对提出的异议不进行审查。

48. 第三人提出自己无履行能力或其与申请执行人无直接法律关系,不属于本规定所指的异议。

第三人对债务部分承认、部分有异议的,可以对其承认的部分强制执行。

50. 被执行人收到人民法院履行通知后,放弃其对第三人的债权或延缓第三人履行期限的行为无效,人民法院仍可在第三人无异议又不履行的情况下予以强制执行。

51. 第三人收到人民法院要求其履行到期债务的通知后,擅自向被执行人履行,造成已向被执行人履行的财产不能追回的,除在已履行的财产范围内与被执行人承担连带清偿责任外,可以追究其妨害执行的责任。

《民诉法解释》

第四百八十五条　人民法院冻结被执行人的银行存款的期限不得超过一年,查封、扣押动产的期限不得超过两年,查封不动产、冻结其他财产权的期限不得超过三年。

申请执行人申请延长期限的,人民法院应当在查封、扣押、冻结期限届满前办理续行查封、扣押、冻结手续,续行期限不得超过前款规定的期限。

人民法院也可以依职权办理续行查封、扣押、冻结手续。

第四百九十九条　人民法院执行被执行人对他人的到期债权,可以作出冻结债权的裁定,并通知该他人向申请执行人履行。

该他人对到期债权有异议,申请执行人请求对异议部分强制执行的,人民法院不予支持。利害关系人对到期债权有异议的,人民法院应当按照民事诉讼法第二百三十四条规定处理。

对生效法律文书确定的到期债权,该他人予以否认的,人民法院不予支持。

《制裁规避执行意见》

12. 依法执行已经生效法律文书确认的被执行人的债权。对于被执行人已经生效法律文书确认的债权，执行法院可以书面通知被执行人在限期内向有管辖权的人民法院申请执行该生效法律文书。限期届满被执行人仍怠于申请执行的，执行法院可以依法强制执行该到期债权。

被执行人已经申请执行的，执行法院可以请求执行该债权的人民法院协助扣留相应的执行款物。

13. 依法保全被执行人的未到期债权。对被执行人的未到期债权，执行法院可以依法冻结，待债权到期后参照到期债权予以执行。第三人仅以该债务未到期为由提出异议的，不影响对该债权的保全。

14. 引导申请执行人依法诉讼。被执行人怠于行使债权对申请执行人造成损害的，执行法院可以告知申请执行人依照《中华人民共和国合同法》第七十三条①的规定，向有管辖权的人民法院提起代位权诉讼。

被执行人放弃债权、无偿转让财产或者以明显不合理的低价转让财产，对申请执行人造成损害的，执行法院可以告知申请执行人依照《中华人民共和国合同法》第七十四条②的规定向有管辖权的人民法院提起撤销权诉讼。

最高人民法院执行工作办公室《关于到期债权执行中第三人超过法定期限提出异议等问题如何处理的请示的答复》

辽宁省高级人民法院：

你院《关于开原市农村信用社、开原市农村信用合作社联合社申请执行辽宁华银实业开发总公司一案疑请报告》收悉。经研究，答复如下：

一、本案执行法院在向第三人送达履行到期债务通知书的同时，即裁定将第三人列为被执行人，并查封其财产，在程序上是错误的，应予纠正。

二、第三人在收到履行到期债务通知书后，未在法定期限内提出异议，并不发生承认债务存在的实体法效力。第三人在法院开始强制执行后仍有异议的，应当得到司法救济。

三、考虑到目前我国尚无第三人异议之诉的法律制度，为公平保护各方当事人的合法权益，根据本案中已经责令双方兑账及当事人提出审计要求的实际情况，可在执行程序中通过对被执行人与第三人双方的全部往来账目进行逐笔核对，或者委托有关单位进行审计并经三方共同认可，最终审核确认后，决定是否继续执行。鉴

① 《中华人民共和国合同法》已废止，该条内容已被《民法典》第535条取代。

② 《中华人民共和国合同法》已废止，该条内容已被《民法典》第538条取代。

于该案各方反映强烈，审核确认宜由你院组织进行。

四、参照最高人民法院《关于人民法院执行工作若干问题的规定（试行）》第六十四条①第二款的规定，审核确认应以被执行人与第三人均认可的法律关系和一致记载的账目为准。经核对确认，如双方账目记载一致的部分说明不欠款，则应撤销对第三人的执行程序；如说明欠款，则可以在执行标的额范围内，予以执行。对于第三人与被执行人之间的法律关系，可按第三人占有被执行人所投入的本金应予返还的原则把握。

① 该条现已修改为第48条。

第十讲

股权执行

◆ 实务指引

近些年,股权、投资权益的执行也越来越多,2022 年 1 月 1 日,《执行股权规定》正式施行。该规定对股权执行进行了规范,投资权益的执行也参照适用该规定。股权作为特殊财产,在执行中,除了适用财产执行的一般规则,还需适用一些特殊的执行规则,本讲将对这些特殊的规则进行介绍。

一、股权的调查

(一)执行法院调查

《执行股权规定》第 4 条第 1 款规定:"人民法院可以冻结下列资料或者信息之一载明的属于被执行人的股权:(一)股权所在公司的章程、股东名册等资料;(二)公司登记机关的登记、备案信息;(三)国家企业信用信息公示系统的公示信息。"该规定为人民法院调查被执行人的股权提供了参考。在执行实务中,执行人员可以先在网络执行查控系统中发起查询,也可以到公司登记机关查阅登记信息,还可以在国家企业信用信息、公示系统查询,除此之外,还可以查阅公司相关资料。

(二)被执行人报告

《财产调查规定》第5条将股权纳入被执行人应当报告的财产范围。这意味着,被执行人有义务向执行法院报告显名股权与隐名股权。在执行实务中,执行人员可以要求被执行人对其持有的所有股权和出资情况以及分红情况进行报告。

(三)申请执行人提供线索

申请执行人与被执行人往往在诉讼纠纷之前就有一定的经济联系,因此也可能掌握着被执行人持有的股权信息,其应当积极向执行法院提供股权线索。另外,也可以申请律师调查令进行调查,还可以申请悬赏执行。在现实中,不排除有一些公司内部人员为求赏金举报隐名股东的情况。

二、股权的冻结

《执行股权规定》第6条改变了《关于信息合作通知》第11条关于股权冻结的规则,按照最新规定,可以对股权冻结归纳以下要点。①冻结协助义务人:公司登记机关。②冻结操作:在国家企业信用信息公示系统进行公示。③冻结生效时间:股权冻结自在公示系统公示时发生法律效力。④向当事人送达并通知股权所在公司:冻结被执行人股权的,应当及时向被执行人、申请执行人送达裁定书,并将股权冻结情况书面通知股权所在公司。

三、股权冻结的相关问题

(一)股权冻结后,对被执行人、股权所在公司、协助义务人有哪些法律后果

按照《执行规定》第38、40条,《关于信息合作通知》第12条,《执行股权规定》第7条的规定,股权被冻结的,未经人民法院许可,不得转让,不得设定质押或者其他权利负担。被执行人就被冻结股权所作的转让、出质或者其他有碍执行的行为,不得对抗申请执行人。有限责任公司股东的股权被冻结期间,股权登记机关不予办理该股东的变更登记、该股东向公司其他股东转让股权被冻结部分的公司章程备案,以及被冻结部分股权的出质登记。有关企业收到人民法院发出的协助冻结通知后,擅自为被执行人办理已冻结股权的转移手续,造成已转移的财产无法追回的,应当在

转移的股权价值范围内向申请执行人承担责任。

（二）股权冻结之后，被执行人的股权价值减损了怎么办

按照《执行股权规定》第 8 条第 1、3 款的规定，股权冻结后，公司在实施增资、减资、合并、分立等对被冻结股权所占比例、股权价值产生重大影响的行为前应向人民法院书面报告有关情况。股权所在公司或者公司董事、高级管理人员故意通过增资、减资、合并、分立、转让重大资产、对外提供担保等行为导致被冻结股权价值严重贬损，影响申请执行人债权实现的，申请执行人可以依法提起诉讼。

（三）冻结股权的效力是否及于股息、红利

按照《查扣冻规定》第 20 条的规定，查封、扣押的效力及于查封、扣押物的从物和天然孳息。股息、红利属于法定孳息，因此，冻结股权的效力不及于股息、红利。按照《执行股权规定》第 9 条第 1 款中的规定，冻结被执行人基于股权享有的股息、红利等收益，应当向股权所在公司送达裁定书。即冻结股息、红利的协助义务人为股权所在公司。

需要注意的是，《冻结、拍卖上市公司股规定》第 7 条第 2 款规定，对上市公司股权冻结的效力及于股权产生的股息以及红利、红股等孳息，但股权持有人或者所有权人仍可享有因上市公司增发、配售新股而产生的权利。

四、股权处置

按照《执行股权规定》第 11 条和第 13 条的规定，股权处置参考价按照《处置参考价规定》的规定进行确定，拍卖股权应当采取网络司法拍卖方式。

需要注意的是对上市公司股权的执行与对有限责任公司股权、非上市的股份有限公司股权的执行也有所不同，其中之一就是在对上市公司股份的执行中要遵循财产除尽原则，这一原则体现在《冻结、拍卖上市公司股规定》第 4 条和第 8 条。

五、股权拍卖的特殊规定

（一）股权不能评估时如何确定处置参考价

按照《执行股权规定》第 12 条的规定，通过评估确定股权处置参考价的，评估机构因缺少评估所需完整材料无法进行评估或者认为影响评估结果，被执行人未能提供且人民法院无法调取补充材料的，人民法院应当通知评估机构根据现有材料进行

评估。评估机构根据现有材料无法出具评估报告的，经申请执行人书面申请，人民法院可以根据具体情况以适当高于执行费用的金额确定起拍价，但是股权所在公司经营严重异常，股权明显没有价值的除外。

在实务操作中，可以对被执行人股权所在公司进行现场调查，同时可以调取该公司纳税信息，如果该公司人去楼空，且相当长的一段时间内没有纳税记录，则可以推断，该公司经营严重异常，股权明显没有价值。

（二）竞拍成交但不符合竞买资格条件的，如何处理

《执行股权规定》第15条是股权变更在网络司法拍卖中的特殊规定，根据法律、行政法规或者国务院决定规定，有的股权在变更时需要符合一定的条件，人民法院应当在拍卖公告中载明这一情况。竞买人不符合竞买条件，但在拍卖成交后，持成交确认书向相关部门申请办理股权变更批准手续取得批准手续的，人民法院作出拍卖成交裁定；买受人未在合理期限内取得批准手续的，应当重新对股权进行拍卖。重新拍卖的，原买受人不得参加竞买。买受人明知不符合竞买资格或者条件依然参加竞买，且在成交后未能在合理期限内取得相关部门股权变更批准手续的，交纳的保证金不予退还。保证金不足以支付拍卖产生的费用损失、弥补重新拍卖价款低于原拍卖价款差价的，人民法院可以裁定原买受人补交；拒不补交的，强制执行。在执行实务中，执行人员需要对拟拍卖的股权进行尽职调查，就股权竞买资格或者条件征询相关部门意见。

六、行为执行中的股权交付问题

按照《执行股权规定》第16条的规定，生效法律文书确定被执行人交付股权，因股权所在公司在生效法律文书作出后增资或者减资导致被执行人实际持股比例降低或者升高的，人民法院应当按照下列情形分别处理：①生效法律文书已经明确交付股权的出资额的，按照该出资额交付股权；②生效法律文书仅明确交付一定比例的股权的，按照生效法律文书作出时该比例所对应出资额占当前公司注册资本总额的比例交付股权。

◆ 参考案例

最高人民法院（2020）最高法执监2号

［**裁判要旨**］对非上市股份有限公司股权的冻结而言，执行法院除应向股权所在

市场主体送达冻结裁定及协助执行通知书外,还应向工商行政管理机关送达协助公示通知书等法律文书,要求工商行政管理机关协助公示,并以此项送达情况确定冻结是否生效及顺位。

◆ 参考规定

《财产调查规定》

第五条　被执行人应当在报告财产令载明的期限内向人民法院书面报告下列财产情况:

(一)收入、银行存款、现金、理财产品、有价证券;

(二)土地使用权、房屋等不动产;

(三)交通运输工具、机器设备、产品、原材料等动产;

(四)债权、股权、投资权益、基金份额、信托受益权、知识产权等财产性权利;

(五)其他应当报告的财产。

被执行人的财产已出租、已设立担保物权等权利负担,或者存在共有、权属争议等情形的,应当一并报告;被执行人的动产由第三人占有,被执行人的不动产、特定动产、其他财产权等登记在第三人名下的,也应当一并报告。

被执行人在报告财产令载明的期限内提交书面报告确有困难的,可以向人民法院书面申请延长期限;申请有正当理由的,人民法院可以适当延长。

《执行股权规定》

第六条　人民法院冻结被执行人的股权,应当向公司登记机关送达裁定书和协助执行通知书,要求其在国家企业信用信息公示系统进行公示。股权冻结自在公示系统公示时发生法律效力。多个人民法院冻结同一股权的,以在公示系统先办理公示的为在先冻结。

依照前款规定冻结被执行人股权的,应当及时向被执行人、申请执行人送达裁定书,并将股权冻结情况书面通知股权所在公司。

第七条　被执行人就被冻结股权所作的转让、出质或者其他有碍执行的行为,不得对抗申请执行人。

第八条　人民法院冻结被执行人股权的,可以向股权所在公司送达协助执行通知书,要求其在实施增资、减资、合并、分立等对被冻结股权所占比例、股权价值产生重大影响的行为前向人民法院书面报告有关情况。人民法院收到报告后,应当及时通知申请执行人,但是涉及国家秘密、商业秘密的除外。

股权所在公司未向人民法院报告即实施前款规定行为的，依照民事诉讼法第一百一十四条①的规定处理。

股权所在公司或者公司董事、高级管理人员故意通过增资、减资、合并、分立、转让重大资产、对外提供担保等行为导致被冻结股权价值严重贬损，影响申请执行人债权实现的，申请执行人可以依法提起诉讼。

第九条　人民法院冻结被执行人基于股权享有的股息、红利等收益，应当向股权所在公司送达裁定书，并要求其在该收益到期时通知人民法院。人民法院对到期的股息、红利等收益，可以书面通知股权所在公司向申请执行人或者人民法院履行。

股息、红利等收益被冻结后，股权所在公司擅自向被执行人支付或者变相支付的，不影响人民法院要求股权所在公司支付该收益。

第十二条　委托评估被执行人的股权，评估机构因缺少评估所需完整材料无法进行评估或者认为影响评估结果，被执行人未能提供且人民法院无法调取补充材料的，人民法院应当通知评估机构根据现有材料进行评估，并告知当事人因缺乏材料可能产生的不利后果。

评估机构根据现有材料无法出具评估报告的，经申请执行人书面申请，人民法院可以根据具体情况以适当高于执行费用的金额确定起拍价，但是股权所在公司经营严重异常，股权明显没有价值的除外。

依照前款规定确定的起拍价拍卖的，竞买人应当预交的保证金数额由人民法院根据实际情况酌定。

第十五条　股权变更应当由相关部门批准的，人民法院应当在拍卖公告中载明法律、行政法规或者国务院决定规定的竞买人应当具备的资格或者条件。必要时，人民法院可以就竞买资格或者条件征询相关部门意见。

拍卖成交后，人民法院应当通知买受人持成交确认书向相关部门申请办理股权变更批准手续。买受人取得批准手续的，人民法院作出拍卖成交裁定书；买受人未在合理期限内取得批准手续的，应当重新对股权进行拍卖。重新拍卖的，原买受人不得参加竞买。

买受人明知不符合竞买资格或者条件依然参加竞买，且在成交后未能在合理期限内取得相关部门股权变更批准手续的，交纳的保证金不予退还。保证金不足以支付拍卖产生的费用损失、弥补重新拍卖价款低于原拍卖价款差价的，人民法院可以

---

① 该条现已修改为第117条。

裁定原买受人补交；拒不补交的，强制执行。

第十六条 生效法律文书确定被执行人交付股权，因股权所在公司在生效法律文书作出后增资或者减资导致被执行人实际持股比例降低或者升高的，人民法院应当按照下列情形分别处理：

（一）生效法律文书已经明确交付股权的出资额的，按照该出资额交付股权；

（二）生效法律文书仅明确交付一定比例的股权的，按照生效法律文书作出时该比例所对应出资额占当前公司注册资本总额的比例交付股权。

《执行规定》

38. 对被执行人在有限责任公司、其他法人企业中的投资权益或股权，人民法院可以采取冻结措施。

冻结投资权益或股权的，应当通知有关企业不得办理被冻结投资权益或股权的转移手续，不得向被执行人支付股息或红利。被冻结的投资权益或股权，被执行人不得自行转让。

40. 有关企业收到人民法院发出的协助冻结通知后，擅自向被执行人支付股息或红利，或擅自为被执行人办理已冻结股权的转移手续，造成已转移的财产无法追回的，应当在所支付的股息或红利或转移的股权价值范围内向申请执行人承担责任。

《查扣冻规定》

第二十条 查封、扣押的效力及于查封、扣押物的从物和天然孳息。

《冻结、拍卖上市公司股规定》

第四条 人民法院在审理案件过程中，股权持有人或者所有权人作为债务人，如有偿还能力的，人民法院一般不应对其股权采取冻结保全措施。

人民法院已对股权采取冻结保全措施的，股权持有人、所有权人或者第三人提供了有效担保，人民法院经审查符合法律规定的，可以解除对股权的冻结。

第七条 人民法院采取保全措施，所冻结的股权价值不得超过股权持有人或者所有权人的债务总额。股权价值应当按照上市公司最近期报表每股资产净值计算。

股权冻结的效力及于股权产生的股息以及红利、红股等孳息，但股权持有人或者所有权人仍可享有因上市公司增发、配售新股而产生的权利。

第八条 人民法院采取强制执行措施时，如果股权持有人或者所有权人在限期内提供了方便执行的其他财产，应当首先执行其他财产。其他财产不足以清偿债务的，方可执行股权。

本规定所称可供方便执行的其他财产，是指存款、现金、成品和半成品、原材料、交通工具等。

人民法院执行股权，必须进行拍卖。

股权的持有人或者所有权人以股权向债权人质押的，人民法院执行时也应当通过拍卖方式进行，不得直接将股权执行给债权人。

《关于信息合作通知》

12. 股权、其他投资权益被冻结的，未经人民法院许可，不得转让，不得设定质押或者其他权利负担。

有限责任公司股东的股权被冻结期间，工商行政管理机关不予办理该股东的变更登记、该股东向公司其他股东转让股权被冻结部分的公司章程备案，以及被冻结部分股权的出质登记。

第十一讲

执行案款的清偿发放

◆ 实务指引

金钱债权执行中，执行案款分配是执行中最为关键的环节，它意味着当事人何时实现债权、真正实现多少债权。如果说执行调查、财产处置是执行过程，那么财产分配与案款发放则是执行结果。通俗地说，老百姓通常这么认为，怎么执行是法院的事，拿到手里多少钱才是他们追求的终极目标。多个债权人并存时，执行案款能否依法分配、及时发放，是人民群众评价执行工作的重要指标。

一、执行案款发放

（一）发放期限

《款物管理规定》第10条第1款规定："执行人员应当在收到财务部门执行款到账通知之日起三十日内，完成执行款的核算、执行费用的结算、通知申请执行人领取和执行款发放等工作。"《执行办案十个必须》第7条规定："必须全面实行执行案款'一案一账号'管理模式，具备发放条件的十五个工作日内完成案款发放，严禁截留、挪用、超期发放。"从"基本解决执行难”阶段到“切实解决执行难”阶段，我们可以看出，最高人民法院对案款发放的期限是逐渐压缩的。近几年，最高人民法院也一直在开展执行案款专项清理工作，一面是执行到位率不高，另一面是执行案款期限内发放率不高，极大影响人民群众的执行获得感。因此，执行人员在案款发放问题上应当格外注意，无故拖延案款发放对执行人员的履职风险是非常大的。

（二）延缓程序

执行案款的延缓发放规定在《款物管理规定》第 10 条第 2、3 款，主要包括以下内容：

1. 延缓发放的情形

以下情形，执行案款可以延缓发放：①需要进行案款分配的；②申请执行人因另案诉讼、执行或涉嫌犯罪等原因导致执行款被保全或冻结的；③申请执行人经通知未领取的；④案件被依法中止或者暂缓执行的；⑤有其他正当理由需要延缓发放执行款的。

2. 延缓发放的审批

延缓发放须报经执行局局长或主管院领导批准。

3. 延缓情形解除后的发放

延缓情形消失后，执行人员应当在 10 日内完成执行款的发放。

（三）案款提存

当出现《款物管理规定》第 16 条规定的情形之一时，可以将执行款提存：①申请执行人无正当理由拒绝领取的；②申请执行人下落不明的；③申请执行人死亡未确定继承人或者丧失民事行为能力未确定监护人的；④按照申请执行人提供的联系方式无法通知其领取的；⑤其他不能发放的情形。执行案款提存需报经执行局局长或主管院领导批准后，提存费用应当由申请执行人负担，可以从执行款中扣除。

（四）案款管理

执行案款管理主要规定在《款物管理规定》第 3、27 条。人民法院财务部门应当对执行款的收付进行逐案登记，并建立明细账。执行机构应当指定专人对执行款物的收发情况进行管理，设立台账、逐案登记，并与执行款物管理部门对执行款物的收发情况每月进行核对。案件承办人调离执行机构，在移交案件时，必须同时移交执行款物收发凭证及相关材料，执行款物收发情况复杂的，可以在交接时进行审计。执行款物交接不清的，不得办理调离手续。

二、执行案款的清偿顺序

（一）执行案款的一般清偿顺序

1. 民事债权清偿顺序的规则

（1）清偿顺序的基本规则

按照《民诉法解释》第506、508、514条和《执行规定》第55条的规定，执行案款的清偿顺序为：执行费用、优先受偿的债权、普通债权。普通债权的清偿顺序为：被执行人为企业法人，则按照查封、扣押、冻结顺序受偿；被执行人为公民或非法人组织的，在财产不足以清偿时，原则上按照申请参与分配债权数额的比例受偿。

（2）执行费用

执行费用一般指因强制执行而支出的费用及其他为债权人共同利益而支出的费用，如执行费、评估费、强制腾退产生的费用等。

（3）优先受偿权

优先权，按照传统民法理论，是指在某一特殊债权债务关系中某一债权人依照法律的规定对债务人的财产所享有的优先于其他债权人受偿的权利。我国法律尚未建立统一的优先权制度，相关规定较分散。常见的优先权有抵押权、质权和留置权，除了这些，在执行实务中，还有一些优先权需要注意：《民办教育促进法》第59条第1款关于对民办学校的财产规定的清偿顺序；《海商法》第22～25条规定的船舶优先权；《民用航空法》第19、21、22条规定的民用航空器优先权；《房地产管理法》第51条关于应缴纳的土地使用权出让金优先于抵押权的规定；《民法典担保制度解释》第18条第2款关于债务人物的担保与第三人担保共存时承担担保责任后的第三人对债务人的物的担保享有优先受偿权的规定；《民法典担保制度解释》第50条规定的划拨土地或其地上建筑物上有抵押权时的清偿顺序；《审理建设工程施工合同纠纷的解释（一）》第36～39条规定的建设工程价款优先权；最高人民法院执行工作办公室《关于执行回转案件的申请执行人在被执行人破产案件中能否得到优先受偿保护的请示的答复》关于执行回转中比照取回权的优先受偿的规定。笔者并未完全列举优先受偿权，在实务操作中可根据具体情况依照相关规定执行，依法制作分配方案，确定清偿顺序。

(二)其他执行竞合时的清偿顺序

1. 民事、行政、刑事责任的竞合清偿

关于在执行程序中,被执行人应承担的民事、行政、刑事责任竞合时的清偿顺序,在《民法典》第 187 条、《证券法》第 220 条、《刑事涉财产执行规定》第 13 条、《助力小微企业发展指导意见》第 8 条中均有规定。民事、行政、刑事责任竞合,且被执行人财产不足以支付时,民事债权优先,在刑事涉财产执行程序中,更加细化了清偿顺序:①人身损害赔偿中的医疗费用;②依法规定的优先受偿权;③退赔被害人的损失;④普通民事债权;⑤罚金;⑥没收财产。

2. 国家税收与民事债权竞合时的清偿

国家税收与民事债权竞合本质上也是当事人行政责任与民事责任的竞合,但是税收具有特殊性,在于税收法律的特别规定。《税收征管法》第 45 条第 1 款规定,"税收优先于无担保债权,法律另有规定的除外;纳税人欠缴的税款发生在纳税人以其财产设定抵押、质押或者纳税人的财产被留置之前的,税收应当先于抵押权、质权、留置权执行"。也就是说,在法律没有特别规定的情况下,税收优先于民事债权。

本书在第七讲中提到在房产执行中的历史欠税问题,被执行人的历史欠税依法仍由被执行人承担。在执行中,在被执行人存在历史欠税的情况下,如何确定执行案款的清偿顺序?笔者认为,历史欠税的实现既可以由税务部门自行征缴,也可以参与执行法院的案款清偿程序。如果参与进来,则应按照《税收征管法》第 45 条的规定确定清偿顺序。这里要注意的一个问题是,税收优先权的优先内容为欠缴税款和滞纳金,并不包括罚款。[①] 在执行案款不足额清偿时,罚款按照《民法典》第 187 条的规定处理。

按照《贯彻税收征管法及细则的通知》第 7 条的规定,纳税人欠缴税款的发生时间为纳税人应缴纳税款的期限届满之次日。

无论是因拍卖而产生的税款,还是被执行人所欠的税款,税收都具有优先性。但税收优先权如何参与民事执行程序;税收优先权有什么样的实现程序;在发生执行竞合时,如何启动税收优先权实现程序,法律、司法解释并没有规定,"如果这些问题无法可依,税收优先权等于纸上谈兵"。[②] 国家税务总局《关于人民法院强制执行

① 杨萍、魏敬森编著:《税法学原理》,中国政法大学出版社 2008 年版,第 154 页。

② 杨萍、魏敬森编著:《税法学原理》,中国政法大学出版社 2008 年版,第 154 页。

被执行人财产有关税收问题的复函》第3条重申了《税收征管法》第45条规定的税收优先权。该复函第4条规定，税务部门可以根据《税收征管法》第5条的规定，向人民法院要求协助依法优先从该执行案款中征收税款。在司法实践中，有些地方的做法是税务部门申请参与分配，有些地方的做法是税务部门发出协助执行通知书。按照国家税收债权理论，笔者倾向于税务部门通过参与分配的方式实现税收优先权的观点。

3. 首封法院或处置权法院发放案款后，执行余款的处理

按照《正确处理轮候查封效力的通知》的规定，首封法院在所处置的查封物有轮候查封的情况下，对于查封物变价款清偿首封债权人后的剩余部分，不能径行返还被执行人，首封债权人和被执行人也无权自行或协商处理。首封法院有义务将相关处置情况告知变价款处置前已知的轮候查封法院，并将剩余变价款移交给轮候查封法院，由轮候查封法院依法处理；轮候查封法院案件尚在诉讼程序中的，应由首封法院予以留存，待审判确定后依法处理。笔者认为，取得处置权的法院（一般为具有优先债权的执行法院）在查封物变价款清偿优先债权后，应当将余款及时移交首封法院处理。

（三）参与分配制度

参与分配制度规定在《民诉法解释》第506～510条、《执行规定》第55～56条以及《民诉法执行程序解释》第17～18条。参与分配制度在执行中作为一项重要的制度，根据以上规定，笔者归纳了以下两点需要注意的问题。

1. 参与分配的观点之争

参与分配发生在执行竞合中，“广义的执行竞合包括参与分配，狭义的执行竞合不包括参与分配”。[①] 在广义的执行竞合中，各债权人对被执行人的财产处于申请执行或申请参与分配的状态。有观点认为，参与分配仅适用于被执行人为公民或非法人组织的情况，这也是司法实践中较为认可的观点；也有观点[②]认为，参与分配有广义和狭义两种概念，被执行人为公民或者非法人组织时的参与分配属于狭义的参与分配，而在广义的参与分配视角下，不论被执行人是否为企业法人，只要涉及多个债权人对财产申请分配的，人民法院均应启动分配程序。

---

① 江必新主编：《强制执行法理论与实务》，中国法制出版社2014年版，第722页。

② 最高人民法院执行裁定书，（2019）最高法执复14号。

在两种对立观点并存的情况下，笔者认为，如果被执行人为企业法人且未进入破产程序，发生执行竞合时，多个债权人按照《民诉法解释》第 514 条的规定进行清偿，并可以按照清偿顺序制作分配方案。参与分配制度本身与分配方案既有联系也有一定的区别。参照最高人民法院《关于如何确定生效法律文书确定的抵押权优先受偿范围的请示答复》的规定，债权人对分配方案有异议的，可以通过分配方案异议之诉的途径处理。另外，如果被执行人为企业法人，各债权人均同意按照债权比例受偿，亦可以制作分配方案进行清偿。

2. 参与分配的实务操作

(1)参与分配申请

申请人申请参与分配，应当在执行程序开始后、被执行人的财产执行终结前以书面的方式提出。参与分配申请需要写明参与分配和被执行人不能清偿所有债权的事实、理由，并附有执行依据。关于什么时间是提交参与分配申请的截止时间，一直是实践中争议较大的地方，《民讼法解释》第 507 条第 2 款规定："参与分配申请应当在执行程序开始后，被执行人的财产执行终结前提出。"但在实践中，何时为财产执行终结，存在争议，各地法院做法不一。

(2)主持分配的法院

一般来说，首封法院或取得处置权的法院为主持分配的法院。相关法院也可以协商由某一家法院主持分配，上级法院亦可以在多个法院之间指定主持分配的法院。债权人的参与分配申请可以向主持分配的法院提交，亦可以通过执行法院转交。如果作为债权人的代理律师，建议向主持参与分配的法院提交更直接，以防范因转交时间差导致没能及时纳入分配范围的风险。

(3)分配方案

多个债权人申请参与分配的，人民法院应当制作财产分配方案，并送达各债权人和被执行人。在实务操作中，执行人员可以先听取各方债权人的意见，通过协调，促使各方达成较为统一的意见，债权人众多时，求同存异，制作符合大多数债权人合法合理利益的分配方案，减少矛盾。

债权人或者被执行人对分配方案有异议的，应当自收到分配方案之日起 15 日内向执行法院提出书面异议。主持分配的法院应当通知未提出异议的债权人、被执行人。未提出异议的债权人、被执行人自收到通知之日起 15 日内未提出反对意见的，法院依异议人的意见对分配方案审查修正后进行分配；提出反对意见的，应当通知异议人。异议人可以自收到通知之日起 15 日内，以提出反对意见的债权人、被执行人为被告,向法院提起诉讼;异议人逾期未提起诉讼的,法院按照原分配方案进行分配。诉讼期间进行分配的,执行法院应当提存与争议债权数额相应的款项。

（四）执转破的衔接

《破产法》第2条第1款规定:“企业法人不能清偿到期债务,并且资产不足以清偿全部债务或者明显缺乏清偿能力的,依照本法规定清理债务。”然而,我国《破产法》实施多年来,效果并不明显。因此,执行程序中设定了被执行人为企业法人的清偿规则,以倒逼轮候查封债权人申请启动破产程序。《执转破审查意见》第4条规定,人民法院采取财产调查措施后,发现作为被执行人的企业法人符合破产情形的,应当及时询问申请执行人、被执行人是否同意将案件移送破产审查。在执行实务中,执行人员在办理被执行人为企业法人的案件时,需要在执行告知程序中履行这一职责。如果申请执行人、被执行人均不同意移送且无人申请破产的,仍按执行程序清偿规则进行清偿。

◆ 参考案例

江西省高级人民法院(2015)赣执复字第47号

［**裁判要旨**］执行房产拍卖时无人竞买,其他执行债权人申请以该次拍卖所定的保留价接受拍卖财产以抵偿其所有债权的,需经具有优先受偿权的债权人或申请执行人同意,且不得损害其他债权人的合法权益和社会公共利益。

◆ 参考规定

《民法典》

第一百八十七条　民事主体因同一行为应当承担民事责任、行政责任和刑事责任的,承担行政责任或者刑事责任不影响承担民事责任;民事主体的财产不足以支付的,优先用于承担民事责任。

《民办教育促进法》

第五十九条　对民办学校的财产按照下列顺序清偿:

（一）应退受教育者学费、杂费和其他费用;

（二）应发教职工的工资及应缴纳的社会保险费用;

（三）偿还其他债务。

非营利性民办学校清偿上述债务后的剩余财产继续用于其他非营利性学校办学;营利性民办学校清偿上述债务后的剩余财产,依照公司法的有关规定处理。

《海商法》

第二十二条　下列各项海事请求具有船舶优先权:

(一)船长、船员和在船上工作的其他在编人员根据劳动法律、行政法规或者劳动合同所产生的工资、其他劳动报酬、船员遣返费用和社会保险费用的给付请求;

(二)在船舶营运中发生的人身伤亡的赔偿请求;

(三)船舶吨税、引航费、港务费和其他港口规费的缴付请求;

(四)海难救助的救助款项的给付请求;

(五)船舶在营运中因侵权行为产生的财产赔偿请求。

载运2000吨以上的散装货油的船舶,持有有效的证书,证明已经进行油污损害民事责任保险或者具有相应的财务保证的,对其造成的油污损害的赔偿请求,不属于前款第(五)项规定的范围。

第二十三条　本法第二十二条第一款所列各项海事请求,依照顺序受偿。但是,第(四)项海事请求,后于第(一)项至第(三)项发生的,应当先于第(一)项至第(三)项受偿。

本法第二十二条第一款第(一)、(二)、(三)、(五)项中有两个以上海事请求的,不分先后,同时受偿;不足受偿的,按照比例受偿。第(四)项中有两个以上海事请求的,后发生的先受偿。

第二十四条　因行使船舶优先权产生的诉讼费用,保存、拍卖船舶和分配船舶价款产生的费用,以及为海事请求人的共同利益而支付的其他费用,应当从船舶拍卖所得价款中先行拨付。

第二十五条　船舶优先权先于船舶留置权受偿,船舶抵押权后于船舶留置权受偿。

前款所称船舶留置权,是指造船人、修船人在合同另一方未履行合同时,可以留置所占有的船舶,以保证造船费用或者修船费用得以偿还的权利。船舶留置权在造船人、修船人不再占有所造或者所修的船舶时消灭。

《民用航空法》

第十九条　下列各项债权具有民用航空器优先权:

(一)援救该民用航空器的报酬;

(二)保管维护该民用航空器的必需费用。

前款规定的各项债权,后发生的先受偿。

第二十条　本法第十九条规定的民用航空器优先权,其债权人应当自援救或者保管维护工作终了之日起三个月内,就其债权向国务院民用航空主管部门登记。

第二十一条　为了债权人的共同利益,在执行人民法院判决以及拍卖过程中产生的费用,应当从民用航空器拍卖所得价款中先行拨付。

第二十二条　民用航空器优先权先于民用航空器抵押权受偿。

《房地产管理法》

第五十一条　设定房地产抵押权的土地使用权是以划拨方式取得的,依法拍卖该房地产后,应当从拍卖所得的价款中缴纳相当于应缴纳的土地使用权出让金的款额后,抵押权人方可优先受偿。

《证券法》

第二百二十条　违反本法规定,应当承担民事赔偿责任和缴纳罚款、罚金、违法所得,违法行为人的财产不足以支付的,优先用于承担民事赔偿责任。

《税收征管法》

第五条　国务院税务主管部门主管全国税收征收管理工作。各地国家税务局和地方税务局应当按照国务院规定的税收征收管理范围分别进行征收管理。

地方各级人民政府应当依法加强对本行政区域内税收征收管理工作的领导或者协调,支持税务机关依法执行职务,依照法定税率计算税额,依法征收税款。

各有关部门和单位应当支持、协助税务机关依法执行职务。

税务机关依法执行职务,任何单位和个人不得阻挠。

第四十五条　税务机关征收税款,税收优先于无担保债权,法律另有规定的除外;纳税人欠缴的税款发生在纳税人以其财产设定抵押、质押或者纳税人的财产被留置之前的,税收应当先于抵押权、质权、留置权执行。

纳税人欠缴税款,同时又被行政机关决定处以罚款、没收违法所得的,税收优先于罚款、没收违法所得。

税务机关应当对纳税人欠缴税款的情况定期予以公告。

《破产法》

第二条　企业法人不能清偿到期债务,并且资产不足以清偿全部债务或者明显缺乏清偿能力的,依照本法规定清理债务。

企业法人有前款规定情形,或者有明显丧失清偿能力可能的,可以依照本法规定进行重整。

《民诉法解释》

第五百零六条　被执行人为公民或者其他组织，在执行程序开始后，被执行人的其他已经取得执行依据的债权人发现被执行人的财产不能清偿所有债权的，可以向人民法院申请参与分配。

对人民法院查封、扣押、冻结的财产有优先权、担保物权的债权人，可以直接申请参与分配，主张优先受偿权。

第五百零七条　申请参与分配，申请人应当提交申请书。申请书应当写明参与分配和被执行人不能清偿所有债权的事实、理由，并附有执行依据。

参与分配申请应当在执行程序开始后，被执行人的财产执行终结前提出。

第五百零八条　参与分配执行中，执行所得价款扣除执行费用，并清偿应当优先受偿的债权后，对于普通债权，原则上按照其占全部申请参与分配债权数额的比例受偿。清偿后的剩余债务，被执行人应当继续清偿。债权人发现被执行人有其他财产的，可以随时请求人民法院执行。

第五百零九条　多个债权人对执行财产申请参与分配的，执行法院应当制作财产分配方案，并送达各债权人和被执行人。债权人或者被执行人对分配方案有异议的，应当自收到分配方案之日起十五日内向执行法院提出书面异议。

第五百一十条　债权人或者被执行人对分配方案提出书面异议的，执行法院应当通知未提出异议的债权人、被执行人。

未提出异议的债权人、被执行人自收到通知之日起十五日内未提出反对意见的，执行法院依异议人的意见对分配方案审查修正后进行分配；提出反对意见的，应当通知异议人。异议人可以自收到通知之日起十五日内，以提出反对意见的债权人、被执行人为被告，向执行法院提起诉讼；异议人逾期未提起诉讼的，执行法院按照原分配方案进行分配。

诉讼期间进行分配的，执行法院应当提存与争议债权数额相应的款项。

第五百一十四条　当事人不同意移送破产或者被执行人住所地人民法院不受理破产案件的，执行法院就执行变价所得财产，在扣除执行费用及清偿优先受偿的债权后，对于普通债权，按照财产保全和执行中查封、扣押、冻结财产的先后顺序清偿。

《执行规定》

55. 多份生效法律文书确定金钱给付内容的多个债权人分别对同一被执行人申请执行，各债权人对执行标的物均无担保物权的，按照执行法院采取执行措施的先后顺序受偿。

多个债权人的债权种类不同的，基于所有权和担保物权而享有的债权，优先于金钱债权受偿。有多个担保物权的，按照各担保物权成立的先后顺序清偿。

一份生效法律文书确定金钱给付内容的多个债权人对同一被执行人申请执行，执行的财产不足清偿全部债务的，各债权人对执行标的物均无担保物权的，按照各债权比例受偿。

56. 对参与被执行人财产的具体分配，应当由首先查封、扣押或冻结的法院主持进行。

首先查封、扣押、冻结的法院所采取的执行措施如系为执行财产保全裁定，具体分配应当在该院案件审理终结后进行。

《民诉法执行程序解释》

第十七条　多个债权人对同一被执行人申请执行或者对执行财产申请参与分配的，执行法院应当制作财产分配方案，并送达各债权人和被执行人。债权人或者被执行人对分配方案有异议的，应当自收到分配方案之日起十五日内向执行法院提出书面异议。

第十八条　债权人或者被执行人对分配方案提出书面异议的，执行法院应当通知未提出异议的债权人或被执行人。

未提出异议的债权人、被执行人收到通知之日起十五日内未提出反对意见的，执行法院依异议人的意见对分配方案审查修正后进行分配；提出反对意见的，应当通知异议人。异议人可以自收到通知之日起十五日内，以提出反对意见的债权人、被执行人为被告，向执行法院提起诉讼；异议人逾期未提起诉讼的，执行法院依原分配方案进行分配。

诉讼期间进行分配的，执行法院应当将与争议债权数额相应的款项予以提存。

《民法典担保制度解释》

第十八条　承担了担保责任或者赔偿责任的担保人，在其承担责任的范围内向债务人追偿的，人民法院应予支持。

同一债权既有债务人自己提供的物的担保，又有第三人提供的担保，承担了担保责任或者赔偿责任的第三人，主张行使债权人对债务人享有的担保物权的，人民法院应予支持。

第五十条　抵押人以划拨建设用地上的建筑物抵押，当事人以该建设用地使用权不能抵押或者未办理批准手续为由主张抵押合同无效或者不生效的，人民法院不予支持。抵押权依法实现时，拍卖、变卖建筑物所得的价款，应当优先用于补缴建设用地使用权出让金。

当事人以划拨方式取得的建设用地使用权抵押，抵押人以未办理批准手续为由主张抵押合同无效或者不生效的，人民法院不予支持。已经依法办理抵押登记，抵押权人主张行使抵押权的，人民法院应予支持。抵押权依法实现时所得的价款，参照前款有关规定处理。

《审理建设工程施工合同纠纷的解释(一)》

第三十六条　承包人根据民法典第八百零七条规定享有的建设工程价款优先受偿权优于抵押权和其他债权。

第三十七条　装饰装修工程具备折价或者拍卖条件，装饰装修工程的承包人请求工程价款就该装饰装修工程折价或者拍卖的价款优先受偿的，人民法院应予支持。

第三十八条　建设工程质量合格，承包人请求其承建工程的价款就工程折价或者拍卖的价款优先受偿的，人民法院应予支持。

第三十九条　未竣工的建设工程质量合格，承包人请求其承建工程的价款就其承建工程部分折价或者拍卖的价款优先受偿的，人民法院应予支持。

《刑事涉财产执行规定》

第十三条　被执行人在执行中同时承担刑事责任、民事责任，其财产不足以支付的，按照下列顺序执行：

(一)人身损害赔偿中的医疗费用；

(二)退赔被害人的损失；

(三)其他民事债务；

(四)罚金；

(五)没收财产。

债权人对执行标的依法享有优先受偿权，其主张优先受偿的，人民法院应当在前款第(一)项规定的医疗费用受偿后，予以支持。

《款物管理规定》

第三条　财务部门应当对执行款的收付进行逐案登记，并建立明细账。

对于由人民法院保管的查封、扣押物品，应当指定专人或部门负责，逐案登记，妥善保管，任何人不得擅自使用。

执行机构应当指定专人对执行款物的收发情况进行管理，设立台账、逐案登记，并与执行款物管理部门对执行款物的收发情况每月进行核对。

第十条 执行人员应当在收到财务部门执行款到账通知之日起三十日内,完成执行款的核算、执行费用的结算、通知申请执行人领取和执行款发放等工作。

有下列情形之一的,报经执行局局长或主管院领导批准后,可以延缓发放:

(一)需要进行案款分配的;

(二)申请执行人因另案诉讼、执行或涉嫌犯罪等原因导致执行款被保全或冻结的;

(三)申请执行人经通知未领取的;

(四)案件被依法中止或者暂缓执行的;

(五)有其他正当理由需要延缓发放执行款的。

上述情形消失后,执行人员应当在十日内完成执行款的发放。

第十六条 有下列情形之一,不能在规定期限内发放执行款的,人民法院可以将执行款提存:

(一)申请执行人无正当理由拒绝领取的;

(二)申请执行人下落不明的;

(三)申请执行人死亡未确定继承人或者丧失民事行为能力未确定监护人的;

(四)按照申请执行人提供的联系方式无法通知其领取的;

(五)其他不能发放的情形。

第十七条 需要提存执行款的,执行人员应当填写执行款提存审批表并附具有提存情形的证明材料。执行款提存审批表中应注明执行案件案号、当事人姓名或名称、交款人姓名或名称、交款金额、交款时间、交款方式、收款人姓名或名称、提存金额、提存原因等情况。报经执行局局长或主管院领导批准后,办理提存手续。

提存费用应当由申请执行人负担,可以从执行款中扣除。

第二十七条 案件承办人调离执行机构,在移交案件时,必须同时移交执行款物收发凭证及相关材料。执行款物收发情况复杂的,可以在交接时进行审计。执行款物交接不清的,不得办理调离手续。

《执行办案十个必须》

七、必须全面实行执行案款“一案一账号”管理模式,具备发放条件的十五个工作日内完成案款发放,严禁截留、挪用、超期发放……

《执转破审查意见》

4.执行法院在执行程序中应加强对执行案件移送破产审查有关事宜的告知和

征询工作。执行法院采取财产调查措施后，发现作为被执行人的企业法人符合破产法第二条规定的，应当及时询问申请执行人、被执行人是否同意将案件移送破产审查。申请执行人、被执行人均不同意移送且无人申请破产的，执行法院应当按照《最高人民法院关于适用〈中华人民共和国民事诉讼法〉的解释》第五百一十六条①的规定处理，企业法人的其他已经取得执行依据的债权人申请参与分配的，人民法院不予支持。

最高人民法院执行工作办公室《关于执行回转案件的申请执行人在被执行人破产案件中能否得到优先受偿保护的请示的答复》

天津市高级人民法院：

你院《关于执行回转案件的申请执行人在被执行人破产案件中能否得到优先受偿保护的请示》收悉。经研究，答复如下：

人民法院因原错误判决被撤销而进行执行回转，申请执行人在被执行人破产案件中能否得到优先受偿保护的问题，目前我国法律尚无明确规定。我们认为，因原错误判决而被执行的财产，并非因当事人的自主交易而转移。为此，不应当将当事人请求执行回转的权利作为普通债权对待。在执行回转案件被执行人破产的情况下，可以比照取回权制度，对执行回转案件申请执行人的权利予以优先保护，认定应当执行回转部分的财产数额，不属于破产财产。因此，审理破产案件的法院应当将该部分财产交由执行法院继续执行。

《助力小微企业发展指导意见》

8. 依法保护中小微企业等市场主体在民事、行政、刑事交叉案件中的合法权益。切实贯彻民法典第一百八十七条的规定，债务人因同一行为应当承担民事责任、行政责任和刑事责任，其财产不足以支付的，依法保障中小微企业等市场主体的民事债权优先于罚款、罚金、没收财产等行政、刑事处罚受偿。在刑事裁判涉财产部分执行过程中，中小微企业等市场主体作为案外人对执行标的提出异议的，严格依照相关规定妥善处理，依法保护其合法财产权益。除法律、司法解释另有规定外，对中小微企业等市场主体与刑事案件犯罪嫌疑人或者被告人产生的民事纠纷，如果民事案件不是必须以刑事案件的审理结果为依据，则不得以刑事案件正在侦查或者尚未审结为由对民事案件不予受理或者中止审理，切实避免因刑事案件影响中小微企业等市场主体通过民事诉讼及时维护其合法权益。在中小微企业等市场主体为被告人

① 该条现已修改为第514条。

的刑事案件审理过程中,应当严格区分违法所得和合法财产、企业法人财产和个人财产,对确实与案件无关的财物,应当及时解除查封、扣押、冻结措施。

最高人民法院《关于如何确定生效法律文书确定的抵押权优先受偿范围的请示答复》

山东省高级人民法院:

你院《关于如何确定生效法律文书确定的抵押权优先受偿范围的请示》〔(2013)鲁执三他字第7号〕收悉。经研究,答复如下:

在参与分配程序中,抵押权的实现并不以生效法律文书的确认为前提。《最高人民法院关于人民法院执行工作若干问题的规定(试行)》第93条①规定,对人民法院查封、扣押或冻结的财产有优先权、担保物权的债权人,可以申请参加参与分配程序,主张优先受偿权。第94条②规定,参与分配案件中可供执行的财产,在对享有优先权、担保权的债权人依照法律规定的顺序优先受偿后,按照各个案件债权额的比例进行分配。依照上述规定,在参与分配程序中,债权人只要在实体上享有抵押权,即可主张债权的优先受偿。如果其他债权人、被执行人对于抵押权及其担保债权的范围存在异议,可以根据《最高人民法院关于适用〈中华人民共和国民事诉讼法〉执行程序若干问题的解释》第二十五条③、第二十六条④的规定,通过分配方案异议、分配方案异议之诉程序予以救济。

请你院按照此法律规定规范处理,向当事人释明相关程序救济措施,保障各方当事人的合法权益。

《贯彻税收征管法及细则的通知》

十、关于税款优先的时间确定问题

征管法第四十五条规定"纳税人欠缴的税款发生在纳税人以其财产设定抵押、质押或者纳税人的财产被留置之前的,税收应当先于抵押权、质权、留置权执行",欠缴的税款是纳税人发生纳税义务,但未按照法律、行政法规规定的期限或者未按照税务机关依照法律、行政法规的规定确定的期限向税务机关申报缴纳的税款或者少缴的税款,纳税人应缴纳税款的期限届满之次日即是纳税人欠缴税款的发生时间。

---

① 该条现已删除。

② 该条现已删除。

③ 该条现已修改为第17条。

④ 该条现已修改为第18条。

国家税务总局《关于人民法院强制执行被执行人财产有关税收问题的复函》

最高人民法院：

你院《关于人民法院依法强制执行拍卖、变卖被执行人财产后，税务部门能否直接向人民法院征收营业税的征求意见稿》(〔2005〕执他字第12号)收悉。经研究，函复如下：

一、人民法院的强制执行活动属司法活动，不具有经营性质，不属于应税行为，税务部门不能向人民法院的强制执行活动征税。

二、无论拍卖、变卖财产的行为是纳税人的自主行为，还是人民法院实施的强制执行活动，对拍卖、变卖财产的全部收入，纳税人均应依法申报缴纳税款。

三、税收具有优先权。《中华人民共和国税收征收管理法》第四十五条规定，税务机关征收税款，税收优先于无担保债权，法律另有规定的除外；纳税人欠缴的税款发生在纳税人以其财产设定抵押、质押或者纳税人的财产被留置之前的，税收应当先于抵押权、质权、留置权执行。

四、鉴于人民法院实际控制纳税人因强制执行活动而被拍卖、变卖财产的收入，根据《中华人民共和国税收征收管理法》第五条的规定，人民法院应当协助税务机关依法优先从该收入中征收税款。

国家税务总局

二〇〇五年九月十二日

第十二讲

司法处罚

◆ 实务指引

在民事强制执行中,强制性一般针对的是作出妨碍执行行为的人。"妨碍执行行为,是指当事人或者其他人在执行程序中实施的、妨碍执行活动、致使当事人合法权益或法律权威遭受损害的违法行为。"①妨碍执行行为有作为的行为和不作为的行为。笔者认为,有能力履行生效法律文书确定的义务而拒不履行属于不作为的妨碍执行行为。对妨碍执行的行为,法律上有司法的制裁、民事的制裁和刑事的制裁。本讲主要阐述的是司法制裁(执行制裁)中的罚款、拘留有关内容。

对妨害民事诉讼的强制措施主要规定在《民诉法》第113~120条、《民诉法解释》第174~193条、《执行规定》第57条、《财产调查规定》第9条、《限制消费规定》第11条、《制裁规避执行意见》第15条和《落实司法人员履职规定的实施办法》第11条中。根据以上规定,笔者将罚款、拘留有关内容归

① 江必新主编:《强制执行法理论与实务》,中国法制出版社2014年版,第511页。

纳如下。

一、罚款、拘留的对象

在执行程序中,罚款、拘留的对象为当事人(申请执行人、被执行人)、协助义务人和其他相关人。被处罚对象为单位的,可以对单位主要负责人或者直接责任人员予以处罚。应当说,处罚的对象是开放的,执行人员手中握着的是一把“利剑”,执行工作所到之处,但凡发生妨碍执行行为,均可以“亮剑”。笔者曾写过一首执行歌曲《执行使命》,其中就有一句:“我的每一次处罚,是司法亮剑的力量,每一次执行的较量,为正义增加了重量。”执行的目的有两个,一是实现当事人的胜诉债权,二是维护司法权威,对妨碍执行的行为进行处罚,有利于推动社会对司法的敬畏。

二、对罚款、拘留的情形的把握

法律、司法解释等规定了若干可以罚款、拘留的妨碍执行行为,笔者认为,可以从以下几个方面进行把握。

(1)对被执行人不作为的妨碍执行行为。有能力履行而拒不履行生效法律文书确定的义务的行为,通常以不作为的方式表现。例如,明明有财产而拒不偿还债务的行为;又如,拒不申报财产、消极对待到期债权等;再如,执行法院责令被执行人作出一定的行为,但被执行人拒不作为的(如拒不迁出房屋、土地等)。这些行为均可以进行处罚。

(2)对被执行人作为的妨碍执行行为。例如,隐匿财产、毁损财产、恶意转移财产(包括已被查封、扣押、冻结的财产)等。关于恶意转移财产,需要把握的是:如果该财产已被法院查封、扣押或冻结,恶意转移财产发生的时间须发生在法院查封、扣押或冻结之后;如果该财产为未被查封、扣押或冻结的财产,恶意转移财产的时间须发生于法律文书发生法律效力后。有些被执行人通过表面合法的方式妨碍执行,如通过与他人恶意串通,通过诉讼、仲裁、调解等方式。又如,违反执行法院的限制消费令。以暴力等作为的方式冲击法庭、抗拒执行、阻碍执行人员执行,侮辱、诽谤、诬陷、殴打或者打击报复执行人员、诉讼参加人、证人、翻译人员、鉴定人、勘验人、协助执行的人等,均是以作为的方式妨碍执行。另外,执行人员受到被执行人恐吓、伤害、打击等,应当受到司法职业人员履职保障相关规定的保护。

(3)对协助义务人妨碍执行。协助义务人妨碍执行主要表现在拒不协助、消极协助两个方面。协助义务人的协助义务有哪些?需要结合具体案件具体情况来分析,有些是法律明确规定的义务,有些则是执行人员根据案件需要要求的,这就需要在协助执行通知书中载明。

笔者认为:协助义务人为单位的,如果协助义务人以内部规定为由对抗执行,可以对该单位进行罚款;如果是协助义务单位具体经办人员个人拒不协助,可以对该具体经办人员进行罚款、拘留。

(4)对申请执行人妨碍执行。有人一定会疑惑,申请执行人也会妨碍执行?如前所述,妨碍执行是对执行法院执行活动的妨碍,申请执行人也可能会发生如冲击法庭、威胁执行人员等行为。在此种情形下,可以进行罚款、拘留。

(5)对其他相关人员妨碍执行。其他相关人员的范围就比较广,有可能是执行担保人、当事人的配偶、执行调查中虚假作证的人等。这种开放性是由执行工作本身的开放性所决定的,在纷繁复杂的社会生活中,执行调查可能要经历抽丝剥茧的多重环节,涉及方方面面的人员,如果法律不赋予执行人员这样的权力,就难以保障执行调查程序的顺利进行和人们对司法的敬畏。反过来,执行人员成为司法高风险从业人员,执行人员要慎用权力,该出手时要坚决出手,不该出手时坚决不能伸手。在拟作出处罚措施前,要充分收集相关证据。

执行程序的开放性还表现在执行的各个环节都可能有案外人参与,比如在司法拍卖程序中,《房产竞买人资格规定》第 6 条规定,竞买人虚构购房资格或者当事人之间恶意串通,侵害他人合法权益或者逃避履行法律文书确定的义务的,人民法院应当根据情节轻重予以罚款、拘留。

三、罚款数额、拘留期限

法律规定:对个人的罚款金额,为人民币 10 万元以下;对单位的罚款金额,为人民币 5 万元以上 100 万元以下;拘留期限,为 15 日以下。司法解释规定,对个人或者单位采取罚款措施时,应当根据其实施妨害民事诉讼行为的性质、情节、后果,当地的经济发展水平,以及诉讼标的额等因素。在司法实践中,关于拘留,一些法院不分妨碍执行情节,“一刀切”采取 15 日的拘留,笔者认为,这种做法有失妥当。

如果被执行人正在被行政拘留或者执行刑罚的自由刑,对其作出的司法拘留该如何执行?法律并未规定。笔者认为,应当将拘留决定书送达拘留所或看守所、监狱,在被执行人行政拘留或自由刑期满后,由关押机关执行司法拘留,继续关押至司法拘留期限届满时。

四、罚款、拘留的程序

(1)调查。罚款、拘留的调查程序必不可少,执行人员拟对被处罚人进行处罚的,要收集好具有处罚情节的相关证据。在执行实务中,执行人员要充分运用执法记录仪,与拟被处罚人的对话要用语精准,表述清晰。调查取证现场,要按照《执行规定》第 7 条的规定,规范着装。

在紧急情况下,如因哄闹、冲击法庭,用暴力、威胁等方法抗拒执行公务等紧急情况,按照《民诉法解释》第 181 条的规定,也可以立即采取拘留措施,但是在拘留后,需要立即报告院长补办批准手续,院长认为拘留不当的,应当解除拘留。

(2)审查。罚款、拘留措施应当属于执行程序中的重大事项,《执行规定》第 5 条规定,应由 3 名以上执行员讨论,并报经院长批准。院长批准这一程序也规定在《民讼法》中,由此可见,罚款、拘留的作出,具有一定的行政命令性。

(3)执行。罚款的执行一般由执行法院自行执行,对另立司惩字作出罚款决定的案件,如果被罚款人拒不履行,可以以罚款决定书为依据,另立执行案件。拘留的执行,由司法警察将被拘留人送交当地公安机关看管。送交公安机关看管时,应向公安机关送达拘留决定书和执行拘留通知书。公安机关收拘被拘留人后,应当向人民法院出具回执。对被拘留人采取拘留措施后,应当在 24 小时内通知其家属;确实无法按时通知或者通知不到的,应当记录在案。

(4)救济。被罚款、拘留的人对罚款、拘留决定不服的,可以向上一级人民法院申请复议一次。复议应当自收到决定书之日起 3 日内提出。复议期间不停止执行。上级人民法院应当在收到复议申请后 5 日内作出决定,并将复议结果通知下级人民法院和当事人。上级人民法院复议时认为强制措施不当的,应当制作决定书,撤销或者变更下级人民法院作出的拘留、罚款决定。情况紧急的,可以在口头通知后 3 日内发出决定书。

(5)特殊人员的拘留。

①人大代表。按照《人大代表法》第 32 条的规定,对县级以上的各级人民代表大会代表,需要依法采取拘留措施的,应当先行报经该级人民代表大会主席团或者人民代表大会常务委员会许可。乡、民族乡、镇的人民代表大会代表被采取拘留措施的,执行机关应当立即报告乡、民族乡、镇的人民代表大会。

②政协委员。按照《政协委员强制措施通知》的规定,对政协委员确需依法采取司法拘留措施的,应向该级中国人民政治协商会议委员会党组通报。

(6)提前解除。被拘留人在拘留期间认错悔改的,可以责令其具结悔过,经院长批准,提前解除拘留。在执行实务中,提前解除的,执行人员需要在释放被拘留人之前要求其写下书面悔过书,或者口头悔过并记入笔录。

◆ 参考案例

安徽省高级人民法院(2021)执复159号

[**裁判要旨**]人民法院有权向有关单位和个人调查取证,有关单位和个人不得拒绝。对于拒不履行协助义务的单位,人民法院除责令其履行协助义务外,并可以予以罚款。

◆ 参考规定

《人大代表法》

第三十二条　县级以上的各级人民代表大会代表,非经本级人民代表大会主席团许可,在本级人民代表大会闭会期间,非经本级人民代表大会常务委员会许可,不受逮捕或者刑事审判。如果因为是现行犯被拘留,执行拘留的机关应当立即向该级人民代表大会主席团或者人民代表大会常务委员会报告。

对县级以上的各级人民代表大会代表,如果采取法律规定的其他限制人身自由的措施,应当经该级人民代表大会主席团或者人民代表大会常务委员会许可。

人民代表大会主席团或者常务委员会受理有关机关依照本条规定提请许可的申请,应当审查是否存在对代表在人民代表大会各种会议上的发言和表决进行法律追究,或者对代表提出建议、批评和意见等其他执行职务行为打击报复的情形,并据此作出决定。

乡、民族乡、镇的人民代表大会代表,如果被逮捕、受刑事审判、或者被采取法律规定的其他限制人身自由的措施,执行机关应当立即报告乡、民族乡、镇的人民代表大会。

《民诉法》

第一百一十三条　诉讼参与人和其他人应当遵守法庭规则。

人民法院对违反法庭规则的人,可以予以训诫,责令退出法庭或者予以罚款、拘留。

人民法院对哄闹、冲击法庭,侮辱、诽谤、威胁、殴打审判人员,严重扰乱法庭秩序的人，依法追究刑事责任；情节较轻的，予以罚款、拘留。

第一百一十四条　诉讼参与人或者其他人有下列行为之一的，人民法院可以根据情节轻重予以罚款、拘留；构成犯罪的，依法追究刑事责任：

（一）伪造、毁灭重要证据，妨碍人民法院审理案件的；

（二）以暴力、威胁、贿买方法阻止证人作证或者指使、贿买、胁迫他人作伪证的；

（三）隐藏、转移、变卖、毁损已被查封、扣押的财产，或者已被清点并责令其保管的财产，转移已被冻结的财产的；

（四）对司法工作人员、诉讼参加人、证人、翻译人员、鉴定人、勘验人、协助执行的人，进行侮辱、诽谤、诬陷、殴打或者打击报复的；

（五）以暴力、威胁或者其他方法阻碍司法工作人员执行职务的；

（六）拒不履行人民法院已经发生法律效力的判决、裁定的。

人民法院对有前款规定的行为之一的单位，可以对其主要负责人或者直接责任人员予以罚款、拘留；构成犯罪的，依法追究刑事责任。

第一百一十五条　当事人之间恶意串通，企图通过诉讼、调解等方式侵害他人合法权益的，人民法院应当驳回其请求，并根据情节轻重予以罚款、拘留；构成犯罪的，依法追究刑事责任。

第一百一十六条　被执行人与他人恶意串通，通过诉讼、仲裁、调解等方式逃避履行法律文书确定的义务的，人民法院应当根据情节轻重予以罚款、拘留；构成犯罪的，依法追究刑事责任。

第一百一十七条　有义务协助调查、执行的单位有下列行为之一的，人民法院除责令其履行协助义务外，并可以予以罚款：

（一）有关单位拒绝或者妨碍人民法院调查取证的；

（二）有关单位接到人民法院协助执行通知书后，拒不协助查询、扣押、冻结、划拨、变价财产的；

（三）有关单位接到人民法院协助执行通知书后，拒不协助扣留被执行人的收入、办理有关财产权证照转移手续、转交有关票证、证照或者其他财产的；

（四）其他拒绝协助执行的。

人民法院对有前款规定的行为之一的单位，可以对其主要负责人或者直接责任人员予以罚款；对仍不履行协助义务的，可以予以拘留；并可以向监察机关或者有关机关提出予以纪律处分的司法建议。

第一百一十八条　对个人的罚款金额，为人民币十万元以下。对单位的罚款金额，为人民币五万元以上一百万元以下。

拘留的期限，为十五日以下。

被拘留的人，由人民法院交公安机关看管。在拘留期间，被拘留人承认并改正错误的，人民法院可以决定提前解除拘留。

第一百一十九条　拘传、罚款、拘留必须经院长批准。

拘传应当发拘传票。

罚款、拘留应当用决定书。对决定不服的，可以向上一级人民法院申请复议一次。复议期间不停止执行。

第一百二十条　采取对妨害民事诉讼的强制措施必须由人民法院决定。任何单位和个人采取非法拘禁他人或者非法私自扣押他人财产追索债务的，应当依法追究刑事责任，或者予以拘留、罚款。

《民诉法解释》

第一百七十四条　民事诉讼法第一百一十二条规定的必须到庭的被告，是指负有赡养、抚育、扶养义务和不到庭就无法查清案情的被告。

人民法院对必须到庭才能查清案件基本事实的原告，经两次传票传唤，无正当理由拒不到庭的，可以拘传。

第一百七十五条　拘传必须用拘传票，并直接送达被拘传人；在拘传前，应当向被拘传人说明拒不到庭的后果，经批评教育仍拒不到庭的，可以拘传其到庭。

第一百七十六条　诉讼参与人或者其他人有下列行为之一的，人民法院可以适用民事诉讼法第一百一十三条规定处理：

（一）未经准许进行录音、录像、摄影的；

（二）未经准许以移动通信等方式现场传播审判活动的；

（三）其他扰乱法庭秩序，妨害审判活动进行的。

有前款规定情形的，人民法院可以暂扣诉讼参与人或者其他人进行录音、录像、摄影、传播审判活动的器材，并责令其删除有关内容；拒不删除的，人民法院可以采取必要手段强制删除。

第一百七十七条　训诫、责令退出法庭由合议庭或者独任审判员决定。训诫的内容、被责令退出法庭者的违法事实应当记入庭审笔录。

第一百七十八条　人民法院依照民事诉讼法第一百一十三条至第一百一十七条的规定采取拘留措施的，应经院长批准，作出拘留决定书，由司法警察将被拘留人送交当地公安机关看管。

第一百七十九条　被拘留人不在本辖区的,作出拘留决定的人民法院应当派员到被拘留人所在地的人民法院,请该院协助执行,受委托的人民法院应当及时派员协助执行。被拘留人申请复议或者在拘留期间承认并改正错误,需要提前解除拘留的,受委托人民法院应当向委托人民法院转达或者提出建议,由委托人民法院审查决定。

第一百八十条　人民法院对被拘留人采取拘留措施后,应当在二十四小时内通知其家属;确实无法按时通知或者通知不到的,应当记录在案。

第一百八十一条　因哄闹、冲击法庭,用暴力、威胁等方法抗拒执行公务等紧急情况,必须立即采取拘留措施的,可在拘留后,立即报告院长补办批准手续。院长认为拘留不当的,应当解除拘留。

第一百八十二条　被拘留人在拘留期间认错悔改的,可以责令其具结悔过,提前解除拘留。提前解除拘留,应报经院长批准,并作出提前解除拘留决定书,交负责看管的公安机关执行。

第一百八十三条　民事诉讼法第一百一十三条至第一百一十六条规定的罚款、拘留可以单独适用,也可以合并适用。

第一百八十四条　对同一妨害民事诉讼行为的罚款、拘留不得连续适用。发生新的妨害民事诉讼行为的,人民法院可以重新予以罚款、拘留。

第一百八十五条　被罚款、拘留的人不服罚款、拘留决定申请复议的,应当自收到决定书之日起三日内提出。上级人民法院应当在收到复议申请后五日内作出决定,并将复议结果通知下级人民法院和当事人。

第一百八十六条　上级人民法院复议时认为强制措施不当的,应当制作决定书,撤销或者变更下级人民法院作出的拘留、罚款决定。情况紧急的,可以在口头通知后三日内发出决定书。

第一百八十七条　民事诉讼法第一百一十四条第一款第五项规定的以暴力、威胁或者其他方法阻碍司法工作人员执行职务的行为,包括:

(一)在人民法院哄闹、滞留,不听从司法工作人员劝阻的;

(二)故意毁损、抢夺人民法院法律文书、查封标志的;

(三)哄闹、冲击执行公务现场,围困、扣押执行或者协助执行公务人员的;

(四)毁损、抢夺、扣留案件材料、执行公务车辆、其他执行公务器械、执行公务人员服装和执行公务证件的;

(五)以暴力、威胁或者其他方法阻碍司法工作人员查询、查封、扣押、冻结、划拨、拍卖、变卖财产的；

（六）以暴力、威胁或者其他方法阻碍司法工作人员执行职务的其他行为。

第一百八十八条　民事诉讼法第一百一十四条第一款第六项规定的拒不履行人民法院已经发生法律效力的判决、裁定的行为，包括：

（一）在法律文书发生法律效力后隐藏、转移、变卖、毁损财产或者无偿转让财产、以明显不合理的价格交易财产、放弃到期债权、无偿为他人提供担保等，致使人民法院无法执行的；

（二）隐藏、转移、毁损或者未经人民法院允许处分已向人民法院提供担保的财产的；

（三）违反人民法院限制高消费令进行消费的；

（四）有履行能力而拒不按照人民法院执行通知履行生效法律文书确定的义务的；

（五）有义务协助执行的个人接到人民法院协助执行通知书后，拒不协助执行的。

第一百八十九条　诉讼参与人或者其他人有下列行为之一的，人民法院可以适用民事诉讼法第一百一十四条的规定处理：

（一）冒充他人提起诉讼或者参加诉讼的；

（二）证人签署保证书后作虚假证言，妨碍人民法院审理案件的；

（三）伪造、隐藏、毁灭或者拒绝交出有关被执行人履行能力的重要证据，妨碍人民法院查明被执行人财产状况的；

（四）擅自解冻已被人民法院冻结的财产的；

（五）接到人民法院协助执行通知书后，给当事人通风报信，协助其转移、隐匿财产的。

第一百九十条　民事诉讼法第一百一十五条规定的他人合法权益，包括案外人的合法权益、国家利益、社会公共利益。

第三人根据民事诉讼法第五十九条第三款规定提起撤销之诉，经审查，原案当事人之间恶意串通进行虚假诉讼的，适用民事诉讼法第一百一十五条规定处理。

第一百九十一条　单位有民事诉讼法第一百一十五条或者第一百一十六条规定行为的，人民法院应当对该单位进行罚款，并可以对其主要负责人或者直接责任人员予以罚款、拘留；构成犯罪的，依法追究刑事责任。

第一百九十二条　有关单位接到人民法院协助执行通知书后，有下列行为之一的，人民法院可以适用民事诉讼法第一百一十七条规定处理：

（一）允许被执行人高消费的；

（二）允许被执行人出境的；

（三）拒不停止办理有关财产权证照转移手续、权属变更登记、规划审批等手续的；

（四）以需要内部请示、内部审批，有内部规定等为由拖延办理的。

第一百九十三条　人民法院对个人或者单位采取罚款措施时，应当根据其实施妨害民事诉讼行为的性质、情节、后果，当地的经济发展水平，以及诉讼标的额等因素，在民事诉讼法第一百一十八条第一款规定的限额内确定相应的罚款金额。

《执行规定》

5. 执行程序中重大事项的办理，应由三名以上执行员讨论，并报经院长批准。

7. 执行人员执行公务时，应向有关人员出示工作证件，并按规定着装。必要时应由司法警察参加。

57. 被执行人或其他人有下列拒不履行生效法律文书或者妨害执行行为之一的，人民法院可以依照民事诉讼法第一百一十一条[①]的规定处理：

(1) 隐藏、转移、变卖、毁损向人民法院提供执行担保的财产的；

(2) 案外人与被执行人恶意串通转移被执行人财产的；

(3) 故意撕毁人民法院执行公告、封条的；

(4) 伪造、隐藏、毁灭有关被执行人履行能力的重要证据，妨碍人民法院查明被执行人财产状况的；

(5) 指使、贿买、胁迫他人对被执行人的财产状况和履行义务的能力问题作伪证的；

(6) 妨碍人民法院依法搜查的；

(7) 以暴力、威胁或其他方法妨碍或抗拒执行的；

(8) 哄闹、冲击执行现场的；

(9) 对人民法院执行人员或协助执行人员进行侮辱、诽谤、诬陷、围攻、威胁、殴打或者打击报复的；

(10) 毁损、抢夺执行案件材料、执行公务车辆、其他执行器械、执行人员服装和执行公务证件的。

---

① 该条现已修改为第114条。

《财产调查规定》

第九条　被执行人拒绝报告、虚假报告或者无正当理由逾期报告财产情况的，人民法院可以根据情节轻重对被执行人或者其法定代理人予以罚款、拘留；构成犯罪的，依法追究刑事责任。

人民法院对有前款规定行为之一的单位，可以对其主要负责人或者直接责任人员予以罚款、拘留；构成犯罪的，依法追究刑事责任。

《限制消费规定》

第十一条　被执行人违反限制消费令进行消费的行为属于拒不履行人民法院已经发生法律效力的判决、裁定的行为，经查证属实的，依照《中华人民共和国民事诉讼法》第一百一十一条的规定，予以拘留、罚款；情节严重，构成犯罪的，追究其刑事责任。

有关单位在收到人民法院协助执行通知书后，仍允许被执行人进行高消费及非生活或者经营必需的有关消费的，人民法院可以依照《中华人民共和国民事诉讼法》第一百一十四条的规定，追究其法律责任。

《房产竞买人资格规定》

第六条　人民法院组织的司法拍卖房产活动，竞买人虚构购房资格或者当事人之间恶意串通，侵害他人合法权益或者逃避履行法律文书确定的义务的，人民法院应当根据情节轻重予以罚款、拘留；构成犯罪的，依法追究刑事责任。

《政协委员强制措施通知》

政协是中国共产党领导下的多党合作和政治协商的重要机构，是爱国统一战线组织。各级政协委员在政协全国委员会和各级地方委员会的领导下，行使政治协商民主监督、参政议政职能。为了保障政协组织充分发挥职能作用，维护各级政协委员的合法权益，调动他们参政议政的积极性，进一步做好统战工作，今后各级公安机关、国家安全机关、人民检察院、人民法院依法对有犯罪嫌疑的政协委员采取刑事拘留、逮捕强制措施前，应向该委员所在的政协党组通报情况；情况紧急的，可同时或事后及时通报，以利于政协党组及时掌握情况，采取相应的配合措施，保证案件的顺利查处。

《制裁规避执行意见》

15. 对规避执行行为加大民事强制措施的适用。被执行人既不履行义务又拒绝报告财产或者进行虚假报告、拒绝交出或者提供虚假财务会计凭证、协助执行义务人拒不协助执行或者妨碍执行、到期债务第三人提出异议后又擅自向被执行人清偿等，给申请执行人造成损失的，应当依法对相关责任人予以罚款、拘留。

《落实司法人员履职规定的实施办法》

第十一条　各级人民法院应当依法维护庭审秩序。对于实施违反法庭规则行为，扰乱法庭秩序的人，根据情节轻重，依法采取警告制止、训诫、责令具结悔过、责令退出法庭、强行带出法庭、罚款、拘留等措施；对于严重扰乱法庭秩序，构成扰乱法庭秩序罪等犯罪的，依法追究刑事责任。

对于在审判法庭之外的人民法院其他区域，有下列行为之一的人，应当及时采取训诫、制止、控制、带离现场等处置措施，收缴、保存相关证据，及时移送公安机关处理；构成非法携带枪支、弹药、管制刀具、危险物品危及公共安全罪、妨害公务罪、寻衅滋事罪、故意毁坏财物罪等犯罪的，依法追究刑事责任：

（一）非法携带管制器具或者危险物质，逃避、抗拒安全检查的；

（二）未经允许，强行进入法官办公区域或者审判区域的；

（三）大声喧哗、哄闹，不听劝阻，严重扰乱办公秩序的；

（四）侮辱、诽谤、威胁、殴打人民法院工作人员或者诉讼参与人的；

（五）损毁法院建筑、办公设施或者车辆的；

（六）抢夺、损毁诉讼文书、证据的；

（七）工作时间之外滞留，不听劝阻，拒绝离开的；

（八）故意将年老、年幼、体弱、患有严重疾病、肢体残疾等生活不能自理的人弃留的；

（九）以自杀、自残等方式威胁人民法院工作人员的；

（十）其他危害人民法院机关安全或者扰乱办公秩序的行为。

于在人民法院周边实施静坐围堵、散发材料、呼喊口号、打立横幅等行为的人，人民法院应当商请公安机关依法处理；对危害人民法院工作人员人身安全的，可以由机关安全保卫部门会同司法警察做好相关应急处置工作，并及时商请公安机关依法处理；构成聚众冲击国家机关罪、聚众扰乱社会秩序罪、聚众扰乱交通秩序罪、聚众扰乱公共场所秩序罪、妨害公务罪等犯罪的，依法追究刑事责任。

第十三讲

执行惩戒

◆ 实务指引

对妨碍执行的行为，法律上有司法的制裁、民事的制裁和刑事的制裁。本书第十二讲介绍了执行程序中的罚款、拘留，本讲阐述执行惩戒中的失信被执行人制度以及限制消费制度。

《民诉法》第262条规定，被执行人不履行法律文书确定的义务的，人民法院可以对其采取或者通知有关单位协助采取限制出境，在征信系统记录、通过媒体公布不履行义务信息以及法律规定的其他措施。这条规定让失信被执行人制度有了法律基础。

一、失信被执行人制度

（一）纳入失信的情形

按照《民诉法解释》第516条、《失信规定》第1条的规定，具有以下两种情形之一的，应当纳入失信被执行人名单：

1. 有履行能力而拒不履行生效法律文书确定义务

无论是在金钱债权执行案件中，还是在行为给付执行案件中，只要符合“有履行能力而拒不履行生效法律文书确定义务”的情况，都可以被纳入失信被执行人名单，在执行实务中，一定要注意“有能力履行”的判断。一些执行法院认为，在金钱债权执行案件中，只要被执行人没有履行生效法律文书确定的义务，一律认定为有能力履行而拒不履行的情况，理由是至少有部分履行的能力，比如至少是有能力履行1元的。但笔者认为，对“有能力履行”的界定应当适当从严，否则会造成每个案件的被执行人都符合纳入失信被执行人名单的情形。对于具有部分履行能力的需要结合具体案件来进行判断，在金钱债权执行案件中，综合申请执行人的债权数额、被执行人的经济生活条件来判断，慎用失信措施。

2. 妨碍执行

《失信规定》第1条第2～6项规定了五种妨碍执行情形，分别为：①以伪造证据、暴力、威胁等方法妨碍、抗拒执行的；②以虚假诉讼、虚假仲裁或者以隐匿、转移财产等方法规避执行的；③违反财产报告制度的；④违反限制消费令的；⑤无正当理由拒不履行执行和解协议的。符合这五种情形之一，即可以被纳入失信被执行人名单。

（二）不纳入失信的情形

1. 法定不纳入的情形

根据《失信规定》第3、4条和《善意文明执行意见》第16条的规定，笔者用形象的说法概括为以下几类不纳入失信被执行人名单的情形：

（1）“贵人相助”或“家底厚实”。即提供了充分有效担保的，这个担保可以是他人提供的，也可以是自己提供的。

（2）足额查封。即已被采取查封、扣押、冻结等措施的财产足以清偿生效法律文书确定债务的。

（3）“前人挡枪”。即被执行人履行顺序在后，对其依法不应强制执行的。

（4）“年少无知”。即被执行人为未成年人的，不得纳入失信被执行人名单。执行实务中需要注意的是，如果该未成年被执行人到成年后，仍具有《失信规定》第1条规定的情形的，应当要纳入失信被执行人名单。

（5）“债主发话”。即申请执行人申请暂不采取惩戒措施的。但需要注意的是如果对已经纳入失信被执行人的被执行人，申请执行人申请删除的，按照《失信规定》第10条第4款的规定，6个月内再申请将被执行人纳入失信被执行人名单的，人民法院不予支持。

(6)其他不属于有履行能力而拒不履行生效法律文书确定义务的情形。司法解释赋予了执行人员在个案中的自由裁量权,执行人员可以结合个案具体情况具体分析判断。

2. 酌情不纳入的情形

考虑到善意文明理念,《善意文明执行意见》第 15 条和《涉新冠执行意见》第 7 条均规定了宽限期这一情况。具体如下:可以根据案件具体情况,对于决定纳入失信名单或者采取限制消费措施的被执行人,可以给予其 1 ~ 3 个月的宽限期。在宽限期内,暂不发布其失信或者限制消费信息;期限届满,被执行人仍未履行生效法律文书确定义务的,再发布其信息并采取相应惩戒措施。对受疫情影响较大、暂时经营困难的企业尤其是中小微企业,人民法院在依法采取失信惩戒或者限制消费措施前,原则上要给予 3 个月的宽限期。另外,《善意文明执行意见》第 16 条还规定,全日制在校生因"校园贷"纠纷成为被执行人的,一般不得对其采取纳入失信名单或限制消费措施。

(三)纳入失信被执行人名单的期限

按照《失信规定》第 2 条的规定,笔者将纳入失信被执行人名单的期限归纳为三种类型:①有期。具有妨碍执行的情形之一的,纳入失信被执行人名单的期限为 2 年。②无期。有履行能力而拒不履行生效法律文书确定义务的情形,纳入失信被执行人名单的期限司法解释并没有明确规定,但是从《失信规定》第 10 条第 1 款第 1 项可以反过来得出,此种情况不设定纳入期限的长短,直至有能力履行完毕为止。在执行实务中,要考虑,从有能力履行而拒不履行转变为无能力履行的情况,该如何处理。笔者认为,因情形已经发生了变化,律师在担任被执行人的代理人时,可以尝试按照《失信规定》第 11 条的规定,申请删除。③累加。严重或具有多项妨碍执行的情形的,可以延长 1 ~ 3 年。

失信被执行人积极履行生效法律文书确定义务或主动纠正失信行为的,人民法院可以决定提前删除失信信息。

二、限制消费制度

(一)采取限制消费的条件

按照《限制消费规定》第 1 条的规定:只要被执行人未按执行通知书指定的期间履行生效法律文书确定的给付义务的,人民法院就可以对其采取限制消费措施;对纳入失信被执行人名单的被执行人,应当采取限制消费措施。

如前所述,考虑到善意文明执行理念,对被执行人限制消费也要遵循酌情不限制和设置宽限期的情况。

(二)救济

按照《善意文明执行意见》第18条的规定,对被采取限制消费措施申请纠正的,参照《失信规定》第12条规定办理。

三、执行实务中需要注意的地方

1. 申请执行人需要注意的地方

申请执行人认为被执行人有失信情形的,可以在提起强制执行申请时,一并申请将被执行人纳入失信被执行人名单,并要求执行法院对其采取限制消费措施。

2. 被执行人或者案外人需要注意的地方

被执行人或案外人认为将自己纳入失信被执行人名单或采取限制消费措施不当的,可以按照《失信规定》第11条申请纠正。

3. 执行人员需要注意的地方

要注意按照失信程序上的规范,采取集约化办理纳入失信被执行人名单的,也要注意到《民诉法解释》第516条,《失信规定》第5、8、12条,《限制消费规定》第5条的规定。一是分清纳入失信被执行人的情形及期限;二是失信决定书和限制消费令的审批需要经过院长批准;三是向当事人送达决定书、限制消费令;四是被执行人或者案外人申请纠正的,要在自收到书面纠正申请之日起15日内审查;五是被执行人被纳入失信被执行人名单后,要向其所在单位、征信机构以及其他相关机构通报,尤其是具有国家工作人员、人大代表、政协委员特殊身份或国家机关、事业单位、国有企业特殊主体。以上五点是执行实务中执行人员容易忽略的。

◆ 参考案例

最高人民法院(2020)最高法执监102号

[**裁判要旨**]在执行过程中,被执行人的法定代表人发生变化时,要判断原法定代表人是否为被执行人的主要负责人或者影响债务履行的直接责任人员。执行法院应根据案件执行情况,决定对原法定代表人是否继续采取限制高消费措施。

◆ 参考规定

《民诉法》

第二百六十二条 被执行人不履行法律文书确定的义务的,人民法院可以对其采取或者通知有关单位协助采取限制出境,在征信系统记录、通过媒体公布不履行义务信息以及法律规定的其他措施。

《民诉法解释》

第五百一十六条 被执行人不履行法律文书确定的义务的,人民法院除对被执行人予以处罚外,还可以根据情节将其纳入失信被执行人名单,将被执行人不履行或者不完全履行义务的信息向其所在单位、征信机构以及其他相关机构通报。

《失信规定》

第一条 被执行人未履行生效法律文书确定的义务,并具有下列情形之一的,人民法院应当将其纳入失信被执行人名单,依法对其进行信用惩戒:

(一)有履行能力而拒不履行生效法律文书确定义务的;

(二)以伪造证据、暴力、威胁等方法妨碍、抗拒执行的;

(三)以虚假诉讼、虚假仲裁或者以隐匿、转移财产等方法规避执行的;

(四)违反财产报告制度的;

(五)违反限制消费令的;

(六)无正当理由拒不履行执行和解协议的。

第二条 被执行人具有本规定第一条第二项至第六项规定情形的,纳入失信被执行人名单的期限为二年。被执行人以暴力、威胁方法妨碍、抗拒执行情节严重或具有多项失信行为的,可以延长一至三年。

失信被执行人积极履行生效法律文书确定义务或主动纠正失信行为的,人民法院可以决定提前删除失信信息。

第三条 具有下列情形之一的,人民法院不得依据本规定第一条第一项的规定将被执行人纳入失信被执行人名单:

(一)提供了充分有效担保的;

(二)已被采取查封、扣押、冻结等措施的财产足以清偿生效法律文书确定债务的;

(三)被执行人履行顺序在后,对其依法不应强制执行的;

(四)其他不属于有履行能力而拒不履行生效法律文书确定义务的情形。

第四条 被执行人为未成年人的,人民法院不得将其纳入失信被执行人名单。

第八条　人民法院应当将失信被执行人名单信息,向政府相关部门、金融监管机构、金融机构、承担行政职能的事业单位及行业协会等通报,供相关单位依照法律、法规和有关规定,在政府采购、招标投标、行政审批、政府扶持、融资信贷、市场准入、资质认定等方面,对失信被执行人予以信用惩戒。

人民法院应当将失信被执行人名单信息向征信机构通报,并由征信机构在其征信系统中记录。

国家工作人员、人大代表、政协委员等被纳入失信被执行人名单的,人民法院应当将失信情况通报其所在单位和相关部门。

国家机关、事业单位、国有企业等被纳入失信被执行人名单的,人民法院应当将失信情况通报其上级单位、主管部门或者履行出资人职责的机构。

第十条　具有下列情形之一的,人民法院应当在三个工作日内删除失信信息:

(一)被执行人已履行生效法律文书确定的义务或人民法院已执行完毕的;

(二)当事人达成执行和解协议且已履行完毕的;

(三)申请执行人书面申请删除失信信息,人民法院审查同意的;

(四)终结本次执行程序后,通过网络执行查控系统查询被执行人财产两次以上,未发现有可供执行财产,且申请执行人或者其他人未提供有效财产线索的;

(五)因审判监督或破产程序,人民法院依法裁定对失信被执行人中止执行的;

(六)人民法院依法裁定不予执行的;

(七)人民法院依法裁定终结执行的。

有纳入期限的,不适用前款规定。纳入期限届满后三个工作日内,人民法院应当删除失信信息。

依照本条第一款规定删除失信信息后,被执行人具有本规定第一条规定情形之一的,人民法院可以重新将其纳入失信被执行人名单。

依照本条第一款第三项规定删除失信信息后六个月内,申请执行人申请将该被执行人纳入失信被执行人名单的,人民法院不予支持。

第十一条　被纳入失信被执行人名单的公民、法人或其他组织认为有下列情形之一的,可以向执行法院申请纠正:

(一)不应将其纳入失信被执行人名单的;

(二)记载和公布的失信信息不准确的;

(三)失信信息应予删除的。

第十二条　公民、法人或其他组织对被纳入失信被执行人名单申请纠正的,执行法院应当自收到书面纠正申请之日起十五日内审查，理由成立的，应当在三个工作日内纠正；理由不成立的，决定驳回。公民、法人或其他组织对驳回决定不服的，可以自决定书送达之日起十日内向上一级人民法院申请复议。上一级人民法院应当自收到复议申请之日起十五日内作出决定。

复议期间，不停止原决定的执行。

《限制消费规定》

第一条　被执行人未按执行通知书指定的期间履行生效法律文书确定的给付义务的，人民法院可以采取限制消费措施，限制其高消费及非生活或者经营必需的有关消费。

纳入失信被执行人名单的被执行人，人民法院应当对其采取限制消费措施。

第五条　人民法院决定采取限制消费措施的，应当向被执行人发出限制消费令。限制消费令由人民法院院长签发。限制消费令应当载明限制消费的期间、项目、法律后果等内容。

《善意文明执行意见》

15. 适当设置一定的宽限期。各地法院可以根据案件具体情况，对于决定纳入失信名单或者采取限制消费措施的被执行人，可以给予其一至三个月的宽限期。在宽限期内，暂不发布其失信或者限制消费信息；期限届满，被执行人仍未履行生效法律文书确定义务的，再发布其信息并采取相应惩戒措施。

16. 不采取惩戒措施的几类情形。被执行人虽然存在有履行能力而拒不履行生效法律文书确定义务、无正当理由拒不履行和解协议的情形，但人民法院已经控制其足以清偿债务的财产或者申请执行人申请暂不采取惩戒措施的，不得对被执行人采取纳入失信名单或限制消费措施。单位是失信被执行人的，人民法院不得将其法定代表人、主要负责人、影响债务履行的直接责任人员、实际控制人等纳入失信名单。全日制在校生因“校园贷”纠纷成为被执行人的，一般不得对其采取纳入失信名单或限制消费措施。

《涉新冠执行意见》

七、精准适用失信惩戒和限制消费措施。有效发挥失信惩戒和限制消费措施的惩戒作用，重点打击规避执行、抗拒执行等违法失信行为，进一步推动国家信用体系建设和营商环境改善。建立健全惩戒分级分类机制，准确把握失信惩戒和限制消费措施的适用条件，持续推动惩戒措施向精细化、精准化方向转变。疫情期间，对已纳入发展改革、工业和信息化部门确定的全国性或地方性疫情防控重点保障企业名单的企业,原则上不得采取失信惩戒和限制消费措施;已经采取并妨碍疫情防控工作的,要及时解除并向申请执行人说明有关情况。对未纳入重点保障企业名单的疫情防控企业采取失信惩戒和限制消费措施的,可以根据具体情况参照前述规定办理。对受疫情影响较大、暂时经营困难的企业尤其是中小微企业,人民法院在依法采取失信惩戒或者限制消费措施前,原则上要给予三个月的宽限期。

第十四讲

执行和解

◆ 实务指引

执行和解,“是指在民事执行程序中,当事人双方互相让步,就执行名义所确认法律关系之实现达成合意(协议),并提请执行法院审查认可,以中止或终结民事执行程序的行为或制度”。[①] 从这个概念中,我们可知,执行和解以协议为呈现形式,该协议具有《民法典》上关于合同所有的一般法律要素,但与普通合同相比,需要通过人民法院的必要审查。在理论上,执行分为概括执行和个别执行,概括执行一般指破产执行,个别执行即强制执行,本讲所阐述的执行和解,系民事强制执行中的和解。

一、和解协议的达成

民事强制执行属于民事诉讼的一部分,《民诉法》第13条第2款规定:“当事人有权在法律规定的范围内处分自己的民

① 江必新主编:《强制执行法理论与实务》,中国法制出版社2014年版,第340页。

事权利和诉讼权利。”此即民事诉讼上的处分原则，根据该条规定，处分原则不是处分权的滥用，是要在法律规定的范围内进行处分，在民事诉讼程序中，“处分原则中一个重要的内容就是当事人处分与国家干预的有机结合”①，表现在执行程序中，执行和解就需要“当事人意思自治 + 法院的审查”。

尽管执行程序中没有调解制度，但司法实践中许多执行和解是由执行人员促成的，这是由于双方当事人经历了自行协调、审判诉讼，耗费了大量的时间、金钱成本，积累了太多情绪心结，有的在审判中已经达成了调解，但因未能履行调解书而进入执行程序，还有的甚至经历了二审、再审程序等。到执行程序中，双方处于完全对立的状态，难以心平气和再坐下来进行和谈，此时居中的司法机关就成了双方沟通最适合的桥梁。尽管有人对执行和解持否定态度，但笔者认为，执行和解仍有它解决民事纠纷的价值。

本书在第三讲“执行代理”中提到要在执行和解中充分发挥律师价值。笔者早年从事律师工作时，认同律师的两种业务分类，一种是增值业务，另一种是保值业务。诉讼即实现当事人利益保值的一项业务。在民事诉讼中，当事人的目的是挽回损失。在执行程序中，当被执行人履行能力欠佳时，作为当事人的代理人，就要权衡利弊，本着为当事人谋求损失最小化的态度积极与执行人员沟通，以最终解决实际问题为目标，寻求最优和解方案。

笔者认为，一份执行和解协议中应当至少包括以下要素：协议主体（有可能会加入第三人）、截至和解协议签订之日的债权总额（能够明确本金、利息更好）、履行方式、履行期限及数额、违约责任等。笔者在法院执行局工作期间就发现，常常有些当事人对分期履行最后一期和解款项的数额并不明确，因此组织双方协调时，他们称最后一期另行核算，而笔者一般都会讲明利害关系，建议双方当事人明确最后一期数额或计算方式，以免后期产生新的纠纷，同时如果存在申请执行人在债权清偿后需要向被执行人履行一定义务的（如注销抵押登记、交付付款发票等），笔者一般建议被执行人最后一笔履行款汇入法院，款项到账后，申请执行人履行完有关义务，法院再向申请执行人发放案款，以杜绝在执行程序之外发生新的矛盾纠纷。作为委托执行代理人，以上处理方式也可以借鉴，结合个案具体情况制定合理的和解方案。

在执行实务中，执行人员对和解协议的审查需要注意的是在申请执行人或被执行人有其他债务时，需要考虑是否存在当事人通过和解逃避其他债务的情况，尤其

① 宋朝武主编：《民事诉讼法学》，中国政法大学出版社 2008 年版，第 89 页。

是当事人有其他作为被告或者被执行人的案件时,存在恶意逃避债务的风险较大。另外还要注意的是,需要释明和解协议达成后执行费用由谁承担。

二、和解达成后的处理

(一)执行程序上的处理

按照《执行和解规定》第2条、《民诉法解释》第464条和《进一步规范近期执行工作通知》第3条的规定,执行和解达成后,执行程序可以有以下处理方式:如果当事人请求中止执行,可以裁定中止执行;如果当事人申请撤回执行,可以裁定终结执行;如果当事人达成和解后并没有提出执行程序上的申请,且和解需要长期履行的,可以以终结执行方式报结案。关于因执行和解而终结执行后,一方未能履行和解协议该如何处理,本书将在第十五讲“执行结案及后续管理”中进行阐述。

(二)执行措施上的处理

如果执行和解后,采取的是中止执行,或依据《进一步规范近期执行工作通知》第3条规定终结执行,对被执行人名下财产的查封、扣押、冻结不必解除;如果执行和解后,被裁定终结执行,应当按照《查扣冻规定》第28条第1款第2项的规定,解除对被执行人名下财产的查封、扣押、冻结。

三、执行和解中的特殊问题

(一)以物抵债协议的问题

以物抵债在执行程序中是比较常见的情况,执行和解中的以物抵债属于合意的以物抵债,按照《民诉法解释》第489条和《执行和解规定》第6条的规定,双方当事人可以达成执行和解,在不损害其他债权人合法权益和社会公共利益的前提下,同意被执行人财产不经拍卖、变卖,直接以物抵债,但人民法院不得依据该协议作出以物抵债裁定。对于房产,由于人民法院不会为当事人合意的以物抵债出具裁定,实现房产过户的前提只能是通过申请执行人申请解除对房产的查封,然后双方当事人自行办理过户。在实务操作中,这种执行和解有一定的风险,如果被执行人债务众多,房产上有多次轮候查封,合意以物抵债就不具有可行性,除非后续轮候查封的债权人亦同意解除查封。即使被执行人的房产只有一次查封,如果执行和解、解除查封、房产过户这三个步骤没有衔接到位,房产在这个过程中被其他法院另案查封,反而申请执行人丧失了首封利益。

（二）执行和解协议中的担保

执行和解协议中的担保约定与执行担保不同，一般不具有强制执行性，作为和解协议内容的一部分，如果被执行人未履行和解协议，申请执行人如果要求担保人承担担保责任，往往需要依照《执行和解规定》第9条的规定，以被执行人和担保人为被告提起诉讼。除非在和解协议中，担保人向申请执行人承诺在被执行人不履行执行和解协议时自愿接受直接强制执行，按照《执行和解规定》第18条的规定，恢复执行原生效法律文书后，可以直接对担保人进行强制执行。

◆ 参考案例

最高人民法院（2015）执监字第38号

［**裁判要旨**］当事人通过签订以物抵债或还款协议履行生效法律文书确定的债务的，一方当事人不履行或者不完全履行在执行中双方自愿达成的和解协议，对方当事人申请执行原生效法律文书的，执行法院应当恢复执行，但和解协议已履行部分应当扣除。

◆ 参考规定

《民诉法》

第十三条　民事诉讼应当遵循诚信原则。

当事人有权在法律规定的范围内处分自己的民事权利和诉讼权利。

《执行和解规定》

第二条　和解协议达成后，有下列情形之一的，人民法院可以裁定中止执行：

（一）各方当事人共同向人民法院提交书面和解协议的；

（二）一方当事人向人民法院提交书面和解协议，其他当事人予以认可的；

（三）当事人达成口头和解协议，执行人员将和解协议内容记入笔录，由各方当事人签名或者盖章的。

第六条　当事人达成以物抵债执行和解协议的，人民法院不得依据该协议作出以物抵债裁定。

第九条　被执行人一方不履行执行和解协议的，申请执行人可以申请恢复执行原生效法律文书,也可以就履行执行和解协议向执行法院提起诉讼。

第十八条　执行和解协议中约定担保条款,且担保人向人民法院承诺在被执行人不履行执行和解协议时自愿接受直接强制执行的,恢复执行原生效法律文书后,人民法院可以依申请执行人申请及担保条款的约定,直接裁定执行担保财产或者保证人的财产。

《民诉法解释》

第四百六十四条　申请执行人与被执行人达成和解协议后请求中止执行或者撤回执行申请的,人民法院可以裁定中止执行或者终结执行。

第四百八十九条　经申请执行人和被执行人同意,且不损害其他债权人合法权益和社会公共利益的,人民法院可以不经拍卖、变卖,直接将被执行人的财产作价交申请执行人抵偿债务。对剩余债务,被执行人应当继续清偿。

《查扣冻规定》

第二十八条　有下列情形之一的,人民法院应当作出解除查封、扣押、冻结裁定,并送达申请执行人、被执行人或者案外人:

(一)查封、扣押、冻结案外人财产的;

(二)申请执行人撤回执行申请或者放弃债权的;

(三)查封、扣押、冻结的财产流拍或者变卖不成,申请执行人和其他执行债权人又不同意接受抵债,且对该财产又无法采取其他执行措施的;

(四)债务已经清偿的;

(五)被执行人提供担保且申请执行人同意解除查封、扣押、冻结的;

(六)人民法院认为应当解除查封、扣押、冻结的其他情形。

解除以登记方式实施的查封、扣押、冻结的,应当向登记机关发出协助执行通知书。

《进一步规范近期执行工作通知》

三、关于和解长期履行案件的报结问题

当事人达成执行和解协议,需要长期履行的,可以以终结执行方式(选择“和解长期履行”情形)报结。执行案件流程系统须进行相应改造,在终结执行内增加“和解长期履行”作为终结执行的一种情形;同时,对该种情形终结执行的案件在报结时可以不作必须解除强制执行措施的要求。因被执行人不履行和解协议申请执行人申请恢复执行原生效法律文书的,以恢复执行方式立案。对接使用最高人民法院执行案件流程信息管理系统的执行法院,由各高级人民法院负责改造系统;直接使用最高人民法院执行案件流程信息管理系统的执行法院,由我院负责改造系统并进行远程升级。

第十五讲

执行结案及后续管理

◆ 实务指引

执行结案,是指人民法院在执行程序进行到一定阶段后,宣告执行程序完结的行为。按照《执行立案结案意见》第 14 条的规定,执行实施类案件的结案方式有六种,分别为:执行完毕、终结本次执行程序、终结执行、销案、不予执行、驳回申请。笔者将执行结案分为封闭式结案、开放式结案和复合式结案:封闭式结案的特点是结案后非因结案错误而不可恢复执行程序的结案方式;开放式结案的特点是结案后由于具备一定的条件可以依法恢复执行程序的结案方式;复合式结案是指同一案件中有多个被执行人,执行中各被执行人就单独情形而言有的符合开放式结案情况的结案方式,有的符合封闭式结案情况的结案方式。本讲主要阐述三类结案方式。

一、封闭式结案

封闭式结案又分绝对封闭式结案和相对封闭式结案,执行完毕、销案、驳回申请、不予执行属于绝对封闭式结案;终结执行属于相对封闭式结案;终结执行作为执行结案的兜底方式,有的情况下属于封闭式结案,有的情况下属于开放式结案。

(一)执行完毕

按照《执行立案结案意见》第15条的规定,生效法律文书确定的执行内容,经被执行人自动履行、人民法院强制执行,已全部执行完毕,或者是当事人达成执行和解协议,且执行和解协议履行完毕,可以以“执行完毕”方式结案。

执行完毕应当制作结案通知书,但双方当事人书面认可执行完毕或口头认可的除外。在执行实务中,需要注意的是在双方当事人口头认可执行完毕的情况下,执行人员一定要将这一意见记录到笔录中。一些案件申请执行人为求及早实现胜诉债权,同意只要被执行人支付本金即愿意放弃利息,由于没有在执行笔录中作同意执行完毕的记录,执行人员以执行完毕报结后,申请执行人又到执行法院主张利息,滋生后续矛盾。

(二)销案

按照《执行立案结案意见》第18条、《指定执行立结统考工作通知》第3条的规定,以下情形作“销案”处理:①被执行人提出管辖异议,经审查异议成立,将案件移送有管辖权的法院或申请执行人撤回申请的;②发现其他有管辖权的人民法院已经立案在先的;③受托法院报经高级人民法院同意退回委托的;④案件被指定执行、提级执行、委托执行(全案)结案的。

(三)驳回申请

按照《执行立案结案意见》第20条的规定,执行立案后,发现不符合执行受理条件的,应当以“驳回申请”方式结案。

(四)不予执行

按照《执行立案结案意见》第19条的规定,执行立案后,被执行人对仲裁裁决或公证债权文书提出不予执行申请,经人民法院审查,裁定不予执行的,以“不予执行”方式结案。

近几年,出现了一些网贷仲裁案件,有一些是通过先予仲裁的方式取得的仲裁裁决书,即在纠纷发生前就作出的仲裁裁决或者调解书,按照最高人民法院《关于仲裁机构“先予仲裁”裁决或者调解书立案、执行等法律适用问题的批复》的规定,当事人持该裁决书或者调解书申请强制执行，属于不予受理的情况，已经受理的，裁定驳回执行申请，而非作不予执行处理。在执行实务中，执行人员对此需要注意区分。

（五）终结执行

终结执行是执行结案的兜底条款，《民诉法》第 264 条规定了六种终结执行的情形，《执行立案结案意见》第 17 条进一步将终结执行扩大到了十三种情形（其中提级执行、指定执行和委托执行的结案方式被《指定执行立结统考工作通知》第 3 条修改为销案），另外，《进一步规范近期执行工作通知》第 3 条又规定了一种终结执行的情形。笔者认为，在民事强制执行中，可以将封闭式终结执行归纳为以下情形：①据以执行的法律文书被撤销的。②作为被执行人的公民死亡，无遗产可供执行，又无义务承担人的。③追索赡养费、扶养费、抚育费案件的权利人死亡的。④被执行人被人民法院裁定宣告破产的。⑤人民法院认为应当终结执行的其他情形。

执行案件符合以上情形，作终结执行处理的，除非终结执行本身不当，后期被撤销，终结执行后，执行案件遂退出执行法院后续管理的范围。

二、开放式结案

（一）开放式结案的类型

1. 终结本次执行程序

（1）终结本次执行程序的情形

终结本次执行程序的情形规定在《民诉法解释》第 517 条、《终本规定》第 1 条、《执行立案结案意见》第 16 条。归纳起来，笔者认为，符合以下两种情况之一的，可以终结本次执行程序：①未发现被执行人有可供执行的财产。②被执行人现有的财产不符合处置条件。

以下属于不符合处置条件的四种情形：①被执行人的财产经法定程序拍卖、变卖未成交，申请执行人不接受抵债或者依法不能交付其抵债，又不能对该财产采取强制管理等其他执行措施的。②人民法院在登记机关查封的被执行人车辆、船舶等财产，未能实际扣押的。③在无益拍卖情况下，《拍卖变卖规定》第 6 条赋予了申请执行人对财产处置启动与否的选择权，如果申请执行人对被执行人名下财产不申请处置的，也应当属于不符合处置条件的情况。④财产属于轮候查封，执行法院没有处置权的情况。前两种情形规定在《终本规定》第 4 条中。

笔者认为，拟以终本方式报结的案件应当符合实质标准，主要包括被执行人确无财产可供执行、查控的财产暂不符合处置条件、财产不足额等。财产不符合处置条件的标准应当严格依照法律、法规等有关规定，需要在合议庭评议笔录中予以详细说明。

结案个案具体情况，基于善意文明执行理念，可以给予被执行人一定的履行宽限期，如对受疫情影响较大、暂时经营困难的被执行人企业尤其是中小微企业，原则上在执行立案后3个月内不能终结本次执行程序。

终结本次执行程序应当从严把握，实质标准在执行实务中操作性不强，需要明确形式标准，通过形式标准来实现实质标准。我们运用逆向思维考量，执行人员在办案中，需要在报结案件时集齐以下材料则具备了形式标准：①执行通知书、报告财产令送达的材料。②对被执行人传唤询问材料，被执行人被依法关押的，对被执行人提审询问材料；被执行人下落不明的，向公安机关协助查询的材料，被执行人依法被关押但因客观情况不能提审的，委托关押机关询问财产情况的材料。③限制消费令及送达材料，前执行程序中已采取限制消费措施的除外。④执行网络查控材料，案件执行超过3个月的，拟以终本报结的，还应具有结案前3个月的执行网络查控材料。⑤向不动产登记部门查询不动产的材料。⑥向车管部门查询车辆的材料。⑦向住房公积金管理部门查询公积金的材料。⑧向保险公司等金融机构查询收益类保险的材料。⑨对依法查明的财产、申请执行人提供的财产信息、被执行人申报的财产、案外人提供的财产线索经核实不存在或不符合处置条件的材料。⑩对被执行人在执行案件管理系统中进行强制检索的关联案件查询的材料。⑪被执行人为自然人的，对被执行人住所地或经常居住地走访调查的材料；被执行人为单位的，需具有税务机关出具的纳税信息材料、企业信息公示公开网下载的或市场监管部门出具的对外投资材料。⑫对被执行人配偶财产查询的材料。⑬终本约谈材料。

上述有关财产的调查应为终结本次执行程序调查的最低标准，有些可以通过执行网络查控系统能够发起查询的，可以视为该有关财产的查询材料。另外，为了防止形式标准异化为形式主义，笔者认为，在具体个案中，虽然不符合上述的形式标准，但根据实际情况，合议庭认为符合终结本次执行程序实质标准、具有充足理由的，可以行使自由裁量权。

（2）执行实务中需要注意的地方

①关于终本约谈

在民事强制执行中，终结本次执行程序前，需要对申请执行人进行终本约谈。终本约谈的本质是保障申请执行人的知情权和执行程序的参与权，按照《终本规定》

第5条的规定，终本约谈应当将案件执行情况、采取的财产调查措施、被执行人的财产情况、终结本次执行程序的依据及法律后果等信息告知申请执行人，并听取其对终结本次执行程序的意见。执行人员应当充分进行告知，出示相关调查结果材料。

②关于终结本次执行程序裁定的作出

按照《民诉法解释》第517条的规定，我们可以形象地归纳出作出终结本次执行程序裁定的公式：符合终本情形之一+同意终本的约谈/（约谈不同意终本+合议庭审查+院长批准）。在执行实务中，容易忽略的是经约谈不同意终本的审批程序。

2. 终结执行

在民事强制执行中，可以将开放式终结执行归纳为以下三种情形：①因撤回执行申请而终结执行的。②因当事人双方达成执行和解协议且长期履行而以终结执行报结案的。③人民法院认为应当终结执行的其他情形。

（二）开放式结案后的管理

由于终结本次执行程序和终结执行有将来恢复执行的可能，为了避免这一情况出现，执行法院需要对开放式结案的案件进行后续管理。

1. 终本后的管理

执行法院对终本后的管理持主动跟进态度，在案件终结本次执行程序后，执行法院仍需要继续查找被执行人的财产，并及时对已经采取控制措施的暂不具备处置条件的被执行人名下的财产采取续行查封、扣押、冻结措施，采取强制管理的，定期提取管理收益。按照《终本规定》第17条的规定，发现被执行人违反失信被执行人制度和限制消费制度的，依法追究法律责任。按照《终本规定》第16条第2款的规定，终结本次执行程序后，当事人、利害关系人申请变更、追加执行当事人，符合法定情形的，法院应予支持。

2. 终结执行后的管理

执行法院对开放式终结执行的管理持被动态度，在一般情况下，要依照申请执行人的申请方才进行处理。

3. 恢复执行

（1）终结本次执行程序后的恢复执行

按照《民诉法解释》第517条第2款的规定，终结本次执行程序后，申请执行人发现被执行人有可供执行财产的，可以再次申请执行。再次申请不受申请执行时效期间的限制。

笔者认为，对恢复执行审查应当有差异化审查的理念，应当遵循执行规律，结合终本案件实际情况，对2016年以前、2016年至2018年、2018年至今的终本案件采取递增严格的差异化标准审查是否符合恢复执行条件，对虽未发现被执行人有新的可供执行的财产的，结合原执行案卷及初查情况，考虑到现实中并非每一个案件都做到了从严结案，经审查（主要审查该终本案件是否在结案前穷尽了调查措施）认为有必要恢复执行的，应当恢复执行。

(2)终结执行的恢复执行

开放式终结执行在符合一定的条件下，可以恢复执行，依据为《执行立案结案意见》第6条第2～5项。

因达成执行和解而终结执行的，如果被执行人未履行或未完全履行和解协议，申请执行人可以按照《民诉法解释》第518条的规定，申请恢复对原生效法律文书的执行。要注意到《执行和解规定》第9、13条的规定，被执行人未履行和解协议，申请执行人仅能选择恢复原生效法律文书的执行或另行诉讼两种法律途径之一。

撤回执行后再次申请恢复执行是否受到执行时效的影响？笔者认为，执行时效系抗辩事由，对恢复执行立案没有影响。

三、复合式结案

“执行结案时，对被执行人的处理一般与结案方式相吻合”，[①]但在同一个执行案件中，有多个负有不同执行义务的被执行人，申请执行人的执行债权尚未完全实现，出现了部分被执行人履行完毕其应承担的义务和部分被执行人尚未履行或未完全履行应承担的义务并存的情况，则面临需要对不同被执行人作出不同处理的选择。笔者认为，就整个执行案件而言，结案方式是唯一的，但对不同被执行人而言，结案的方式是有差异的，笔者将这种结案方式称为复合式结案。

举例说明，申请执行人甲与被执行人乙、丙金融借款纠纷一案，乙为主债务人，丙系以其房产作为抵押的承担物的担保责任的被执行人，人民法院拍卖了丙的房产，变现后仍不能满足甲的债权，乙当前无可供执行的财产。对该案全案而言，显而易见，应当要作终结本次执行程序处理，但法院对丙已经执行完毕，根据《执行立案结案意见》第15条的规定，执行完毕作为一种结案方式，应当是全案执行完毕，而本

① 夏祖国：《陈某与宣城市天池消防工程有限责任公司、王某义等金融借款合同纠纷申请执行案》，载安徽省高级人民法院编著：《安徽法院案例参考》2019年卷，安徽人民出版社2020年版，第455页。

案全案尚未执行完毕，此时终结执行作为兜底条款可以适用，即法院对丙作出终结执行的裁定，虽然全案此时的结案属于终结本次执行程序，但是对丙来说，法院对其结案为终结执行。

◆ 参考案例

安徽省宣城市中级人民法院（2018）皖18执恢25号

［**裁判要旨**］在同一执行案件中，生效法律文书确定有多个被执行人负有不同的给付义务的，经人民法院执行，申请执行人的债权仍未完全实现，符合终结本次执行程序条件的，应以终结本次执行程序方式结案，对继续负有履行生效法律文书确定义务的被执行人裁定终结本次执行程序，但对已履行完毕义务的或有其他客观原因不再需要继续履行生效法律文书确定义务的被执行人裁定终结执行。

◆ 参考规定

《民诉法》

第二百六十四条　有下列情形之一的，人民法院裁定终结执行：

（一）申请人撤销申请的；

（二）据以执行的法律文书被撤销的；

（三）作为被执行人的公民死亡，无遗产可供执行，又无义务承担人的；

（四）追索赡养费、扶养费、抚养费案件的权利人死亡的；

（五）作为被执行人的公民因生活困难无力偿还借款，无收入来源，又丧失劳动能力的；

（六）人民法院认为应当终结执行的其他情形。

《民诉法解释》

第五百一十七条　经过财产调查未发现可供执行的财产，在申请执行人签字确认或者执行法院组成合议庭审查核实并经院长批准后，可以裁定终结本次执行程序。

依照前款规定终结执行后，申请执行人发现被执行人有可供执行财产的，可以再次申请执行。再次申请不受申请执行时效期间的限制。

第五百一十八条　因撤销申请而终结执行后，当事人在民事诉讼法第二百四十六条规定的申请执行时效期间内再次申请执行的，人民法院应当受理。

《拍卖变卖规定》

第六条　保留价确定后，依据本次拍卖保留价计算，拍卖所得价款在清偿优先债权和强制执行费用后无剩余可能的，应当在实施拍卖前将有关情况通知申请执行人。申请执行人于收到通知后五日内申请继续拍卖的，人民法院应当准许，但应当重新确定保留价；重新确定的保留价应当大于该优先债权及强制执行费用的总额。

依照前款规定流拍的，拍卖费用由申请执行人负担。

《执行和解规定》

第九条　被执行人一方不履行执行和解协议的，申请执行人可以申请恢复执行原生效法律文书，也可以就履行执行和解协议向执行法院提起诉讼。

第十三条　恢复执行后，对申请执行人就履行执行和解协议提起的诉讼，人民法院不予受理。

最高人民法院《关于仲裁机构“先予仲裁”裁决或者调解书立案、执行等法律适用问题的批复》

广东省高级人民法院：

你院《关于“先予仲裁”裁决应否立案执行的请示》（粤高法〔2018〕99号）收悉。经研究，批复如下：

当事人申请人民法院执行仲裁机构根据仲裁法作出的仲裁裁决或者调解书，人民法院经审查，符合民事诉讼法、仲裁法相关规定的，应当依法及时受理，立案执行。但是，根据仲裁法第二条的规定，仲裁机构可以仲裁的是当事人间已经发生的合同纠纷和其他财产权益纠纷。因此，网络借贷合同当事人申请执行仲裁机构在纠纷发生前作出的仲裁裁决或者调解书的，人民法院应当裁定不予受理；已经受理的，裁定驳回执行申请。

你院请示中提出的下列情形，应当认定为民事诉讼法第二百三十七条①第二款第三项规定的“仲裁庭的组成或者仲裁的程序违反法定程序”的情形：

一、仲裁机构未依照仲裁法规定的程序审理纠纷或者主持调解，径行根据网络借贷合同当事人在纠纷发生前签订的和解或者调解协议作出仲裁裁决、仲裁调解书的；

二、仲裁机构在仲裁过程中未保障当事人申请仲裁员回避、提供证据、答辩等仲裁法规定的基本程序权利的。

---

① 该条现已修改为第244条。

前款规定情形中，网络借贷合同当事人以约定弃权条款为由，主张仲裁程序未违反法定程序的，人民法院不予支持。

人民法院办理其他合同纠纷、财产权益纠纷仲裁裁决或者调解书执行案件，适用本批复。

此复。

《执行立案结案意见》

第六条　下列案件，人民法院应当按照恢复执行案件予以立案：

（一）申请执行人因受欺诈、胁迫与被执行人达成和解协议，申请恢复执行原生效法律文书的；

（二）一方当事人不履行或不完全履行执行和解协议，对方当事人申请恢复执行原生效法律文书的；

（三）执行实施案件以裁定终结本次执行程序方式报结后，如发现被执行人有财产可供执行，申请执行人申请或者人民法院依职权恢复执行的；

（四）执行实施案件因委托执行结案后，确因委托不当被已立案的受托法院退回委托的；

（五）依照民事诉讼法第二百五十七条①的规定而终结执行的案件，申请执行的条件具备时，申请执行人申请恢复执行的。

第十四条　除执行财产保全裁定、恢复执行的案件外，其他执行实施类案件的结案方式包括：

（一）执行完毕；

（二）终结本次执行程序；

（三）终结执行；

（四）销案；

（五）不予执行；

（六）驳回申请。

第十五条　生效法律文书确定的执行内容，经被执行人自动履行、人民法院强制执行，已全部执行完毕，或者是当事人达成执行和解协议，且执行和解协议履行完毕，可以以“执行完毕”方式结案。

---

① 该条现已修改为第264条，条文内容修改的是第4项，修改后内容为：“（四）追索赡养费、扶养费、抚养费案件的权利人死亡的……”

执行完毕应当制作结案通知书并发送当事人。双方当事人书面认可执行完毕或口头认可执行完毕并记入笔录的，无需制作结案通知书。

执行和解协议应当附卷，没有签订书面执行和解协议的，应当将口头和解协议的内容作成笔录，经当事人签字后附卷。

第十六条　有下列情形之一的，可以以“终结本次执行程序”方式结案：

（一）被执行人确无财产可供执行，申请执行人书面同意人民法院终结本次执行程序的；

（二）因被执行人无财产而中止执行满两年，经查证被执行人确无财产可供执行的；

（三）申请执行人明确表示提供不出被执行人的财产或财产线索，并在人民法院穷尽财产调查措施之后，对人民法院认定被执行人无财产可供执行书面表示认可的；

（四）被执行人的财产无法拍卖变卖，或者动产经两次拍卖、不动产或其他财产权经三次拍卖仍然流拍，申请执行人拒绝接受或者依法不能交付其抵债，经人民法院穷尽财产调查措施，被执行人确无其他财产可供执行的；

（五）经人民法院穷尽财产调查措施，被执行人确无财产可供执行或虽有财产但不宜强制执行，当事人达成分期履行和解协议，且未履行完毕的；

（六）被执行人确无财产可供执行，申请执行人属于特困群体，执行法院已经给予其适当救助的。

人民法院应当依法组成合议庭，就案件是否终结本次执行程序进行合议。

终结本次执行程序应当制作裁定书，送达申请执行人。裁定应当载明案件的执行情况、申请执行人债权已受偿和未受偿的情况、终结本次执行程序的理由，以及发现被执行人有可供执行财产，可以申请恢复执行等内容。

依据本条第一款第（二）（四）（五）（六）项规定的情形裁定终结本次执行程序前，应当告知申请执行人可以在指定的期限内提出异议。申请执行人提出异议的，应当另行组成合议庭组织当事人就被执行人是否有财产可供执行进行听证；申请执行人提供被执行人财产线索的，人民法院应当就其提供的线索重新调查核实，发现被执行人有财产可供执行的，应当继续执行；经听证认定被执行人确无财产可供执行，申请执行人亦不能提供被执行人有可供执行财产的，可以裁定终结本次执行程序。

本条第一款第（三）（四）（五）项中规定的“人民法院穷尽财产调查措施”，是指至少完成下列调查事项：

（一）被执行人是法人或其他组织的，应当向银行业金融机构查询银行存款，向有关房地产管理部门查询房地产登记，向法人登记机关查询股权，向有关车管部门查询车辆等情况；

（二）被执行人是自然人的，应当向被执行人所在单位及居住地周边群众调查了解被执行人的财产状况或财产线索，包括被执行人的经济收入来源、被执行人到期债权等。如果根据财产线索判断被执行人有较高收入，应当按照对法人或其他组织的调查途径进行调查；

（三）通过最高人民法院的全国法院网络执行查控系统和执行法院所属高级人民法院的“点对点”网络执行查控系统能够完成的调查事项；

（四）法律、司法解释规定必须完成的调查事项。

人民法院裁定终结本次执行程序后，发现被执行人有财产的，可以依申请执行人的申请或依职权恢复执行。申请执行人申请恢复执行的，不受申请执行期限的限制。

第十七条　有下列情形之一的，可以以“终结执行”方式结案：

（一）申请人撤销申请或者是当事人双方达成执行和解协议，申请执行人撤回执行申请的；

（二）据以执行的法律文书被撤销的；

（三）作为被执行人的公民死亡，无遗产可供执行，又无义务承担人的；

（四）追索赡养费、扶养费、抚育费案件的权利人死亡的；

（五）作为被执行人的公民因生活困难无力偿还借款，无收入来源，又丧失劳动能力的；

（六）作为被执行人的企业法人或其他组织被撤销、注销、吊销营业执照或者歇业、终止后既无财产可供执行，又无义务承受人，也没有能够依法追加变更执行主体的；

（七）依照刑法第五十三条规定免除罚金的；

（八）被执行人被人民法院裁定宣告破产的；

（九）行政执行标的灭失的；

（十）案件被上级人民法院裁定提级执行的；

（十一）案件被上级人民法院裁定指定由其他法院执行的；

（十二）按照《最高人民法院关于委托执行若干问题的规定》，办理了委托执行手

续,且收到受托法院立案通知书的;

(十三)人民法院认为应当终结执行的其他情形。

前款除第(十)项、第(十一)项、第(十二)项规定的情形外,终结执行的,应当制作裁定书,送达当事人。

第十八条　执行实施案件立案后,有下列情形之一的,可以以“销案”方式结案:

(一)被执行人提出管辖异议,经审查异议成立,将案件移送有管辖权的法院或申请执行人撤回申请的;

(二)发现其他有管辖权的人民法院已经立案在先的;

(三)受托法院报经高级人民法院同意退回委托的。

第二十条　执行实施案件立案后,经审查发现不符合《最高人民法院关于人民法院执行工作若干问题的规定(试行)》第18条[①]规定的受理条件,裁定驳回申请的,以“驳回申请”方式结案。

《终本规定》

第一条　人民法院终结本次执行程序,应当同时符合下列条件:

(一)已向被执行人发出执行通知、责令被执行人报告财产;

(二)已向被执行人发出限制消费令,并将符合条件的被执行人纳入失信被执行人名单;

(三)已穷尽财产调查措施,未发现被执行人有可供执行的财产或者发现的财产不能处置;

(四)自执行案件立案之日起已超过三个月;

(五)被执行人下落不明的,已依法予以查找;被执行人或者其他人妨害执行的,已依法采取罚款、拘留等强制措施,构成犯罪的,已依法启动刑事责任追究程序。

第四条　本规定第一条第三项中的“发现的财产不能处置”,包括下列情形:

(一)被执行人的财产经法定程序拍卖、变卖未成交,申请执行人不接受抵债或者依法不能交付其抵债,又不能对该财产采取强制管理等其他执行措施的;

(二)人民法院在登记机关查封的被执行人车辆、船舶等财产,未能实际扣押的。

---

① 该条现已修改为第16条,条文内容也作了修改,修改后的内容为:“16.人民法院受理执行案件应当符合下列条件:(1)申请或移送执行的法律文书已经生效;(2)申请执行人是生效法律文书确定的权利人或其继承人、权利承受人;(3)申请执行的法律文书有给付内容,且执行标的和被执行人明确;(4)义务人在生效法律文书确定的期限内未履行义务;(5)属于受申请执行的人民法院管辖。人民法院对符合上述条件的申请,应当在七日内予以立案;不符合上述条件之一的,应当在七日内裁定不予受理。”

第五条　终结本次执行程序前，人民法院应当将案件执行情况、采取的财产调查措施、被执行人的财产情况、终结本次执行程序的依据及法律后果等信息告知申请执行人，并听取其对终结本次执行程序的意见。

人民法院应当将申请执行人的意见记录入卷。

第十六条　终结本次执行程序后，申请执行人申请延长查封、扣押、冻结期限的，人民法院应当依法办理续行查封、扣押、冻结手续。

终结本次执行程序后，当事人、利害关系人申请变更、追加执行当事人，符合法定情形的，人民法院应予支持。变更、追加被执行人后，申请执行人申请恢复执行的，人民法院应予支持。

第十七条　终结本次执行程序后，被执行人或者其他人妨害执行的，人民法院可以依法予以罚款、拘留；构成犯罪的，依法追究刑事责任。

《指定执行立结统考工作通知》

三、首次执行案件因指定执行、提级执行、委托执行（全案）结案的，以“销案”方式结案，不纳入司法统计；接受指定执行、提级执行、委托执行（全案）而立执行案件的，立“执”字案号，作为首次执行案件纳入司法统计，其申请执行标的金额为前案未实际执行到位的金额。销案、不予执行、驳回申请结案的，其申请执行标的金额和已实际执行到位金额不予计算。

《进一步规范近期执行工作通知》

三、关于和解长期履行案件的报结问题

当事人达成执行和解协议，需要长期履行的，可以以终结执行方式（选择“和解长期履行”情形）报结。执行案件流程系统须进行相应改造，在终结执行内增加“和解长期履行”作为终结执行的一种情形；同时，对该种情形终结执行的案件在报结时可以不作必须解除强制执行措施的要求。因被执行人不履行和解协议申请执行人申请恢复执行原生效法律文书的，以恢复执行方式立案。对接使用最高人民法院执行案件流程信息管理系统的执行法院，由各高级人民法院负责改造系统；直接使用最高人民法院执行案件流程信息管理系统的执行法院，由我院负责改造系统并进行远程升级。

后 记

“我的每一次出发，是司法亮剑的力量……”每当这首《执行使命》的旋律在耳边响起，我的记忆便被拉回到在法院工作的日子，那是我人生中最难忘的一段时光。法院工作已经成为历史，但作为党办从事政策法规工作的一员，法治工作仍在继续。我在法院工作了十余年，其中八年的时间是在执行局的岗位上。司法是社会公平正义的“最后一道防线”，执行是人民法院工作的最后一道环节，审判是将权利写在纸上，执行是将纸上的权利变成现实。2016 年至 2018 年，最高人民法院大刀阔斧，全力破解“执行难”的困局。在全国法院执行人员的日夜付出下，“基本解决执行难”这项艰巨任务圆满完成。作为亲历者和参战队员之一，这场“战役”结束之后，我写了人生的第一本书《执行使命》，致敬那段岁月。都说“天下执行是一家”，可以说，我对执行工作有着很深的情结，在执行工作期间，见证了人民法院执行人员默默付出、甘于奉献的种种事迹，一些人员甚至付出了生命，用倒下的身躯立起了一座不朽的丰碑，他们值得纪念。本书献给自己在法院工作的过往岁月，献给所有现在以及曾经在执行工作岗位辛苦拼搏的执行“战友”，也献给已经牺牲了的他们。

当然，我也深深察觉到，执行工作中还存在许多问题，这些问题不仅表现在制度层面，还表现在实际工作中，如执行人员的法律素养有待提高、专业知识有所欠缺、执行经验不足等。执行失范和执行技巧的缺乏常常会引发叠加的法律问题和复杂的社会矛盾。事实上，不仅是人民法院的执行人员，许多律师等法律从业者对执行也是一知半解。我在初到执行局工作时也面临这样的困惑，于是一边办案一边学习，主动向有关执行专家和全国法院的执行业务骨干请教学习，积累经验。我深感执行工作不仅是一项法律工作，还要有妥善处理事务的技能，执行工作流程很繁杂，但每一个环节都需要有系统思维。基于此，通过不断思考总结整理，我渐渐有了写作本书的动念。尽管已经离开法院，但是这些思考成果不应随风而逝，在与法律出版社王斓老师沟通后，决定出版本书，希望对从事以及研究强制执行法工作的朋友有一些辅助参考作用。

写作此书的过程，跨越了我在法院工作的后期和到党办工作的初期。起初，我仅仅站在法院工作的视角铺开自己的思路，调到党办工作后，提高了政治站位，我体会到，写作此书的意义不仅仅是在法律技术层面。司法事业也是党的事业的一部分，党的十八届四中全会明确提出“切实解决执行难”，人民法院的执行工作，需要在党的领导下才有保障。党的二十大报告指出：“必须更好发挥法治固根本、稳预期、利长远的保障作用，在法治轨道上全面建设社会主义现代化国家。”法治对人民法院执行工作提出了更高要求，执行人员能否对强制执行规定熟练掌握及灵活运用，考验的是人民法院执行工作的治理能力，希望本书对此可以起到一点作用。

本书作为一本法律实务书，主要受众群体是人民法院执行人员，同样也适合人民检察院执行监督检察官、律师、公司法务等法律工作者参考使用。由于本书兼顾执行理论，对法学高校师生也有一定的研究学习价值。希望本书可以引起法学学生对执行法律的兴趣，成为其立志未来投身执行专业化队伍的“催化剂”。社会普通大众亦可以通过本书了解人民法院执行工作。

最后，感谢在本书写作过程中所有给予支持和帮助的朋友。由于作者水平有限，书中不足之处在所难免，敬请读者指正。

夏祖国

2023 年 3 月 30 日于宣城